町村会事務必携
【昭和5年初版】

原田知壮 編著

地方自治法研究
復刊大系〔第二七三巻〕

町村会事務必携

〔昭和五年初版〕

日本立法資料全集 別巻 1083

信山社

原田知壯編著

町村會事務必携

自治出版協會發兌

原田知壯編著

町村會事務必携

自治出版協會發兌

序

町村會は町村自治施設の根本を決定する機關であり、又自治運營の中心たる町村長以下主腦幹部を選定する權限を有して居つて、町村自治の整美を期するが爲には、之が適正なる活動に期待すべきものが極めて多大である。而して昭和四年に於ける町村制中の改正は主として町村會の權限を擴充して、町村會中心主義の色彩を益々濃厚ならしめものであつて、之に依つて町村會の責務が一層重大を加ふるに至つたことは、明かなる事實であると思ふ。

町村自治に蟠れる弊風を芟除して、所謂自治政治の淨化を計り、自治運營の適正を期するが爲には、町村會が如何に行動し、又之を構成する町村會議員が如何なる信念態度を以て立つべきか、現時の狀態は之等につき省察考慮すべき幾多の問題を有すると思ふのである。之と同時に形式的問題のやうであるが、町村會に關係する實際事務の運行を法規に適合せしめ、苟も過誤なからしむることが肝要であつて、之に携る者は良く法規を研究し、事務處理に細心の注意を拂ひ、以て實務の正鵠を期すべきである。形式上の問題を云爲することを以て、或は閑問題の如く思惟する者もあるけれども、形式的事務の缺陷に依り、町村會の議決選擧を動搖せしめ紛議爭訟の因を醸成せしめたことは、已往實例に乏しからざることであつて、現在に於ては寧ろ之が一層緊要ではないかと思はるゝ節が存するのである。

本書は町村會に關する事務の處理を正確にし、取扱の改善に資せむことを庶幾し法規の解釋・事務の處理、文書の作製等に關する事項を内容として、町村會議員及町村會事務關係者の日常の參考書たるに適せしむべく編纂を企てたものである。著者の不敏なる内容未だ完からざりしものあるは洵に遺憾とする所なるも、本書が町村會事務の運用刷新の上に、町村會關係者の職司遂行の上に、幾分たりとも參考となるを得ば、洵に欣幸とする次第である。

昭和五年五月鴻峰山麓にて

著者識

凡例

一、法規篇ハ實際問題ニ當面シ索出參照スヘキ利便ヲ主トシ町村會ニ關スル町村制中ノ規定ヲ分類シ之ヲ根據トシテ各條毎ニ關係アル訓令通牒、行政實例、行政裁判例、大審院判決例、訴願裁決例ヲ掲載シタリ

質疑解答トシテ掲クル所ノモノハ著者ノ假設セル問題ヲ主トセルモノニシテ之レニ依リ實例、判例ヲ補足セムコトヲ期シタルナリ

二、書式篇ハ町村會ニ關係アル文書ヲ作製スルニ當リ參考タラシメムカ爲努メテ各種ノ事例ニツキ其ノ記載例ヲ掲載シタリ

三、單ニ「第何條」ト記セルハ總テ町村制ノ條文ニシテ、其ノ他ノ條文ニハ總テ法令ノ名稱ヲ併記シタリ

四、法令ノ項ノ頭ニ23等ノ數字ヲ記セルハ閲覽ニ便スル爲項ノ順序ニツキ著者ノ私記セルモノナリ

五、實例裁判例等ノ下ニ例セハ(昭和四、九、一〇)トアルハ(昭和四年九月十日)ノ略記ナ

リ

六、訓令通牒、行政實例、判例等ハ昭和五年三月マデノ分ヲ輯錄シタリ

（昭和五年五月記）

町村事務必携　目次

第一類　法規篇

第二章　町村會の權限

第二　町村會の決定事項

第三章　町村會の會議手續

目次

條文索引

町村制

市制町村制施行令

市制町村制施行規則

小學校令

小學校令施行規則

傳染病豫防法

第二類　書式篇

町村會事務必携

原田知壯編著

第一類　法規篇

第一章　町村會議員の資格及權利

第一　町村會議員の被選擧權及兼職禁止

解說

町村會議員の被選擧權は町村公民にして選擧權を有する者が享有するのである、

この町村公民とは帝國臣民たる年齢二十五年以上の男子にして、二年以來其の町村に住所を有する者で、町村制第七條各號列記の缺格條件に該當せざるものを指すのである。（但し此の以外に之等の要件を具備せざるも有給町村長、有給助役、收入役、副收入役の職に在る者は在職中町村の公民である）而して町村公民の中公民權停止の處分を受け、又は陸海軍々人等にして公務に參與し得ざる事由に該當するときは、選擧權を有しないのである（町村制第十二條）。けれども其の他の者は總て選擧權を有し、從て被選擧權を有することが原則である。

但し左に揭ぐるものに限り被選擧權を有しないのである。

一　在職の檢事、警察官吏及收稅官吏（町村制第十五條第二項）
二　選擧事務に關係ある官吏及町村の有給吏員（町村制第十五條第三項）
三　市町村吏員にして懲戒に依り解職せられたる後二年を經ざる者（町村制第百五十條第六項）
四　選擧犯罪に依り罰金又は禁錮以上の刑に處せられたる者（町村制第三十七條、衆議院議員選擧法第百三十七條）

被選擧權を有せざるにはあらざるも、町村制及其の他の法令に依り、町村會議員との兼職を禁じたるものがある、夫れは左に揭ぐる者であるが之等は町村會議員の當選者たることを妨げざるので、其の兼職を辭するに於ては當選に應じ議員となり得るものである。

一 町村の有給吏員敎員其の他の職員にして在職中の者（町村制第十五條第四項）

二 行政裁判所長官、同評定官（行政裁判法第四條）

三 判事（裁判所構成法第二條）

四 會計檢査官（會計檢査院法第八條）

五 陸海軍法務官（陸軍軍法會議法第三十六條 海軍軍法會議法第三十六條）

右の外町村に對し請負を爲し、又は町村に於て費用を負擔する事業につき町村長若くは其の委任を受けたる者に對し請負を爲す者、若は其の支配人、又は主として同一の行爲を爲す法人の無限責任社員、役員若くは支配人（町村制第二十九條第五項）は、之を罷めなければ町村會議員と爲ることを得ないことになつて居る。

第十五條 選擧權ヲ有スル町村公民ハ被選擧權ヲ有ス

2 在職ノ檢事、警察官吏及收稅官吏ハ被選擧權ヲ有セス

3 選擧事務ニ關係アル官吏及町村ノ有給吏員ハ其ノ關係區域內ニ於テ被選擧權ヲ有セス

4 町村ノ有給ノ吏員敎員其ノ他ノ職員ニシテ在職中ノ者ハ其ノ町村ノ町村會議員ト相兼ヌルコ

トヲ得ス

〔行政實例〕

一　(問)市制第十八條第四項、町村制第十五條第四項ノ市町村ノ其ノ他ノ職員ノ内ニハ市町村公立學校醫、同青年訓練所ノ指導員ノ囑託ヲ受ケタル者ヲ含ムモノナルヤ(大正一五、八、二一長崎縣知事照會)
(答)市町村立學校醫又ハ同青年訓練所指導員ノ囑託ヲ受ケタル者ノ如キハ市制第十八條第四項町村制第十五條第四項ノ其ノ他ノ職員中ニ包含セサル義ニ有之(昭和二、四、二二地發乙第九六號地方局長回答)

二　市町村會ノ書記ハ市町村費ヨリ一定ノ給料ヲ受クルハ一般市町村有給吏員ト異ナルナキモ市制第十八條町村制第十五條ニ所謂市町村ノ有給吏員ニ該當セサルモノトス

三　町村會議員ノ選擧人ハ毎年九月十五日ニ其ノ資格要件ヲ有スルニアラサレハ名簿ニ登載スルコトヲ得サル義ナルモ、其ノ被選擧人ニ在テハ選擧ノ當日迄ニ年齡其ノ他ノ要件ヲ具フルニ於テハ被選擧權ヲ有スルモノトス

四　本條ノ警察官吏中ニハ巡査ヲ包含ス

五　町村ノ有給吏員ハ他ノ町村ノ町村會議員タルコトヲ得

六　乙市町村ノ有給吏員タルモ甲市町村ノ公民權ヲ有スル者ハ甲市町村ノ議員ニ選擧セラルルコトヲ得

七　町村會議員ノ職ニ在ル者ニシテ三等郵便局長ニ選任セラレタルトキト雖此ノ一事ヲ以テ町村會議員

八　ノ職ヲ失フヘキモノニ無之又法律上ハ議員ノ職ヲ辭スルニ及ハサルモノトス
町村ノ有給ノ吏員教員其ノ他ノ職員ハ其ノ職ヲ辭セサルモ當選者タリ得ヘキモ議員タルニハ町村制第二十九條第二項ノ期間内ニ其ノ職ヲ辭スルヲ要スルモノトス（昭和四、四、一六）
若シ當選辭退期限迄ニ其ノ職ヲ辭セサルニ於テハ當選ヲ辭退シタルモノトシ町村制第三十條ノ規定ヲ適用スヘキモノトス（同上）

〔行政判例〕

一　有給町村長カ退職ノ申立ヲ爲シ町村會カ承認ノ議決ヲ爲シタルトキハ當該町村長ハ當然其ノ職務ヲ解除セラレタルモノトス（大正一三、五、三一）

二　選擧人名簿ニ登載セラルルコトハ選擧權行使ノ條件ニシテ被選擧權ノ有無ニ關係ヲ有スルモノニ非ス（大正一三、七、四）

三　選擧人名簿ニ登録セラルルコトハ選擧權行使ノ要件ニシテ被選擧權ノ要件ニアラス（大正一五、三、五）

四　町村ノ事務ニ從事スル者ト雖其ノ地位ニ屬スル給料タルノ性質ヲ有セサル手當ヲ給與セラルルニ過キサル者ハ町村制第十五條ニ所謂町村ノ有給吏員ニ非ス（昭和二、三、三一）

五　町村ノ有給吏員タルト否トハ給料ノ多少及擔任事務ノ如何ニ依リ判別スルヲ得ス（昭和二、七、二一）

〔質疑解答〕

一　「町村ノ有給吏員」トハ町村制ニ規定セラレアル有給吏員ニシテ「町村ノ有給ノ教員」トハ町村ヨリ給料ヲ受クル教員ヲ指スモノナリ、而シテ此ノ教員中ニハ町村立中學校、高等女學校、實業學校、小學校其ノ他各種ノ町村立學校ノ教員ニシテ町村ヨリ給料ヲ受クル者ノ一切ヲ包含ス

「町村ノ有給ノ其ノ他ノ職員」トハ道路職員ノ如ク職制ニ依リ設置シタル者ヲ指稱シ、雇傭囑託ノ如キモノヲ包含セサル趣旨ナリ、學校醫及青年訓練所指導員ノ如キ囑託ハ之ニ該當セス、小學校長ハ小學校正教員ヲ以テ充ツルニ依リ「教員」中ニ包含スルモ、中等學校長ハ公立學校職員制ニ依リ教諭、助教諭ノ外ニ置カルルヲ以テ「職員」中ニ包含セラルルモノトス

二　「有給」トハ給與即チ勞務ニ對スル反對給付ヲ支給スル理由カ、受給者ニ對シ生活ノ資料ヲ支出スルコトニ存スル場合ヲ云フ、從テ單ニ手當ノ如キ意味ニ於テ一定ノ反對給付ヲ受クルモ、有給ノ觀念ニ入ラサルモノト認ムヘシ

三　町村會議員カ町村制第十五條第四項ノ兼職ヲ禁止セル公職ニ選擧セラレ又ハ選任セラレタル場合ニ於テ、ソノ就任ヲ承諾スルニハ必ス議員ヲ辭退スルコトヲ要スルニ付、若シ議員タルコトヲ辭セスシテ就任ヲ承諾スルモ、ソノ承諾ノ意思表示ハ無效ナリトス

〔關係法令〕

一　府縣會市町村會及衆議院議員ノ資格ヲ有セサル官吏竝非職休職者ニ關スル件　明治二二、六、四 閣令一八

府縣會規則第十三條市制町村制第十五條衆議院議員選擧法第九條第十條ニ記載シタル官吏ハ在職者ノミニ限ルモノトス

非職者休職者ニシテ議員又ハ市町村ノ吏員タラントスルトキハ本屬長官ノ許可ヲ受クヘシ

第二十九條第五項　町村ニ對シ請負ヲ爲シ又ハ町村ニ於テ費用ヲ負擔スル事業ニ付町村長若ハ其ノ委任ヲ受ケタル者ニ對シ請負ヲ爲ス者若ハ其ノ支配人又ハ主トシテ同一ノ行爲ヲ爲ス法人ノ無限責任社員、役員若ハ支配人ニシテ當選シタル者ハ其ノ請負ヲ罷メ又ハ請負ヲ爲ス者ノ支配人若ハ主トシテ同一ノ行爲ヲ爲ス法人ノ無限責任社員、役員若ハ支配人タルコトナキニ至ルニ非サレハ當選ニ應スルコトヲ得ス第二項ノ期限前ニ其ノ旨ヲ町村長ニ申立テサルトキハ其ノ當選ヲ辭シタルモノト看做ス

6 前項ノ役員トハ取締役、監査役及之ニ準スヘキ者竝清算人ヲ謂フ

〔行政實例〕

一　市制第三十二條町村制第二十九條ニ所謂市町村ニ對シテ請負ヲ爲ス者トハ選擧ノ當日市町村ニ對シテ現ニ請負ヲ爲ス者ヲ云ヘル義ニシテ市町村ニ對シテ曾テ請負ヲ爲シタル者又ハ平素市町村ニ對シ

テ請負ヲ爲スヲ常業トスルモ選擧ノ際現ニ請負ヲ爲サヽル者ノ如キハ該規定ニ該當セサルモノトス

二　町村ノ工事請負ヲ爲シタル者ニシテ町村會議員ノ選擧ノ際已ニ工事ノ引渡ヲ了シタル者ハ假ヒ未タ其ノ請負代金ノ受領ヲ爲サスト雖町村會議員ノ當選ニ應スルコトヲ得ルモノトス

三　市ニ對シ請負ヲ爲ス者トハ一時ノ請負ナルト常時ノ請負ナルトハ之ヲ問ハス現ニ請負ヲ爲ス者ハ皆本項ノ市ニ對シ請負ヲ爲ス者トアルニ該當スルモノトス

四　市制第三十二條ニ市ニ對シトハ單ニ市ニ對スルモノヽミノ謂ニシテ市内ノ區ニ對スルモノヽ如キハ包含セサルモノトス

五　町村公民ニシテ常ニ其ノ町村事業ノ請負ヲ爲スモノナリト雖町村會議員選擧ノ際現ニ町村事業ノ請負ヲ爲サヽルニ於テハ町村會議員ノ當選ニ應スルコトヲ得ルモノナリ尤モ町村會議員ト爲リタル後町村事業ノ請負ヲ爲スニ於テハ議員ノ資格ヲ失フハ勿論ナリ

六　主トシテ同一ノ行爲ヲ爲ス法人ノ云々トアルニ依レハ時々偶々町村ニ對シ請負ヲ爲ス法人ノ役員ト雖主トシテ町村ニ對シ請負ヲ爲ス法人ノ役員ニアラサル以上ハ町村會議員ノ當選ニ應スルコトヲ得ルモノトス

七　金庫事務ヲ取扱フ銀行ト町村トノ關係ハ行政裁判所ハ請負契約ナリト解シ居ルヲ以テ假リニ請負契約ナリトスルモ本業ノ傍ラ金庫事務ヲ取扱フモノナルニ就テハ主タル事務ニアラサルヲ以テ其ノ銀

八　行ノ重役支配人ハ本條第五項ノ主トシテ同一行爲ヲ爲ス法人ノ云々ニ該當セサルモノトス

九　町村ノ汚物ヲ塵芥棄場ニ運搬スルコトヲ引受ケ爲ニ一定ノ報酬ヲ町村ヨリ受クル者ハ假ニ他人ヲシテ運搬セシムルモ本條第五項ニ所謂町村ニ對シ請負ヲ爲ス者ニ相當シ從テ町村會議員ノ當選ニ應スルコトヲ得サルモノトス

一〇　市ノ依囑ニ依リ一定ノ手數料ヲ以テ市有外米ノ販賣ヲ爲ス者ハ本條ニ所謂市ニ對シ請負ヲ爲ス者トアルニ該當セス

電氣ノ一定ノ數量ニ對シ一定ノ代價ヲ以テ之ヲ市ニ供給スル場合本條第五項ニ所謂市ニ對シ請負ヲ爲ス法人ト云フヲ得ス又所謂主トシテ市ニ對シ請負ヲ爲ス法人トハ市ニ對スル請負ヲ以テ其ノ業務ノ主要ナル部分トスル法人ヲ指稱セルモノナリ（大正二、一二、六）

〔行政判例〕

一　市カ他人ヲシテ汚物ヲ塵芥棄場ニ運搬スルコトヲ引受ケシメ之ニ對シテ報酬ヲ支拂フ以上假令其ノ報酬額カ市ノ意思ニ依リ定マルモノトスルモ又其ノ報酬支拂ノ時期カ運搬完了前ナルト否トヲ問ハス該契約ハ市制〔第十八條第三項〕ニ所謂請負ニ外ナラス（大正三、四、七）

二　町役場ニ對シ木炭賣却ノ一方ノ豫約ヲ爲シタルニ過キサルモノハ町村制〔第十五條第三項〕ニ該當スルモノニアラス（大正三、五、二）

三　主トシテ町村ニ對シ請負ヲ爲ス法人トハ町村ニ對スル請負ヲ以テ其ノ業務ノ主要ナル部分ト爲ス法人ヲ指稱スルモノトス（大正三、一〇、一五）

四　本條「第三項」ニ所謂請負ヲ爲ス者トハ現ニ請負契約ニ因リ義務ヲ負擔スル者ノミヲ指スモノニシテ過去及將來ニ於テ請負ヲ爲シ若ハ爲サントスル者單ニ豫約ノミニ止マリ未タ請負契約ヲ締結セサル者又ハ既ニ請負契約ニ因ル義務ノ履行ヲ了リ報酬ノ權利ヲ有スルニ過キサル者ノ如キハ之ヲ包含セサルモノトス蓋シ本條「第三項」ノ規定ハ請負契約ニ因リ義務ヲ負擔スル關係上議事ノ公正ヲ保持シ難キ虞アルコトヲ防止スル爲「被選擧權ヲ有セシメサル」趣旨ナルカ故ナリ（大正七、三、八）

五　町村制「第十五條第三項」ニ所謂町村ニ對シ請負ヲ爲ス者トハ町村ニ對シ請負契約ヲ爲シ現ニ該契約ノ目的トスル行爲ヲ爲スヘキ義務ヲ負擔スル者ヲ指シタルモノニシテ單ニ代金請求ノ權利及瑕疵擔保ノ義務ヲ負フニ過キサルモノ若ハ單ニ町村ノ工事ヲ請負フヘキ事實上ノ關係ヲ有スルニ過キサル者ヲ包含セス（大正七、六、一四）

六　單ニ町醫トシテ種痘等ノ醫務ニ從事シ若クハ小學校醫トシテ生徒ノ健康診斷ニ從事シ報酬ヲ受クル者ノ如キハ町村制「第十五條第三項」ニ所謂請負ヲ爲ス者ト云フヲ得ス（大正七、六、一四）

七　市ニ對シ一定ノ印刷物ヲ一定ノ代金ヲ以テ完成納入スルコトヲ約シタル者ハ市制「第十六條第三項」ニ所謂請負ヲ爲スモノナリ（大正七、七、五）

八　市制〔第十八條第三項〕ノ規定ハ苟モ請負關係ノ存在スル以上請負ノ繼續的ナリト一時的ナルトヲ問フ旨趣ニアラス（大正七、七、五）

九　府縣制〔第六條第九項〕ニ所謂「主トシテ同一ノ行爲ヲ爲ス法人」トハ單ニ請負行爲ヲ主トスル法人ヲ指稱スルモノニアラスシテ主トシテ府縣ニ對シ請負ヲ爲ス法人ヲ指稱スルモノトス（大正五、五、一九）

一〇　法人ノ業務カ府縣ニ對スル請負ヲ主トスルヤ否ヤハ其ノ問題ヲ決定スヘキ時期ニ接着スル既往業務上ノ實際ノ成績ニ依リ法人ノ府縣ヨリノ收入カ其ノ收入ノ主要部分ヲ占ムルヤ否ヤニ依リ決定スヘキモノトス（同上）

一一　本條〔第三項〕ノ主トシテ同一ノ行爲ヲ爲ス法人トハ町村ニ對スル請負カ其ノ業務ノ主要ナル部分ヲ占ムル法人ヲ云フモノトス（大正七、二、一六）

一二　各新聞紙經營者ト市トノ間ニ單ニ市ノ申込ニ應シ廣告ヲ掲載シタル場合ニ廣告料ニ就キ一定ノ割引ヲ爲スヘキ旨ノ契約アルノミニテハ市制〔第十八條第三項〕ニ所謂請負ヲ爲スモノト謂フヲ得ス（大正八、六、二七）

一三　新聞紙ノ持主ニシテ縣トノ間ニ報酬ヲ得テ縣公文ヲ該新聞紙上ニ掲載スヘキコトヲ約シタル者ハ府縣制〔第六條第十一項〕ニ所謂府縣ニ對シ請負ヲ爲ス者ニ該當ス（大正一四、七、一七）

一四　市制〔第十八條第三項〕ニ所謂請負ハ廣義ニシテ民法上ノ請負ノミナラス普通ニ請負ト稱スルモノハ總テ之ヲ包含スルモノト解スヘキモノトス（大正一四、七、二八）
一五　縣下各町村ニ共通ナル既製ノ用紙ヲ町ニ賣渡シタルニ止マリ他ニ請負ト認ムヘキ特殊ノ事情ナキトキハ町村制〔第十五條第三項〕ニ所謂請負ヲ爲ス者ニ該當セサル者トス（大正一五、六、三）
一六　町村ノ注文ヲ受ケテ特種ノ物品ヲ完成納入シ之ニ對スル報酬ヲ受クル者ハ町村ニ對シ請負ヲ爲ス者トス（昭和二、九、二七）
一七　所謂請負ヲ爲ス者トハ之ヲ業トスルト否及其ノ報酬ノ多少ヲ問フモノニ非ス（昭和二、九、二七）

〔司法判例〕

一　〔衆議院議員選擧法第十三條第二項ニ〕所謂請負ノ範圍ハ民法ノ請負ト同一ニアラス通俗ニ謂フ所ノ廣汎ナル意義ノ請負ナリ（民事明治三七年一、六一〇頁）
二　〔衆議院議員選擧法第十三條第二項ニ所謂政府ノ〕請負ヲ爲ス者トハ獨リ政府ニ對シ民法上ノ請負ヲ爲ス者ノミナラス政府ヨリ一定ノ報酬ヲ得テ其ノ需用ヲ供給スルコトヲ業トスル世ニ所謂御用達ノ如キ者ヲモ包含スルモノトス（民事大正四年二三二二頁）
三　〔衆議院議員選擧法第十三條第二項カ〕政府ノ請負ヲ爲ス者ニ被選擧權ヲ有セシメサル所以ハ政府ニ對シ民法上ノ請負ヲ爲シ其ノ他政府ヨリ一定ノ報酬ヲ得テ其ノ需要ニ應シ供給ヲ爲スヲ業トスル

者ノ如キハ當選後自己ノ利益ノ爲ニ行動シ若ハ議員トシテ其ノ意ニ非サル行爲ヲ爲シ正當ニ其ノ職責ヲ盡ササル虞ナシトセサルヲ以テ此ノ弊ヲ避ケムカ爲ニ外ナラス從テ斯ノ如キ虞ナキ場合ハ民法上ノ請負ヲ爲ス者ト雖同條ノ政府ノ請負ヲ爲ス者ニ該當セス（大正一四、二、一七民事部判決）

四　區裁判所監督判事トノ契約ニ基キ登記其ノ他ノ公告ヲ新聞紙上ニ掲載スル新聞社ノ社長ハ「衆議院議員選擧法第十三條第二項」ニ所謂政府ノ請負ヲ爲ス者ニ該當セサルモノトス（大正一四、二、一七民事部判決）

〔質疑解答〕

一　（問）本條請負ノ意義ニ關シテハ從來行政實例及判例ニ於テ解釋ヲ異ニセル所アリタルカ、改正法ニ所謂「請負」ハ如何ナル意義ヲ有スルモノト解スヘキヤ特ニ詳細解答セラレタシ

（答）請負ノ意義ニ關シテハ大體左ノ通承知セラレタシ

（一）行政實例ハ從前市制町村制ニ所謂請負トハ民法ニ規定スル請負ヲ謂フト解シタル如キモ、行政裁判所及大審院ノ判例ハ何レモ之ヲ廣義ニ解シ、民法上ノ請負ノミナラス、廣ク普通ニ請負ト稱スルモノヲ包含スルモノトセリ、惟フニ町村ト請負關係ニ在ル者ヲシテ同時ニ議員タル地位ニ在ラシメサル所以ハ、本人ト町村トカ特殊ノ利害關係ヲ有スル爲、議員トシテ中正公平ナル意見ヲ發表スルヲ得サル場合アルヘク、又時トシテ議員タル地位ヲ利用シテ私利私曲ヲ營ムカ如キ虞アルニ存スト認ム、從テ此ノ請負ノ意義ハ立法的必要ニ應シテ定メラルヘキモノニシテ、偶々用語ヲ同フスル

ノ故ヲ以テ、之ヲ民法ノ請負契約ニ限ルト解スルハ劃一的ニ過キ實際ニ適合セサルノ憾アリ

（二）判例ハ何レモ請負ノ觀念ハ必スシモ民法上ノ請負ノミニ限定セラルルモノニアラストノ點ハ一致セルモ「物品勞力等ノ供給契約」カ請負トナルヤ否ニ付テハ見解ヲ異ニシ大審院ハ請負ニ包含スト解セルニ反シ、行政裁判所ハ寧ロ包含セストノ說ニ傾ケルカ如キモ、立法的必要ヨリセハ、斯ル供給契約ハ之ヲ請負ノ範圍ニ屬セシムルヲ妥當ナリト認ム

（三）請負ノ觀念ハ特別ノ立法的理由ヲ有スルヲ以テ假令民法上ノ請負契約ナルモ町村制カ其ノ規定ヲ必要トスル立法上ノ要件ニ缺クル所アラハ請負關係トシテ取扱ハサルモノト解スルヲ適當トス、大審院ハ舊衆議院議員選擧法ニ於ケル請負ノ觀念ニ付同趣旨ノ判決ヲ下シ居レリ（大正一四、二一、二七　判決參照）

（四）請負ノ觀念ニ「營利ノ目的」ノ存スルコトヲ必要トスルヤ否ニ付行政裁判所ハ「請負ニハ營利ノ意思ヲ伴フコトヲ必要トセス」（例之明治四五、二、五、判決）ト解スルニ反シ、大審院ハ「當該契約ハ其ノ性質民法上ノ請負タリトモ營利ノ目的ニ出テタルモノニ非ストレ謂フヘク從テ斯ル者ニ被選擧權ヲ與フルモ立法者ノ顧慮スルカ如キ弊害ヲ生スル虞ナケレハ上告人ハ前示ノ如ク政府ノ請負ヲ爲ス者ニ該當セス」（大正一四、二、一七、判決）トナシ全ク見解ヲ異ニセリ、請負關係ヲ存セシメタル立法ノ精神ハ團體ト本人トノ間ニ存スル經濟關係カ、弊害ヲ生スル危險十分ナルコトヲ以テ要件

ノ一トスヘキモノナルヘキヲ以テ、營利意思ノ存在ハ請負ノ要件ナリト認ムルヲ相當トス

（五） 以上ノ如クニシテ町村制ニ規定セラルル議員選擧ニ關スル請負ノ觀念ハ「町村ヨリ一定ノ報酬ヲ得テ、一定ノ仕事ノ完成、物件勞力等ノ供給ヲ爲スコトヲ契約シ、其ノ契約當事者カ營利ノ意思ヲ有スルモノ」ヲ指稱スルモノト解スルヲ適當トス

第百五十條第六項 懲戒ニ依リ解職セラレタル者ハ二年間北海道府縣、市町村其ノ他之ニ準スヘキモノノ公職ニ就クコトヲ得ス

（府縣知事カ町村長、助役、收入役、副收入役、區長、區長代理者、委員其ノ他ノ町村吏員ヲ懲戒處分ニ依リ解職シタル場合）

〔行政實例〕

一 助役ニシテ村會議員ヲ兼ネタル者町村制第百五十條第一項ニ依リ助役ヲ解職セラレタル場合ハ同條第六項ニ依リ村會議員ノ被選擧權ヲ有セサルニ至リ從テ町村制第三十五條ノ決定ヲ經ルコトヲ要スルモノトス（昭和三、一一、一三）

二 市制第百七十條第六項及町村制第百五十條第六項ニ所謂「其ノ他之ニ準スヘキモノ」ニハ水利組合ヲ包含セサルモノトス（昭和四年九月内務省決定）

第三十七條　本法又ハ本法ニ基キテ發スル勅令ニ依リ設置スル議會ノ議員ノ選擧ニ付テハ衆議院議員選擧ニ關スル罰則ヲ準用ス

（參照）衆議院議員選擧法第百三十七條　本章ニ掲クル罪ヲ犯シタル者ニシテ罰金ノ刑ニ處セラレタル者ニ在リテハ其ノ裁判確定ノ後五年間、禁錮以上ノ刑ニ處セラレタル者ニ在リテハ其ノ裁判確定ノ後刑ノ執行ヲ終ル迄又ハ刑ノ時效ニ因ル場合ヲ除クノ外刑ノ執行ノ免除ヲ受クル迄ノ間及其ノ後五年間衆議院議員及選擧ニ付本章ノ規定ヲ準用スル議會ノ議員ノ選擧權及被選擧權ヲ有セス禁錮以上ノ刑ニ處セラレタル者ニ付其ノ裁判確定ノ後刑ノ執行ヲ受クルコトナキニ至ル迄ノ間亦同シ

2前項ニ規定スル者ト雖情狀ニ因リ裁判所ハ刑ノ言渡ト同時ニ前項ノ規定ヲ適用セス又ハ其ノ期間ヲ短縮スル旨ノ宣告ヲ爲スコトヲ得

3前二項ノ規定ハ第六條第五號ノ規定ニ該當スル者ニハ之ヲ適用セス

【行政判例】

一　衆議院議員選擧法第百三十七條第一、二項ノ規定ハ其ノ文詞ニ徴シ同法罰則違反ノ罪ニ因リ處罰セラレタル者ノ選擧權及被選擧權ニ關スル特別ノ規定ナルコト明ナルカ故ニ右ノ罪ニ因リ處罰セラレ

タル者ノ府縣會議員ノ選擧權及被選擧權ノ有無ニ付テハ須ラク此ノ規定ニ依ルヘク府縣制第六條ノ規定ニ依ルヘキモノニ非ス從テ同條ニ於テハ府縣會議員ノ被選擧權ノ資格要件トシテ市町村公民タルコトヲ擧ケ市制第九條第一項第七號ニ於テハ六年未滿ノ禁錮ノ刑ニ處セラレ其執行ヲ終リ又ハ執行ヲ受クルコトナキニ至ル迄ノ者ハ市公民ニ非サルコトヲ規定セルモ之等ノ規定ハ衆議院議員選擧法罰則違反ノ罪ニ因リ禁錮三月ニ處セラレ且同法第百三十七條第一項ノ規定ヲ適用セサル旨ノ宣告ヲ受ケタル者ニ付テハ之ヲ適用スヘキモノニ非ス（昭和四、五、二二）

第二　町村會議員の辭任

解說　町村會議員は町村の名譽職であつて、町村公民は之を擔任すべき義務を有するものである（町村制第八條第一項）。併し乍ら此の擔任の義務は絕對的のものではなく、正當の事由あるときは辭退することを得るのである。

町村會議員が、其の職を辭することについては、町村制中には何等の規定がない。町村の有給職員については退職の意思表示に依り、直に退職の効果を發生せしめざる趣旨を執れるが爲別に規定（町村制第六十四條）が存する。名譽職員については、吏員たると議員たるとの別なく本人の自由意思に依り何時にても、退職し得るものと解すべきである、故に町村會議員は町村團體の代表機關たる、町村長に對し辭表を提出するときは、直に退職の效果が發生して來るのである、往々辭任の屆出を爲したる者に對し、留任勸告と稱して辭表の撤回を要請する事實あるも、辭職屆の提出に依つて既に退職したるものである以上、辭表を撤回することに依り復職すべきものではないのである。

町村會議員が、其の職を辭するには、正當の事由あることを要するけれども、其の事由が正當ならざることは辭職の效果には關係ない、又辭職事由の正否は町村會に於て認定するけれども、之に依り辭職の效力が生ずる譯のものではない。只正當の事由なくして之を辭したる場合は町村會の議決を以て、一年以上四年以下町村公民權停止の制裁を加へ得るのである（町村制第八條第二項）。

町村名譽職員が辭表の提出に依り直に退職するものであると云ふ行政解釋に對しては反

對の學說が存在するから、之を紹介して置く、其の說は總て法律上の義務は義務者の一方的意思を以て之を拋棄することを得ないのが法律上の基本原則である、又合意に依り成立せる行爲は單獨の意思に依つて破棄するを得ないのが原則である、衆議院議員の辭職は議院の許可を要し、官吏の辭職は官廳の許可を要するのであつて、自己の自由意思に依つて就任せる者すら、一方的に之を拋棄することを得ないのに、法律上に就任義務を負ふて居る、町村の名譽職について、何人の承認をも受くることを要せず、單獨の意思を以て其の職を去ることが出來るとするのは不合理である。市町村會の選擧に依て就任した者は其の辭職についても、市町村會の承認を得なければならぬことは、選任が合意に依る行爲であることから生ずる當然の事理である（美濃部博士「行政法判例」三四五頁「續行政法判例」一四〇頁）と云ふのである。

〔行政實例〕

一　名譽職ヲ拒辭シ任期中退職スルハ單ニ屆出ヲ爲スニ止マリ別ニ許可ヲ受クヘキモノニアラス

二　市會閉會中議長宛ニ提出シタル市會議員ノ辭職屆ハ有效ナリヤ、無效ナリトセハ之ヲ市長ニ回送シタルトキノ效力如何

（答）市長ニ到達シタルトキヨリ效力ヲ生スルモノト存ス（昭和二、一〇、二八　内務省回答）

〔行政判例〕

一　町村ノ名譽職ニ在ル者ハ辭職届ヲ提出スルトキハ即チ退職シタルモノニシテ町村會ノ議決シタル後始メテ退職者ト爲ルニアラス（明治二七、一一、二一）

二　町村會ハ名譽職ヲ辭スル理由ノ當否竝制裁ノ如何ヲ議スルニ止マリ辭職ノ許否ヲ議スヘキニアラサルカ故ニ町村會カ承認ヲ爲シタル後始メテ退職ト稱スヘキモノニアラス故ニ名譽職ニ在ル者ニシテ辭職届ヲ提出シタルトキハ即チ退職シタルモノナリ（明治三三、一一、九）

三　町村會議員辭職ノ意思表示ハ何レニ對シテ之ヲ爲スヘキカ町村制其ノ他ノ法令中何等ノ規定ナキニ因リ町村會議長又ハ町村長ノ何レニ對シテ之ヲ爲スモ妨ナキモノト解スルヲ相當トス又町村助役ハ假令町村會議長ノ職務執行中ト雖町村助役トシテノ職務ヲ執行スルニ妨ケナケレハ辭職届ノ宛名カ町會議長タリシト町長タリシトヲ問ハス助役ニ交付セラレタル以上辭職届ハ效力ヲ生スヘキモノトス（大正二、一一、八）

四　町村會議員ニシテ一旦辭職届ヲ提出シタル以上假令後日ニ至リテ之ヲ撤回シ又町村長ニ於テ其ノ者ニ對シ町村會招集ノ通知ヲ發シタル事實アレハトテ之カ爲ニ辭職ノ效果ヲ消滅セシムヘキモノニ非ス（同上）

五　町會議員ノ辭職ハ之カ屆出ヲ爲スニ依リ直ニ其ノ效力ヲ生スルモノニシテ其ノ屆出ハ屆書ヲ町役場ニ提出スルニ依リ完了スルモノトス從テ辭職屆書ヲ書記船瀨龜吉ニ交付シタル時ニ於テ其ノ效力ヲ生シタルモノトス（大正五、一〇、一六）

六　村ノ區長ノ辭職屆書ハ村役場ニ提出セラレタルトキ其ノ效力ヲ生ス（大正七、七、三）

七　料理店ニ於ケル宴會ノ際村長ニ提出シタル村會議員ノ辭職屆ヲ受理スルト否トハ村長ノ自由ナリ（大正一五、一一、一三）

〔司法判例〕

一　町村制中名譽職ノ退職手續ニ關スル規定ナシ故ニ名譽職村長ヨリ辭表ヲ提出シタルトキハ其ノ提出ト同時ニ直ニ退職ノ效果ヲ生ス（民事明治三二年五卷一五二頁）

二　名譽職吏員ハ何時ニテモ其ノ職ヲ辭スルコトヲ得ヘク唯正當ノ事由ノ存セサル場合ニ町村公民トシテ名譽職擔任ノ義務違背ニ基キ一定ノ制裁ヲ甘受セサルヘカラサルニ止マリ町村會ハ辭職ノ許否ヲ決議スヘキモノニアラス從テ名譽職吏員ハ當該機關ニ對シ辭職ノ屆出ヲ爲スコトニ依リ當然退職スヘキモノニシテ町村會ノ決議ニ依リ始メテ退職ノ效力ヲ生スルモノニ非ス（同上大正一〇、二、三）

第八條〔第一項省略〕

町村會議員の辭任

2 左ノ各號ノ一ニ該當セサル者ニシテ名譽職ノ當選ヲ辭シ又ハ其ノ職ヲ辭シ若ハ其ノ職務ヲ實際ニ執行セサルトキハ町村ハ一年以上四年以下其ノ町村公民權ヲ停止スルコトヲ得
一　疾病ニ罹リ公務ニ堪ヘサル者
二　業務ノ爲常ニ町村內ニ居ルコトヲ得サル者
三　年齡六十年以上ノ者
四　官公職ノ爲町村ノ公務ヲ執ルコトヲ得サル者
五　四年以上名譽職町村吏員、町村會議員又ハ區會議員ノ職ニ任シ爾後同一ノ期間ヲ經過セサル者
六　其ノ他町村會ノ議決ニ依リ正當ノ理由アリト認ムル者
3 前項ノ處分ヲ受ケタル者其ノ處分ニ不服アルトキハ府縣參事會ニ訴願シ其ノ裁決ニ不服アルトキハ行政裁判所ニ出訴スルコトヲ得
4 第二項ノ處分ハ其ノ確定ニ至ル迄執行ヲ停止ス
5 第三項ノ裁決ニ付テハ府縣知事又ハ町村長ヨリモ訴訟ヲ提起スルコトヲ得

【行政實例】

一　業務ノ爲常ニ町村内ニ居ルコトヲ得サル者トアルハ公ノ業務ノミヲ云ヘルモノニアラス自己ノ營業ノ爲常ニ町村内ニ居ルコトヲ得サル者ノ如キ場合モ該規定ニ該當スルモノトス

二　年齡六十年以上ノモノニ對シテハ絶對ニ公民權停止ノ制裁ヲ加フヘカラス假令其身體强壯ナル場合ト雖然リ

三　年齡六十年以上ノ者ハ假令其ノ辭職カ年齡ノ故ニアラスシテ他ノ理由ニ出ツルトキト雖公民權停止ノ制裁ヲ加フルコトヲ得ス

四　本條第二項五ノ年數四年以上トハ間斷ナク繼續スル意ナリ

五　本條ニ依ル公民權停止年間ニ於テ公民權ヲ喪ヒ再ヒ其ノ資格ヲ有スルニ至リタルトキハ曩ニ停止シタル年月日並公民權喪失中ノ年月ヲ控除シタル殘年期間更ニ公民權ヲ停止スヘキモノトス

六　町村會ノ議決ヲ以テ公民權ノ停止ヲ解除スルコトヲ得ス

七　町村ノ名譽職拒辭者ニ對シテ加フルコトヲ得ヘキ公民權停止ノ制裁ハ町村ナル團體ノ處分ナルヲ以テ町村長ニ於テ發案シ町村會之ヲ議決シ然ル上ニテ町村長ニ於テ執行スヘキモノニシテ町村會議長ノ名ニ於テ執行スヘキモノニアラス

八　正當ノ理由ナクシテ町村ノ名譽職ヲ拒辭シタル者ト雖公民權停止ノ處分ハ町村ニ對スル義務ノ違背ニ對スル制裁ナルカ故ニ之ヲ處分スルト否トハ町村ノ適宜ナリ

町村會議員の辭任

九　一ノ名譽職ヲ擔任スルヲ理由トシテ他ノ名譽職ヲ拒辭シ又ハ退職スル場合ニ於テハ其ノ拒辭又ハ退職カ正當ノ理由ニ依ルモノナリヤ否ハ市會ノ決議ニ依ルヘキモノトス

一〇　名譽職ヲ拒辭シ又ハ任期中退職スルハ自己ノ任意ナルヲ以テ屆出ニ止マリ許可ヲ請フヘキモノニ非スト雖其ノ拒辭又ハ退職ノ理由カ第二項ノ一乃至五ニ該當セス又ハ市町村會ニ於テ正當ノ理由アリト認メサルトキハ公民權停止ノ處分ヲ免レサルモノトス

一一　町村制第八條第二項第五號該當ノ退職屆出ニ付テハ町村會ニ於テ別ニ其ノ辭職ノ當否ヲ認定スルニ及ハサルモノトス

一三　公民權停止ハ名譽職辭任ノ事實アリタル當時ニ於テノミ爲シ得ヘキモノニシテ辭任後三年有餘ヲ經過シタル後ニ至リ之ヲ停止スルハ違法トス（大正一四、八、二〇）

〔行政判例〕

一　理由ヲ示サスシテ町村會議員ノ職ヲ辭シタル者ニ對シ町村公民權ノ停止ヲ決議シタルハ不當ニアラス町村會ノ議決後ニ至リ其ノ議決ニ對スル訴願ニ於テ辭職ノ理由ヲ證明スルモ之ヲ以テ町村會議決ノ當否ヲ論スルコトヲ得ス（明治二六、五、三〇）

二　町村會カ正當ノ理由ナクシテ町村會議員ヲ退職シタル者ニ對シ本條第二項ヲ適用シテ公民權停止ノ議決ヲ爲シタル後ニ至リ更ニ其ノ解除特免ノ議決ヲ爲シタルハ越權ナリ（明治三二、六、三〇）

三 家族中ニ疾病アリトノコトハ名譽職ヲ拒辭スルノ理由ト爲スニ足ラス（明治三三、六、二九）

四 「都合ニ依リ村會議員ヲ辭退ス」トハ正當ノ理由ト爲スニ足ラス（明治三三、一一、五）

五 無届不參等其ノ義務ヲ實際ニ執行セサル村會議員ニ對シ公民權停止ノ處分ヲ爲シタルハ不當ニアラス（明治三四、五、二八）

六 町村事務ノ紊亂若ハ町村民ノ狼籍喧擾ノ事實ハ名譽職辭退ノ理由トナラス（明治三四、六、一）

七 村會議員カ自己ノ意思行ハレサルノ不平ヲ抱キ議員タル職責ヲ盡ス能ハストシテ辭職スルハ正當ノ理由アルモノニアラス（明治四五、二、五）

八 町村會議員ノ辭職カ正當ノ理由アルモノナリヤ否ハ假令本人ヨリ其ノ理由ノ申立ナキモ町村會ニ於テ之ヲ認定スルコトヲ得（大正二、一一、八）

九 町村會ニ於テ選擧セル町村營公園ノ委員ニ不法ノ行爲アリ且町村長助役ニモ職務上ノ怠慢アリ從テ町村會議員モ責ヲ分タサルヘカラス依テ其ノ不明ヲ町村民ニ謝スル爲辭職スト云フカ如キハ正當ノ理由アルモノト謂フヲ得ス（同上）

一〇 公民權停止處分ニシテ該件議案ヲ急施ヲ要スル事件トシテ告知シ告知手續ニ欠缺アル違法ノモノナルトキハ其ノ性質如何ヲ問ハス違法ニシテ取消ヲ免レサルモノトス（大正四、三、二〇）

一一 本法ハ適法ニ名譽職ノ當選ヲ辭シ得ヘキモノトシテ其ノ第二項第一號ニ「疾病ニ罹リ公務ニ堪ヘ

サル者」ト規定スルカ故ニ疾病ニ因リ適法ニ名譽職ノ當選ヲ辭スル爲ニハ疾病以外公務ニ堪ヘサルコトノ事實アルヲ必要トスルコト明白ナリ從テ單ニ疾病ヲ原因トシ辭任屆ヲ提出スル以上直ニ公務ニ堪ヘサル者ト認ムヘキモノト云フヲ得ス（大正八、四、七）

一二　町會議員カ他ノ多數ノ議員ト意見ヲ異ニシ且自己ノ信任セサル町長ノ下ニ在職スルコトヲ回避スル爲辭職スル如キハ「正當ナル理由」ト認ムルヲ得ス（大正一五、一一、四）

一三　町村制第八條第二項ニ依リ町村ノ爲ス處分ハ當該事實ノアリタル時ヨリ相當ノ期間內ニ之ヲ爲スコトヲ要スルモノトス（昭和二、三、一五、同二、六、二一）

一四　町村ハ公民權停止ヲ特免スルノ權能ナキモノニシテ村會ニ於テ之カ特免ヲ議決スルモ其ノ議決ハ越權ニシテ無效ナリ（昭和二、六、二一）

一五　町村會議員カ町村會ノ議事中一時退席シ且會期中ノ一日ヲ無屆缺席スルモ町村制第八條第二項ニ該當セサルモノト解スルヲ相當トス（大正一一、九、二二）

一六　町村制第八條第二項ハ町村公民カ擔任スル義務アル町村ノ名譽職ヲ擔任セサル場合ニ於ケル制裁ヲ規定シタルモノニシテ或日ノ町會ニ無屆缺席シタル事實ヲ以テ直ニ名譽職ヲ擔任セサルモノトナスヲ得ス（昭和三、三、二四）

一七　町村制第八條第二項ハ或日ノ町會ヲ流會ニ終ラシムル目的ヲ以テ一三議員ヲ勸誘シテ缺席セシメ

タルカ如キ事實ニ對シテハ之ヲ適用スルノ法意ニ非ス（同上）

一八 選擧ニ依リ議員ニ當選シタル者ハ其ノ選擧又ハ當選ニ關シ異議ノ申立又ハ訴願訴訟ノ提起アルモ之ニ付選擧又ハ當選ヲ無效トスル旨ノ決定若ハ裁決確定シ又ハ判決アル迄ハ議員タルコトノ義務ヲ有シ町村制第八條第二項各號ノ一ニ該當スル者ヲ除クノ外其ノ職ヲ辭スルコトヲ得サルヲ以テ之ニ該當セサル者カ議員ノ職ヲ辭シタル者ニ對シ公民權停止ノ處分ヲ爲シタルハ違法ニアラス（昭和四、六、一五）

一九 町村ノ小學校ノ校醫ノ職ヲ有スル者ト雖之カ爲其ノ町村ノ公務ヲ執ルコトヲ得サル事實ナキ限リハ町村制第八條第二項第四號ニ該當セス（昭和四、六、一五）

二〇 町會議員ニシテ町長ニ背德行爲アリタルコトヲ不快トシ辭職シタル者ハ町村制第八條第二項第六號ニ該當スル者ニ非ス（同上）

二一 町會議員ノ辭職ト之ニ對スル公民權停止處分トノ間ニ一箇月餘ヲ隔ツルモ不相當ノ期間ヲ經過シタルモノト云フヲ得ス（同上）

二二 公民權停止ノ期間ハ議員ヲ辭職シタル日ヨリ起算セスシテ其處分ヲ爲シタル日ヨリ起算スヘキモノトス（同上）

〔質　疑　解　答〕

町村會議員の辭任

一　町村制第八條第二項第五號中一爾後同一ノ期間ヲ經過セサル者」トアルハ例ヘハ六年三月間繼續シテ名譽職ニ在リタル者ハ其ノ名譽職ヲ罷メタル後六年三月間ニ限リ名譽職擔任ノ義務ヲ免ルルノ趣旨ナリト認ム

二　同上「四年以上」トアルハ引續キ四年以上名譽職タルコトヲ要件トスルモノニシテ中斷セル期間ヲ前後通算シ得ルモノニ非ス例ヘハ三年ニシテ一旦名譽職ヲ辭シタル者數ケ月ノ後再ヒ他ノ名譽職ト爲リ二年ヲ經タル者ナルトキハ前後通算スレハ五年以上トナルモ此ノ場合ハ四年以上名譽職ニ在職シタル者ニ該當セス

三　名譽職在職期間ハ必スシモ同一名譽職タルコトヲ要セス例ヘハ名譽職助役在職中二年ニシテ議員トナリ引續キ三年間其ノ職ニ在リタルトキハ兩名譽職ヲ通シ繼續五年以上トナルヲ以テ此ノ場合ハ四年以上名譽職ニ在職シタル者ニ該當シ名譽職擔任義務ヲ免ルルコトヲ得ルモノトス

第三　町村會議員の失格

【解說】町村會議員が其の被選擧權を喪失するか、又は町村若は町村に於て費用を負擔する事業につき町村吏員に對し請負を爲すか、又は請負を爲す者の支配人となるか若は主として町村又は町村に於て費用を負擔する事業につき町村吏員に對し請負を爲す法人の無限責任社員、役員若は支配人と爲りたる場合に於ては、町村會議員の職を失ふのである。此の場合に於て⑴禁治產者又は準禁治產者と爲りたるとき、⑵破產者と爲りたるとき、⑶禁錮以上の刑に處せられたるとき、⑷選擧に關する犯罪に依り罰金の刑に處せられたるとき、の外は被選擧權の有無若は請負關係の有無は町村會に於て決定すべきものである。

右に掲ぐる⑴乃至⑷の場合は、直に失格を生ずるのであるが、其の以外の事由で町村會に於て決定を要する場合に該るときは、其の決定あり且決定が確定するまでは失格するものではない、決定が確定するとは、町村會の決定に對し訴願の提起期間を過ぎ訴願の提起なかりしとき、訴願の提起ありしも之に對する裁決に對し訴訟提起期間を過ぎ訴訟の提起なかりしとき、又は訴願の裁決に不服ありて訴訟を提起し其の判決ありたるときを謂ふのである、從て失格が確定するまでの間、議員は會議に列席し議事に參與するの權利を失はないのである。

町村會議員の失格の決定に關しては町村會に於て發案權を有するのであるが、若し町村長に於て議員中被選擧權を有せざる者あるか、又は町村若は町村吏員と請負關係を有する者ありと認むる場合に於ては、之を町村會の決定に付すべきものである。

第三十五條　町村會議員被選擧權ヲ有セサル者ナルトキハ其ノ職ヲ失フ其ノ被選擧權ノ有無又ハ第二十九條第五項ニ揭クル者ナルトキ又ハ第二十九條第五項ニ揭クル者ニ該當スルヤ否ハ町村會議員カ左ノ各號ノ一ニ該當スルニ因リ被選擧權ヲ有セサル場合ヲ除クノ外町村會之ヲ決定ス

一　禁治產者又ハ準禁治產者ト爲リタルトキ
二　破產者ト爲リタルトキ
三　禁錮以上ノ刑ニ處セラレタルトキ
四　選擧ニ關スル犯罪ニ依リ罰金ノ刑ニ處セラレタルトキ

2　町村長ハ町村會議員中被選擧權ヲ有セサル者又ハ第二十九條第五項ニ揭クル者アリト認ムルトキハ之ヲ町村會ノ決定ニ付スヘシ町村會ハ其ノ送付ヲ受ケタル日ヨリ十四日以內ニ之ヲ決定スヘシ

3第一項ノ決定ヲ受ケタル者其ノ決定ニ不服アルトキハ府縣參事會ニ訴願シ其ノ裁決又ハ第四項ノ裁決ニ不服アルトキハ行政裁判所ニ出訴スルコトヲ得
4第一項ノ決定及前項ノ裁決ニ付テハ町村長ヨリモ訴願又ハ訴訟ヲ提起スルコトヲ得
5前二項ノ裁決ニ付テハ府縣知事ヨリモ訴訟ヲ提起スルコトヲ得
6第三十三條第九項ノ規定ハ第一項及前三項ノ場合ニ之ヲ準用ス
7第一項ノ決定ハ文書ヲ以テ之ヲ爲シ其ノ理由ヲ附シ之ヲ本人ニ交付スヘシ

（參照）

第二十九條第五項（「町村會議員の被選擧權及兼職禁止」ノ項（第七頁）參照）

第三十三條第九項 町村會議員ハ選擧又ハ當選ニ關スル決定若ハ裁決確定シ又ハ判決アル迄ハ會議ニ列席シ議事ニ參與スルノ權ヲ失ハス

〔行政實例〕

一 所謂被選擧權ヲ有セサル者トアル中ニハ當初ヨリ被選擧權ヲ有セサル者及當選ノ當初ノミ被選擧權ヲ有セサリシ者又ハ當初ハ被選擧權ヲ有シタルモ其ノ後之ヲ失ヒタル者ノ一切ヲ包含ス

二 市町村會議員ノ當選者ニシテ被選擧權ヲ有セサルトキハ當選ノ效力ニ關スル異議ニ依リ之ヲ排除ス

ヘキハ勿論ナリト雖モ何人モ其ノ無資格者タルニ心付カスシテ異議申立ノ期間ヲ經過シタルトキハ本條ニ依リ被選擧權ヲ有セサルモノトシ市町村會ニ於テ之ヲ決定ス可キモノトス

三　町村制第三十五條第一項ニ「其ノ被選擧權ノ有無ハ町村會之ヲ決定ス」トアルカ右ハ町村會ニ於テ議決スヘキモノナルコトヲ明記スルト同時ニ町村會ニ發案權アルコトヲ認メタルノ法意ナリトス

四　町村會議員ノ選擧ニ衆議院議員選擧罰則ヲ準用スル結果ハ町村會議員ノ選擧人其ノ選擧ニ關スル犯罪ニ依リ罰金刑ニ處セラレタルトキハ其ノ當選ハ無效トナルヘキカ此ノ場合ニ於テハ裁判宣告ノ確定スルト同時ニ議員ハ當然其ノ職ヲ失フモノニシテ町村會ノ決定ヲ經ルコトヲ要セス

五　本條第一項ニ「刑ニ處セラレタル」トアルハ刑ノ確定ヲ意味スルモノニ付キ單ニ禁錮ノ刑ノ宣告ヲ受ケタルニ止マリ其ノ確定セサル者ニアリテハ其ノ職ヲ失フヘキモノニアラス

六　町村制第三十五條第一項ニ依リ町村會議員ノ被選擧權ノ有無ヲ決定スルニ付テノ議案ハ町村會議員ヨリ發案スヘキモノトス

七　町村長ニ於テ町村會議員中被選擧權ヲ有セサルモノアリト認メ町村制第三十五條第二項ニ依リ町村會ノ決定ニ付セラレタル場合被選擧權ナキ者ト決定スルト否トハ町村會ノ見込ニテ可ナルモ苟モ町村長ヨリ決定ニ付セラレタルトキハ町村會ハ必ス其ノ決定ヲ爲スヘキモノナリ

八　市町村會議員ニシテ公民權ヲ停止セラレタル場合ニ於テモ本條ノ決定ヲ要スルモノトス

九　選擧ニ關スル犯罪ノ爲刑ニ處セラレタルノ結果當選無效ト爲リタル者ハ規定ニ依リ直ニ其ノ效果ヲ發生スヘキモノナルヲ以テ本條ニ依リ市町村會ニ於テ決定スルノ限ニ非ス

一〇　被選擧權ヲ有セサル議員ノ加ハリタル場合ト雖其ノ被選擧權ナキコトノ確定セサル以前ニ於テ爲シタル市町村會ノ議決ハ有效ナリトス

一一　町村會ノ爲シタル決定ハ町村長ニ於テ法律ニ背クト認ムル場合ニ於テモ町村制第七十四條第一項ニ依リ再議ニ付スルコトヲ得ス、町村長ハ町村制第三十五條第四項ニ依リ訴願スルノ外別ニ救濟ノ方法ナキモノナリ

一二　被選擧權ヲ有セストスル市町村會ノ決定ニ對シ府縣參事會ニ訴願スルコトヲ得ルハ其ノ被選擧權ヲ有セスト決定セラレタル議員ニ限リ其ノ他ノ議員ハ假ヒ其ノ決定ニ不服アルモ本條ニ依リ訴願スルコトヲ得サルモノトス

一三　市町村會議員ノ被選擧權ノ有無ニ關シ府縣參事會ノ爲シタル裁決ニ對シテハ市町村會ハ如何ニ不服アルモ行政裁判所ニ出訴スルコトヲ得サルモノトス

一四　町村會議員ノ職ニ在ル者ニシテ三等郵便局長ニ選任セラレタルトキト雖モ之ノ一事ヲ以テ町村會議員ノ職ヲ失フヘキモノニ無之又法律上ハ議員ノ職ヲ辭スルニ及ハサル義トス

一五　町村會ニ於テ其ノ議員中被選擧權ヲ有セサルモノアリト認ムルトキハ町村長ニ通知スルヲ要セス

自ラ發案決定スルヲ得ヘキモノトス

〔行政判例〕

一　村會議員ノ資格要件ノ有無ハ本條ノ規定ニ依リ村會ノ決定ヲ要スルモノナルカ故ニ未タ村會ニ於テ其ノ決定ヲ爲ササル以前ニ在リテハ村會ノ議事ニ參與スルモ違法ニ非ス（明治三八、一〇、三〇）

二　町會議員ニ當選シ其ノ當選確定シタル者ハ假令其ノ被選擧權ノ要件タル町村住民ノ資格ニ欠クル所アルモ苟モ本條第二項ニ規定セル町村會ノ決定ヲ經サル限リ町村會議員ニ非スト謂フヲ得ス（大正三、六、二）

三　一旦被選擧權喪失ノ事實アリタル以上假令之ヲ回復シタル後ト雖モ該事實ニ基キ被選擧權ノ有無ニ付決定スルヲ妨ケス（大正四、七、一三）

四　町村制第三十五條第一項ニ所謂被選擧權ノ有無トハ町村會カ決定ヲ爲ス當時ニ於ケル被選擧權ノ有無ノミ指スモノニ非スシテ苟モ町村會議員タル間ニ存在スル事實ナル以上ハ既往ニ於ケル事實ヲモ包含スルモノトス（大正五、二、六、　大正一三、五、一九、　大正一四、四、三〇）

五　恩赦ノ效力ハ將來ニノミ及フモノニシテ既成ノ效果ヲ變更スルモノニアラス　（大正五、二、六、　大正五、一一、二二）

六　本條ハ決定ヲ受ケタル者、　町村長及府縣知事ニ限リ出訴ヲ許シタルモノニシテ町村會ニ出訴ヲ許シ

タルモノニアラス（大正六、六、五）

七　町村會議員ニ對シ其ノ被選擧權ナシトスル町村會ノ決定ニ對シテハ決定ヲ受ケサル者ヨリ訴願及行政訴訟ヲ提起シ得ヘキ限ニ在ラス（大正七、一〇、七）

八　町村制第三十五條末項ノ規定ハ町村會議員ノ被選擧權有無ノ決定ハ文書ヲ以テ爲スコトヲ其ノ成立要件ト爲スモノト解スヘキモノトス（大正一一、九、二六）

九　町村會議員ノ被選擧權ノ有無決定ニ關シテハ町村會自ラ發案スルコトヲ得ヘク而モ開會中動議トシテ提出直ニ決定シ得ヘキモノトス（大正一三、六、一七）

一〇　町村會議員被選擧權ノ喪失ノ決定ニ付テハ町村會ニ於テ理由ヲ附シタル決定書ヲ議決シ之ヲ本人ニ交付スルニ非サレハ其本人ハ未タ該決定ヲ受ケタル者ト謂フヲ得サルモノトス（昭和二、七、一一）

一一　町村制第三十五條ニ依ル町長ノ町會ノ決定ニ付スルノ權及町會ノ決定權ハ之ヲ拋棄スルコトヲ得サルモノトス（昭和二、一一、五）

一二　町村長カ町村會議員中被選擧權ヲ有セサル者アリト認メ之ヲ町村會ノ決定ニ付スルニ當リ證據又ハ參考ト爲ルヘキ資料ヲ提供スルコトハ必要條件ニ非ス（昭和三、一、二四）

一三　村會議員ノ選擧人名簿ニ登錄セラレ且其當選者ト定メラレタル者ト雖モ村會議員在職中被選擧權ヲ有セサル以上之ニ對シ町村制第三十五條ノ決定ヲ爲スヲ妨ケス（昭和三、七、一二）

第四　町村會議員の費用辨償

解說　町村會議員は町村の名譽職であるが故に、固より有給吏員の如く、給料を受くること能はざるは勿論なるも、職務の爲要する費用について迄自辨すべき譯のものではないので、町村より之を辨償すべきものとしてある、而して此の費用辨償額及支給方法は町村條例を以て規定すべきことに定められてある、費用辨償を年額として定むると、月額として定め出席日數に應じて支給するとは、町村の任意であり町村條例の規定如何に依るべきである。

費用辨償は町村條例を以て定めたる以上、町村會議員は條例の定むる所に依り之を受くべきもので、若し現實の支給が、條例の規定に違反する等其の支給の方法を誤り、議員に於て異議あるときは、町村長に申立て再審査を求むることを許してある（町村制第八十七條）、異議申立は町村會に於て決定し、此の決定に不服あるときは府縣參事會に訴願し、更に行政裁判所に出訴するの途が設けられてある。

第八十四條 名譽職町村長、名譽職助役、町村會議員其ノ他ノ名譽職員ハ職務ノ爲要スル費用ノ辨償ヲ受クルコトヲ得

［第二項省略］

3 費用辨償額、報酬額及其ノ支給方法ハ町村條例ヲ以テ之ヲ規定スヘシ

〔行政實例〕

一 「職務ノ爲要スル費用ノ辨償ヲ受クルコトヲ得」トアルカ故ニ町村會ニ於テ町村ノ名譽職ニ對シ費用ノ辨償ヲ爲サヽルノ規定ヲ設クルコトヲ得ス

二 町村會ニ於テ町村ノ公益ニ關スル事件ニ關シ意見書ヲ內務大臣ニ提出シタルトキ其ノ趣旨陳述ノ要アリトシ町村會ノ議決ヲ以テスルモ議員ヲ上京セシメ之ニ町村費ヲ以テ旅費ヲ支給スルコトヲ得ス

三 府縣會開會中或ル公共事件運動ノ爲或町選出府縣會議員ヨリ召集ヲ受ケ町會議員ノ全部カ府縣會所在地ニ出張シ數日間滯在スルモ其ノ旅費及日當ハ町村費ヲ以テ支給スヘキモノニアラス

四 市町村ハ名譽職員ニ對シ其ノ職務ノ爲要セシ費用ヲ支給スルノ義務アリト雖名譽職員ニ於テ之ヲ拋棄スルハ妨ケナシ

五 費用辨償ハ實費ノ辨償ニ外ナラサルヲ以テ費用ヲ要セシ都度其ノ實費ヲ計算シ之ヲ支給スルヲ相當

町村會議員の費用辨償

トスルモ實際ニ於テハ便宜ノ方法ヲ採リ豫メ一定ノ給與額ヲ定メ置キ費用ヲ要セシ都度之ヲ支給スルヲ通例トス

六　名譽職町村長助役ニシテ町村會議員ヲ兼ヌル者ニ對シテハ町村會開會ノ當日職務ノ爲要スル費用辨償ハ町村長ノ職務ニ對シ已ニ實費ノ支給ヲ爲セル以上議員ノ資格ニ對シ別ニ之ヲ支給スルニ及ハサルモノトス

七　(問)町村制第八十四條又ハ第八十五條ノ費用辨償額、報酬額又ハ給料額、旅費額ヲ減額セル場合ハ明ニ公益ヲ害スルモノト認ムヘキヤ又ハ事情ニ依リ明ニ公益ヲ害セスト認メ得ル場合アリトセハ其ノ範圍如何

(答)明カニ公益ヲ害スルヤ否ヤハ事實ニ就キ判定スルノ外ナキ義ニ有之(昭和四年九月內務省決定)

八　(問)町村制第八十四條又ハ第八十五條ノ費用辨償額又ハ給料額等ニ付金何圓以上何圓以內トスルカ如ク一定ノ範圍ヲ定メテ規定スルモ可ナルヤ又一定ノ範圍內ニ於ケル增減ニ付テハ町村長ノ決定、町村會ノ議決又ハ豫算額等ニ讓ル旨規定スルモ可ナルヤ

(答)費用辨償額又ハ給料額等ハ固定的ニ規定スルモ將又概括的ニ規定スルモ任意ニ有之而シテ概括的ニ規定シタル場合ニ於テ具體的ニ給與額等ヲ定ムル方法ヲ町村會ノ議決ヲ經ルカ如ク規定セル場合ハ格別、然ラサルニ於テハ豫算ノ範圍內ニ於テ町村長之ヲ定ムル義ニ有之(昭和四年九月內務省

決定）

〔行政判例〕

一　現金ヲ支給セスシテ會議費中ヨリ議員ノ辨當料ヲ支拂フ如キハ實費辨償金ト云フヲ得ス（明治三五、一二、二二）

二　村税ノ滯納金ト納税者カ村ヨリ受取ルヘキ實費辨償金トハ相殺スルコトヲ得サルモノトス（大正一五、四、六）

〔訴願裁決例〕

一　村會議員ノ費用辨償ハ豫メ之カ拋棄ヲ爲シ能ハサルモノナルニ付村會カ之ヲ理由トシテ該豫算ヲ删減セルハ不適當ノ議決タルヲ免レス

〔司法判例〕

一　町村制第八十四條ニハ名譽職員ハ職務ノ爲要スル費用ノ辨償ヲ受クルコトヲ得ト規定セルヲ以テ名譽職員カ町村ニ對シ所謂實費辨償ヲ請求シタルトキハ町村ハ之カ支給ヲ拒ムコトヲ得サルモノナレハ乃チ實費辨償ノ請求ハ名譽職員ノ公權ニシテ而モ同法中特ニ實費辨償金ヲ辭スルコトヲ得ル旨ノ規定ナク從テ名譽職員各箇若ハ協同ノ意志ヲ以テ之ヲ左右スルコトヲ許ササルモノナルヲ以テ其ノ協同ノ決議ニ依リ豫メ該利益ノ不行使若ハ之カ拋棄ヲ爲スヲ得サルモノトス（民事大正七、一一、一

九）

〔質疑解答〕

一　町村長ニシテ議員ヲ兼ヌル者議長席ニ於テ議長ノ職務ヲ行ヒ、議員トシテノ費用辨償ノ支給ヲ受ケタル事實アリトスルモ町村ニ於テ費用辨償條例ニ別段ノ規定ナキ限リ之ヲ以テ違法ト爲スコトヲ得サルモノトス

二　村長ニシテ村會議員及臨時出納檢查立會人ヲ兼職シタル場合村會議員及臨時出納檢查立會人トシテノ費用辨償ヲ支給スルハ適當ナラサルカ如ク解セラル如何

（答）見込ノ通適當ニ非ス

尚村長ヲシテ臨時出納檢查立會人タラシムルカ如キハ特ニ立會人ヲ設ケ臨時檢查ニ立會セシムル旨趣ヲ沒却スルモノニシテ適當ナラスト認ム

第八十七條　（「町村會の決定事項」ノ項（第七七頁）參照）

第二章　町村會の權限

第一　町村會の議決事項

〔解說〕　町村會は町村團體の意思を決定する機關である、其の意思機關としての議決權限は、町村に關する一切の事件に涉るのである（町村制第三十九條）。此の點に於ては、同じく自治體の意思機關なるも、府縣會とは趣を異にし、府縣會の議決權限よりも遙に廣いのである。即ち府縣會の議決權限は、府縣制中に列擧せられたる事項のみに限られて居る（府縣制第四十一條參照）が、町村會の議決權限は町村制中に限定的に規定せず、概括主義を執つて居つて、特に町村長の權限に屬せしめたりと解すべきもの〻外、町村の意思決定は町村會がなすのである。町村制第四十條には議決すべき事件として、十數種の事件を列記して居るけれども、之は其の概目を例示したに止まり、其の議決すべき事項が是れのみに限られるのではない、例示以外に實際の場合に、議決すべき事件は、數多存在するのである。

法律に町村團體の權能であり事務と定めたるものは、總て町村會の議決に依ることを要するものであつて、夫れは町村の固有事務のみならず、其の委任事務についても等しく議決するのである。併し乍ら特に町村長に委任せられたる、國府縣等の事務については、町村會は豫算を通じて其の費用を議決するの外、事務其の者については議決の權限を有しない。

町村會の議決は、町村の意思たるの效力を生ずるけれども、外部に對して其の構成せられたる意思を表示するの權は、町村長に屬するのである、所謂議決の執行者は町村長である、從て町村會は直接に人民に對し行政行爲を爲すの權なく、人民に對しては、町村長の表示あるに依り始めて其の效力を生ずるのである。

第三十九條　町村會ハ町村ニ關スル事件及法律勅令ニ依リ其ノ權限ニ屬スル事件ヲ議決ス

〔行政實例〕

一　國府縣ノ行政ニシテ町村ナル團體ニ屬セラレタル事務ハ町村制第三十九條ニ所謂町村ニ關スル事件

トアルニ該當スルモノトス

〔行政判例〕

一 市民ノ建議又ハ請願書ヲ受理シテ取捨スルハ行政上ノ處分ニ屬スルヲ以テ假令市町村會ノ議決スヘキ事項ニ關係アルモ市町村會ニ於テ之ヲ受理シテ取捨スルコトヲ得サルモノトス（明治二七、五、五）

二 町村會ノ議決ヲ執行スルニ付監督官廳ノ許可ヲ受クルト否トハ町村長タル執行者ノ職務ニ屬ス故ニ町村會ニ於テ其ノ許可ノ要否ヲ議決スルハ越權ナリ（明治二七、一二、八）

三 町村會ハ人格ヲ有セス（明治三五、三、五）

四 町村會ノ權限ハ法令ニ規定アル事項ニ限ルモノトス（大正三、七、一六）

五 町村會議員ノ資格ニ關スル事件ノ如キハ町村機關ノ構成ニ關スル事項ニ過キスシテ本條ニ所謂町村ニ關スル事件ト謂フコトヲ得ス（大正三、七、一六）

六 一旦請負契約ノ成立シタル後契約ノ內容ヲ變更スルコトナク唯請負人ノミヲ更替スルハ町村ノ事務ノ執行ニ過キサルカ故ニ町村長ノ權限ニ屬シ本條及第四十條ハ斯ル事項ニ付町村會ノ議決ヲ必要トスル趣旨ニ非ス（大正五、一、九）

七 町村制其他ノ法令中村會ノ議決取消ヲ求ムル行政訴訟ヲ私人ニ許シタル規定ナシ（大正七、二、一八）

〔司法判例〕

一　小學校分教場設置ニ關スル議決カ村會ノ適正ナル職務權限ニ屬セサルコトハ小學校令第九條第二項ノ規定ニ依リ明白ナリト雖モ苟モ村長ニ於テ町村制第三十九條第四十條及第七十二條第二項第一號ニ依リ分教場設置ニ關スル議案ヲ發シタル以上ハ村會即チ村會議員ノ集團ハ可決否決其ノ他內容ノ如何ニ關セス結局議決ニ依リテ之ヲ結了スヘキ職務權限ヲ有スルモノト云ハサルヘカラス（刑事大正五年七四頁）

第四十條　町村會ノ議決スヘキ事件ノ概目左ノ如シ

一　町村條例及町村規則ヲ設ケ又ハ改廢スル事

二　町村費ヲ以テ支辨スヘキ事業ニ關スル事但シ第七十七條ノ事務及法律勅令ニ規定アルモノハ此ノ限ニ在ラス

三　歳入出豫算ヲ定ムル事

四　決算報告ヲ認定スル事

五　法令ニ定ムルモノヲ除クノ外使用料、手數料、加入金、町村稅又ハ夫役現品ノ賦課徵收ニ關スル事

六　不動産ノ管理處分及取得ニ關スル事

七　基本財産及積立金穀等ノ設置管理及處分ニ關スル事
八　歳入出豫算ヲ以テ定ムルモノヲ除クノ外新ニ義務ノ負擔ヲ爲シ及權利ノ抛棄ヲ爲ス事
九　財産及營造物ノ管理方法ヲ定ムル事但シ法律勅令ニ規定アルモノハ此ノ限ニ在ラス
十　町村吏員ノ身元保證ニ關スル事
十一　町村ニ係ル訴願訴訟及和解ニ關スル事

（參照）

第七十七條　町村長其ノ他町村吏員ハ從來法令又ハ將來法律勅令ノ定ムル所ニ依リ國府縣其ノ他公共團體ノ事務ヲ掌ル

2前項ノ事務ヲ執行スル爲要スル費用ハ町村ノ負擔トス但シ法令中別段ノ規定アルモノハ此ノ限ニ在ラス

〔行政實例〕

一　町村役場ヲ修築スルカ如キハ（舊町村制第三十三條ノ）町村費ヲ以テ支辨スヘキ事業ニ包含ス尚其ノ位置ヲ變更スルコトモ亦同一ナリトス

二　市費ヲ以テ午砲ヲ發スルコトヲ旅團ニ委託スル事件ハ「舊市制第三十一條ノ」市費ヲ以テ支辨スヘキ事業ニ包含ス

三　市會町村會ノ議決ヲ經市費町村費ヲ以テ市立町村立ノ勸業會ヲ設ケ且之ニ會長其ノ他役員ヲ置キ會員ヲシテ之ヲ選擧セシムルコトト爲スハ市町村ニ於ケル一種ノ事業施設ニ外ナラス

四　市町村費ヲ以テ公園ヲ設置スル事件ハ市町村會ノ議決ヲ要ス

五　町村一部ノ不動産ノ管理處分等ニ關シテハ區會區總會ノ設ケナキトキハ準テ本條ニ據リ町村會議決ニ付ス可キモノトス

六　市町村立小學校ニ於テ徵收スル授業料ハ本條第五號ニ包含セス

七　市町村立病院ノ診察料手術料及入院料等ハ總テ本條第五號ノ所謂使用料ニ該當ス

八　不動産買受ノ費用ハ市町村ノ豫算ニ編入シ市町村會ノ議決ヲ要スルハ勿論ナルカ尙ホ其ノ買入ニ付テハ更ニ市町村會ノ議決ヲ得ルヲ要ス

九　市町村有不動産上ニ物權ヲ設定スル行爲ハ不動産ノ處分行爲ニ屬ス

一〇　市町村ニ於テ一私人ノ所有ニ屬スル土地ノ借上ヲ爲スニ當リ假令其ノ借上カ無料ニ屬スル場合ト雖モ該土地ニ屬スル公課等總テノ義務ハ將來市町村ニ於テ負擔ストノ契約ヲ爲スニ於テハ特ニ義務負擔ヲ爲スモノトス

一一　民有ノ土地ヲ無料ニテ借上クルニ當リ土地ノ公課其ノ他保存上ニ屬スル總テノ義務ハ其ノ所有者ニ於テ負擔スル場合其ノ借受契約ヲ締結スルハ本條ノ新ニ義務ノ負擔ヲ爲ストアルニ該當セサルモノトス

一二　市町村ニ於テ寄附金ヲ受領スルハ市町村會ノ議決ヲ要ス

一三　繼續費支出方法ニ依リ數年ニ亘ル補助費ノ支出方法ヲ定メタル場合ト雖モ數年ニ亘リ補助ノ指令ヲ爲スハ別ニ本條豫算外ノ義務負擔トシテ議會ノ決議ヲ要ス

一四　市町村稅賦課率ハ別段ニ議決ヲ爲スヘキモノニシテ豫算ノ附記ヲ以テ課率ノ議決アリタルト爲スカ如キハ不可ナリ

一五　歲入出豫算ハ單ニ豫算金額ヲ議決スルニ止マリ假令其ノ附記ニ課率等ノ記載アルモ課率ハ別ニ本條ニヨリ町村會ノ議決ヲ要ス

一六　町村長收入役其ノ他書記等ノ給料額ハ歲入出豫算ノ外ニ別ニ町村會ノ議決ヲ經條例以テ定ムルコトヲ要ス

一七　市町村歲入豫算中寄附ノ科目ナキトキハ市町村會ノ議決ノミニヨリ受納スルコトヲ得ス必ス歲入豫算ノ追加ヲ爲シ然ル後受納スヘキモノトス

一八　町村長ノ提案ニ對シ町村會ノ爲シタル否決ハ一種ノ議決ナリ

一九　町村內ノ一部カ其ノ所有不動產ヲ處分セントスルニ際シ區會ノ設ケナキ場合ハ本條第六號ニ依リ町村會表意機關トナリ處分行爲ノ決議ヲ爲スヲ得ヘク從テ町村長ハ其ノ決議書及許可書ヲ添附シ登記ヲ囑託スルヲ得

二〇　小學校舍ノ新築、增築、改築等ノ設備ハ市町村會ノ議決ヲ經ルヲ必要トス（昭和三、六、一八、內務省地方局長回答）

二一　小學校令第六十二條ノ規定ニ依ル學務委員ノ定數ハ町村會ノ議決ヲ要スルモノトス（昭和四年九月內務省決定）

二二　市町村吏員ノ身元保證ハ物上保證ハ勿論人的保證ヲモ包含ス

二三　町村ノ歲入出豫算中款項ノ金額ニ影響ナキ場合ト雖モ種目以下ノ變更中實質ノ變更ニ係ルモノアルトキハ町村會ノ議決ヲ經ルコトヲ要ス

二四　市町村會ニ於テ市町村長又ハ府縣知事ノ不信任決議ヲ爲スカ如キハ其ノ權限ヲ超ユルモノトス

二五　市會ニ於テ市長ニ辭職勸告ノ議決ヲ爲シタルトキハ越權ノ議決トシテ市長ハ再議ヲ命スルコトヲ得

〔行政判例〕

一　收入役ノ身元保證金ハ町村會ノ承諾ヲ得テ後之ヲ徵スヘク事後ノ承諾ヲ爲スハ村會ノ越權ナリ（明治二六、四、八）

二　町村工事ノ請負契約ノ成立シタル後其ノ内容ヲ變更セスシテ單ニ請負人ヲ更替セシムルニハ町村會ノ議決ヲ經ルコトヲ要セス（大正五、二、九）

三　市會カ特定ノ縣稅豫算ヲ標準トシテ附加稅ノ賦課率ヲ議決シタリト認ムヘキ場合ニ於テハ其ノ賦課率ハ當然該縣稅ノ追加ニ適用スルコトヲ得サルモノトス（大正五、一一、一）

〔司法判例〕

一　立木賣却ニ關スル村會ノ議決カ單ニ立木ノ賣却ニ止マリ其ノ賣却ノ方法ニ及ハサルトキハ其ノ方法

ヲ決スルハ村長ノ職權ニ屬スルヲ以テ一旦定メタル方法ヲ改定變更スルモ更ニ村會ノ議決ヲ要スルモノニアラス（刑事明治四十四年五一六頁）

二　村長カ村會ノ決議ヲ經スシテ村ノ爲メ爲シタル法律行爲ト雖モ後日村會カ之ニ對シ承諾ヲ與ヘタルトキハ其ノ行爲ハ有效トナルモノトス（民事大正元年八一六頁）

三　市ハ歳入出豫算ヲ以テ定ムルモノヲ除クノ外新ニ義務ノ負擔ヲ爲スニハ市會ノ議決ヲ經ルヲ要スルモノナルヲ以テ新ニ義務ヲ負擔スル土地ノ買收行爲カ豫算ノ款項中ニ編入セラレタレハトテ豫算額以外ノ代金額ニ買增ヲ爲シタル行爲ヲ以テ市ニ對シ有效ナリト云フヲ得ス（民事大正二年三八八頁）

四　市代表者ノ爲シタル行爲ナルカ爲メ法律上ノ要件タル市會ノ議決ヲ經サルモ市ニ對シテ有效ナリト論スルヲ得ス（同上）

五　市カ訴訟ヲ爲スニ付キ當初市會ノ決議ヲ經タル以上ハ更ニ市參事會ノ決議ヲ要セサルハ勿論上級審ニ於テモ有效ニ訴訟行爲ヲ爲シ得ルモノトス（民事明治四三年五〇頁）

六　村カ一旦村會ノ議決ヲ經テ訴訟ヲ提起シタルトキハ爾後其訴訟カ上級審ニ繫屬スルモ有效ニ訴訟行爲ヲ爲シ得ルモノトス（刑事大正五年三六四頁）

七　歳入出豫算ヲ以テ定ムルモノヲ除クノ外新ニ債務ノ負擔ヲ爲シ若ハ權利ノ抛棄ヲ爲スコトハ町村會ノ議決ヲ經ヘキ事件ナルヲ以テ假令町村長カ其ノ意思表示ヲ爲スモ其ノ債務ノ負擔權利ノ抛棄ニシ

テ町村會ノ議決ヲ經タルモノニ非サル以上ハ町村ニ對シ效力ヲ生スルモノニ非ス（民事大正五年二一二一頁）

八　町村會ノ議決トハ町村制ノ規定ニ適テ爲ス議決ノ謂ナレハ其ノ規定ニ適ハサル所ノ議決ハ町村會ノ議決アリト爲スニ足ラサルモノトス（同上）

九　土地ニ生立スル樹木ハ假令伐採ノ目的ヲ以テ讓渡セラルルモ土地ト分離セサル限リ不動産タルヲ失ハス（民事大正八、五、二六）

一〇　土地ニ生立スル樹木ハ假令伐採ノ目的ヲ以テ讓渡スルモ土地ト分離セサル限リハ不動産タルヲ失ハサルヲ以テ裁判所カ村長ノ爲シタル係爭山林拂下處分ヲ以テ町村制第四十條第六號ニ該當スルモノト認メ村會ノ議決ヲ經テ決行スヘキモノト爲シタルハ相當ナリ（同上大正八、一〇、九）

一一　町村有不動産ノ管理處分及取得ニ關スル行爲ハ町村會ニ於テ議決スヘキ事項ニ係リ斯ル事項ニ付テハ町村長ハ原則トシテ單ニ之カ發案及議決ヲ執行スヘキ權限ノミヲ有スルニ過キサルモノナレハ町村長カ町村會ノ議決ヲ經スシテ爲シタル是等ノ行爲ハ全ク其ノ權限ノ範圍外ニ屬シ町村ニ對シ其ノ效力無キハ勿論之ヲ以テ町村長ノ職務執行行爲ト爲スコトヲ得サルモノトス（同上大正八年一七八四頁）

〔質　疑　解　答〕

一　本條第一號ノ町村條例ヲ以テ規定スヘキ事項

（町村住民ノ權利義務ニ關スル事項ハ性質上町村條例ヲ以テ規定スヘキモノテアルガ、單ナル町村ノ事務ニ關スル事項ハ必スシモ條例ヲ以テスルヲ要シナイノガ原則デアル、尤モ町村制等ニ於テ必ス條例ヲ以テ制定スヘキコトヲ命シタルモノガアル、左ニ列記スルモノハ夫レデアル）

一　町村會議員ノ定數增減（町村制第十一條第三項）

二　町村會議長及其ノ代理者設置（町村制第四十五條第三項）

三　町村助役ノ定數增加（町村制第六十條）

四　町村長又ハ助役ノ有給（町村制第六十一條第二項）

五　町村副收入役ノ設置（町村制第六十七條第一項）

六　町村委員ノ別段ノ組織（町村制第六十九條第四項）

七　町村名譽職員ノ費用辨償、報酬額及其ノ支給方法竝有給吏員ノ給料額、旅費額及其ノ支給方法（町村制第八十四條第八十五條）

八　町村有給吏員ノ退隱料、退職給與金、死亡給與金又ハ遺族扶助料ノ支給（町村制第八十六條）

九　町村ノ使用料（町村制第百九條第一項）

一〇　町村ノ手數料（同上）

一一　町村ノ特別稅（同上）
一二　町村ノ使用料、手數料、町村稅、財産及營造物ニ關スル過料（町村制第百九條第二項第三項）
一三　町村ノ督促手數料及滯付命令手數料（町村制第百十一條第三項）
一四　町村ノ一部ノ財産及營造物ニ關スル區會又ハ區總會ノ設置（町村制第百二十五條）
本條例ハ府縣知事ニ於テ町村會ノ意見ヲ徵シテ設定シ得ヘキ例外ノモノテアル
一五　下水道法第三條第二項第一號ノ費用徵收（下水道法第三條）
一六　町村學校組合ノ學區ノ學務委員條例（小學校令第六十二條）
二　本條第一號ノ町村規則ヲ以テ規定スヘキ事項
一　町村ノ營造物ニ關シ町村條例ヲ規定スルモノ以外ノ事項（町村制第十條第二項）
假令　水道使用規則、市場使用規則、屠場使用規則、墓地使用規則、火葬場使用規則、住宅使用規則、公園使用規則等ノ如シ
二　舊慣アル財産ノ使用方法（町村制第九十一條）
三　町村會會議規則及傍聽人取締規則（町村制第五十九條第一項）
三　町村ニ於テ「規程」ト名ツクルモノハ條例、規則ノ如ク法律ニ根據ヲ有スルモノニアラス、町村ノ爲ス議決ノ效力ヲ比較的永續セシムル性質ヲ有スルモノニ付、付スルモノニシテ、豫メ各種ノ場合

ヲ豫想シテ抽象的ノ規定ヲ設ケ事件發生ノ都度之ニ基キ處理セシムルモノヲ指稱ス

四　第二號但書ノ第七十七條ノ事務及法律勅令ニ規定アルモノニ付テハ町村會ノ議決ヲ經ヘキモノニアラス、其ノ事項ハ大凡左ノ如シ

（一）第七十七條ノ事務

一　衆議院議員及府縣會議員選擧ノ事務

二　道路ノ維持、修繕、新設、認定等ノ管理ニ關スル事務

三　職業紹介所ノ事務

四　行旅病死人其ノ他救護ニ關スル事務

（二）法律勅令ニ規定アルモノ

一　國稅及府縣稅ノ徵收

二　小學校ノ設置（學校建物ノ建築ニ付テハ議決ヲ要ス）

三　學務委員傳染病豫防委員ノ設置

四　傳染病院及隔離病舍ノ設置（病舍建物ノ建築ニ付テハ議決ヲ要ス）

以上ハ法令ニ依リ町村ノ義務ニ屬スルヲ以テ之カ要否ニ付議決ヲ經ルモノニ非ス

五　結核療養所ノ設置

療養所ノ設置ヲ指定セラレタル町村ニ於テハ之カ設置ノ可否ニ付議決スヘキモノニ非ス
六　職業紹介所ノ設置
七　上水道ノ布設
八　下水道ノ布設
九　屠場ノ設置
以上ハ通常町村ノ任意事務ニシテ議決ヲ要スルモノナルモ特ニ設置又ハ布設ヲ命セラレタルトキハ法令ニ基ク義務ニ屬スルヲ以テ之ニ關シ可否ヲ議決スルヲ得ス
一〇　史蹟名勝天然紀念物ノ保存
內務大臣ヨリ保存管理ニ關シ指定セラレタルトキハ法令ニ基ク義務ニシテ管理ヲ爲スト否トニ關シ議決スルノ限ニアラス

五　法令ニ定ムル國ノ營造物ニ關シ徵收スル使用料ニシテ町村會ノ議決ヲ經ルヲ要セサルモノ
一　小學校授業料（小學校令五七、五八、五九條、同施行規則一七四、一七五、一七六、一七七條）
二　各種學校授業料（中學校令一六、高等女學校令一七、實業學校令一四、專門學校令一一）
三　幼稚園保育料（幼稚園令一四）
四　圖書閲覽料（圖書館令六）

五　道路占用料（道路法二八、四四）
六　橋及渡船使用料（道路法二七）
七　河川通航料（河川法四二）
八　堤塘使用料（明治二十一年七月內務省訓令一七號）
九　獵區承認料（狩獵法施行規則二二）

六　法令ニ定ムル國ノ事務ニ對スル手數料ニシテ町村會ノ議決ヲ經ルヲ要セサルモノ

一　戶籍手數料（戶籍法一四、戶籍手數料規則一、二、三）
二　寄留手數料（寄留手續令四）
三　馬籍手數料（馬籍法五）
四　海員手數料（船員法施行細則四九）
五　入學料入園料
六　入學試驗手數料
七　生絲正量檢査手數料

七　第六號及第七號ノ管理ト處分トノ意義ハ大體左ノ區分ニ依ルヲ至當トス

一　管理。。民法上ノ管理ト同シク、財産ノ保存ニ必要ナル行爲ヲ爲シ、又ハ其ノ物ノ本質ヲ變更セサル範圍内ニ於テ、其ノ利用又ハ改良ヲ目的トスル行爲ヲ謂フ、之ヲ例示スレハ概ネ左ノ如シ

1 林地ニ造林ヲ爲シ、田畑ヲ耕耘シ、建物ヲ其ノ用途ニ供スルコト
2 土地ヲ賃貸シ、又ハ小作ニ付スルコト
3 耕地整理ヲ行フコト
4 現金ヲ貸付シ又ハ預入ルルコト
5 現金ヲ以テ、同一種類ノ財産ト爲ス爲國債其ノ他ノ有價證券ヲ買入レ又ハ株式ヲ購入スルコト
6 債券、證券等ヲ保護預ケト爲スコト
7 債券ノ償還ヲ受ケ又ハ之ヲ賣却スルコト
8 信託終了ノ場合ニ金錢ノ引渡ヲ受クルコトヲ條件トシ金錢ヲ信託スルコト又ハ一定ノ時期ニ至リ同一種類ノ證券、債券ヲ返還スルコトヲ條件トシ證券、債券ヲ信託スルコト
9 山林ノ立木竹ノ掃除伐、枝打、間伐ヲ爲スコト
10 菌蕈類、柴草、樹實、樹脂、樹根、樹竹皮、又ハ落葉ノ類ヲ採取スルコト
11 權利ノ登記ヲ爲シ、時效中斷ノ行爲ヲ爲シ、又ハ家屋ノ修繕ヲ爲ス等ノ保存行爲ヲ爲スコト

二　處分。。民法ニ所謂處分タル財産權ノ移轉、變更又ハ消滅等ノ法律的處分ハ固ヨリ、財産權ノ目的

物ヲ破壞消滅セシムヘキ行爲、即チ有形的處分及財產ノ種別ヲ變更スヘキモノヲ包含ス
1　土地、建物等ヲ賣却、交換又ハ寄附、讓渡スルコト
2　不動產上ニ地上權、永小作權、質權、抵當權等ヲ設定スルコト
3　共有權ヲ分割スルコト
4　貸付金ノ債權ヲ拋棄スルコト
5　地上權、永小作權等ヲ拋棄スルコト
6　建物ヲ解除スルコト
7　財產ヲ信託スルコト（管理ニ屬スルモノヲ除ク）
8　立木竹ヲ伐採スルコト（管理ニ屬スルモノヲ除キ主伐ニ限ル）
9　土地ヲ開墾シ、田畑ヲ溜池又ハ林野ニ、林野ヲ宅地ニ變更スルコト
10　財產ヲ一般歲計ニ繰入レ運用スルコト
11　基本財產ヲ普通財產ニ、甲基本財產ヲ乙基本財產ニ編入スルコト

八

第八號ノ豫算外ニ新ニ義務ノ負擔ヲ爲ス事トハ左ノ如キ場合ヲ云フ
一　他人ノ債務ニ關シ保證ヲ爲スコト
二　數年度ニ涉リ補助又ハ寄附ノ契約ヲ爲スコト

三　翌年度以降ニ亘ル工事ノ請負契約ヲ爲スコト（繼續費ノ設ケアルモ豫算外義務負擔タルコトハ同樣ナリ）

四　數年度ニ亘ル土地家屋ヲ借入レ借地借家料ノ支拂ヲ爲スノ契約ヲ爲スコト（土地家屋ノ借入レト併セ議決ヲ經ル爲豫算外義務負擔トシテ別ニ議決ヲ要セサル場合多カルヘシ）

九　第十一號ノ訴願、訴訟中町村制及同施行令竝府縣制施行令ニ依リ町村又ハ町村會カ訴願又ハ行政訴訟ヲ提起シ得ヘキ場合左ノ如シ

一　町村ノ境界ノ爭論ニ關スル府縣參事會ノ裁定ニ對スル訴訟（町村制第四條第一項）

二　町村ノ境界不判明ナル場合ニ於ケル府縣參事會ノ決定ニ對スル訴訟（町村制第四條第二項）

三　町村會ノ違法越權ノ議決又ハ選擧ニ關スル府縣知事ノ處分又ハ府縣參事會ノ裁決ニ對スル訴訟（町村制第七十四條第四項）

四　町村會ノ議決明ニ公益ヲ害シ又ハ收支ニ關シ執行シ能ハサル議決ニ關スル府縣知事ノ處分ニ對スル訴願（町村制第七十四條ノ二第四項）

五　町村組合費分擔ノ異議ニ關スル組合會ノ決定ニ對スル訴願（町村制第百三十五條第三項）

六　同上訴願ニ關スル府縣參事會ノ裁決ニ對スル訴訟（同上）

七　町村ノ監督ニ關スル府縣知事ノ處分ニ對スル訴願（町村制第百三十八條）

八　强制豫算又ハ代執行ニ對スル訴願（町村制第百四十三條第三項）

九　町村吏員ノ損害賠償ニ關スル府縣參事會ノ裁決ニ對スル訴願（市制町村制施行令第三十六條第二項）

一〇　府縣稅納入義務免除ニ關スル府縣參事會ノ決定ニ對スル訴願（府縣制施行令第三十二條第三項）

一〇　町村ニ於テ寄附金ヲ受納セントスルトキハ歲入豫算ニ編入シ町村會ノ議決ヲ經ルノ外寄附採納トシテ別ニ町村會ノ議決ヲ經ルヲ要セスト存スルモ如何ニヤ若シ議決ヲ要スルトセハ現金物件共ニ町村制第四十條各號ノ何レニ據ルヘキヤ

（答）寄附ノ採納ニ付町村會ノ議決ヲ要スル義ト存ス尙現金物件（不動產ヲ除ク）ノ受入ニ付テハ町村制第四十條ノ各號ノ何レニモ該當セサルモ右ハ制第三十九條ノ規定ニ依リ町村ニ關スル事件トシテ議決スヘキモノト存ス

第百十三條第一項　町村長ハ毎會計年度歲入出豫算ヲ調製シ遲クトモ年度開始ノ一月前ニ町村會ノ議決ヲ經ヘシ

〔行　政　實　例〕

一　二月末日迄ニ市町村會ノ議決ヲ經サルヘカラサルモノナレトモ三月ニ入リ市町村會ノ議決ヲ經タル豫算モ猶有效トス

二　町村制第百十三條ニ町村長ハ毎會計年度歳入出豫算ヲ調製シ遲クトモ年度開始ノ一月前ニ町村會ノ議決ヲ經ヘシトアルハ町村ノ豫算ハ遲クトモ二月末日迄ニ町村會ヲシテ議了セシムルノ趣旨ニシテ町村長ハ二月末日迄ニ町村會ニ付議スルトキハ之ヲ議了スルハ假ヒ三月ニ渉ルモ別ニ差支ナシトノ法意ニアラス

〔行政判例〕

一　豫算ハ年度開始ノ一箇月前町村會ノ議決ヲ經ヘシトアレハ事情事變ノ爲メニ其ノ法律上職務ノ執行ヲ遷延スルヲ得ス（明治三四、七、八）

二　本條ノ期間後ニ豫算表ヲ議決シタル處措ハ手續上ノ瑕瑾ヲ免レサルモ議決ノ效力ニ影響ヲ及ホサス（明治三五、一二、二二）

三　町村制第百十三條第一項ハ町村長ノ職務上ノ規定タルニ止マルモノナルカ故ニ該規定ニ反シ年度開始前一月ヲ經過シタル場合ト雖町村會ハ有效ニ町村歳入出豫算ヲ議決スルコトヲ得（大正三、五、八）

第百二十二條第二項　決算ハ出納閉鎖後一月以內ニ證書類ヲ併セテ收入役ヨリ之ヲ町村長ニ提出スヘシ町村長ハ之ヲ審査シ意見ヲ付シテ次ノ通常豫算ヲ議スル會議迄ニ之ヲ町村會ノ認定ニ付スヘシ

3第六十七條第五項ノ場合ニ於テハ前項ノ例ニ依ル但シ町村長ニ於テ兼掌シタルトキハ直ニ町村會ノ認定ニ付スヘシ

〔行政實例〕

一　市町村會ニ於テ決算認定ヲ爲スヘカラスト認ムルトキハ之ヲ認定セサル旨ヲ議決スルト同時ニ其ノ認定スルコトヲ得サル事由ヲモ明ニスルコトヲ要ス、又市町村會ニ於テ收入役ノ取扱ヒタル收支ニ不都合ノ廉アリト認ムルトキハ市町村ノ公益ニ關スル事件トシ適宜監督官廳ニ對シ意見書ノ呈出ヲ爲スコトヲ得ルモノトス

二　市町村會ニ於テ決算認定ヲ爲ササルトキハ市町村長ハ其ノ儘監督官廳ニ報告シ竝其ノ要領ヲ告示スルノ外ナキモノトス

町村制第四十條に揭げたる事項の外町村制其の他の法令に依り町村會の議決を經べき主なる事件

一　市町村の名稱を變更すること（町村制第五條）

二　村を町と爲し若は町を村と爲すこと（同上）

三　町村役場の位置を變更すること（同上）

四　町村公民の要件たる住所二年の制限を特免すること（町村制第七條二項）
五　町村の名譽職擔任義務違反者に對し町村公民權を停止すること（町村制第八條二項）
六　町村名譽職擔任辭退者の理由を認定すること（同上第六號）
七　町村會議員選擧の投票分會を設くること（町村制第十四條）
八　町村會議員の補闕選擧を行ふの必要を認むること（町村制第十七條第二項）
九　町村會議員選擧の開票分會を設くること（町村制第二十四條ノ四）
一〇　町村會の選擧に指名推選の法を用ゆること（町村制第五十一條第二項）
一一　町村會の傍聽を禁止すること（町村制第五十二條）
一二　議員中異議ある場合に町村會の閉會又は中止を議決すること（町村制第五十三條第三項）
一三　會議規則及傍聽人取締規則を設くること（町村制第五十九條第一項）
一四　町村制及會議規則違反の議員に對し出席を停止すること（町村制第五十九條第二項）
一五　有給町村長及有給助役の任期中退職を承認すること（町村制第六十四條）
一六　町村長又は助役をして收入役の事務を兼掌せしむること（町村制第六十七條第五項）
一七　行政區を劃し區長及區長代理者を置くこと（町村制第六十八條第一項）

一八　臨時又は常設の委員を置くこと（町村制第六十九條第一項）
一九　有給吏員の定數を定むること（町村制第七十一條第二項）
二〇　町村會の權限に屬する事項を町村長に專決處分せしむること（町村制第七十六條ノ二）
二一　助役、區長、副收入役に對する事務の分掌に同意すること（町村制第七十八條第一項、第八十條第四項）
二二　舊來の慣行ある財產の使用を許可すること及其の舊慣を變更又は廢止すること（町村制第九十條）
二三　財產の賣却貸與、工事の請負及物件勞力其の他の供給に關し競爭入札に依らざることに付同意すること（町村制第九十四條）
二四　寄附又は補助を爲すこと（町村制第九十五條）
二五　不均一、數人又は一部賦課を爲すこと（町村制第百四條）
二六　非常災害の場合他人の土地を一時使用し土石竹木其の他の物品を使用し收用すること（町村制第百六條第一項）
二七　町村稅の減免を爲し又は年度を超ゆる納稅延期を許すこと（町村制第百八條）

二八　町村債を起し又は一時借入金を爲すこと（町村制第百十二條）
二九　豫算の追加又は更正を爲すこと（町村制第百十四條）
三〇　繼續費を定むること（町村制第百十五條）
三一　特別會計を設くること（町村制第百十八條）
三二　町村組合の設立、變更、規約、解除等に關し協議を決すること（町村制第百二十九條以下）
三三　町村吏員に賠償を命ずること（市制町村制施行令第三十三條乃至第三十五條）
三四　町村吏員の身元保證に關する事項を定むること（同令第三十八條）
三五　延滯金の割合を定むること（同令第四十五條第一項）
三六　町村税の徵收義務者を定むること（同令第五十三條）
三七　歳計剩餘金を基本財産に蓄積すること（市制町村制施行規則第三十七條）
三八　資金前渡又は概算拂を爲すこと（同則第四十一條）
三九　豫算各項の流用を議決すること（同則第五十三條第一項）
四〇　公金の出納保管の爲町村金庫を置くこと（同則第五十七條）
四一　金庫事務取扱銀行を定むること（同則第五十八條）

四二　金庫事務取扱者より徴する擔保に關すること（同則第六十一條）
四三　金庫保管現金の運用を許すこと（同則第六十二條第一項）
四四　金庫運用金の利子を定むること（同則第六十二條第二項）
四五、收入役保管現金を預入せしむること（同則第六十四條）
四六　財務に關する必要なる規定を設くること（同則第六十五條）
四七　町村内の大字名小字名を改稱し又は共の區域を變更すること（明治四十四年三月内務省訓令第一號）
四八　府縣會の議決に依り府縣稅賦課の細目を議決すること（府縣制第百九條）

第二　町村會の決定事項

解說　町村會は町村行政に關する爭議については、第一次の決定權を有する。此の權限は町村の意思を決定する作用に非ずして、町村會が行政裁判の機關として、自治行政上の爭訟を裁定する作用である、法律では之を「決定」と謂ひ以て「議決」と區別して居る。

町村會が爭訟等につき決定を爲す事項の種類は大凡左の通りである。

一　町村會議員の選擧又は當選の效力に關する異議の決定（町村制第三十三條）

二　町村會議員の被選擧權の有無、請負關係の有無に關する決定（町村制第三十五條）

三　費用辨償其の他給與に關する異議の決定（町村制第八十七條）

四　町村稅の賦課、使用料手數料加入金の徵收、夫役現品の賦課に關する異議の決定（町村制第百十條）

五　財產又は營造物の使用權に關する異議の決定（同上）

六　區會議員の選擧又は當選の效力に關する異議の決定（町村制第百二十六條）

七　町村稅拂込義務免除の申請に關する決定（市制町村制施行令第五十七條）

爭議の決定は、關係者より町村長に異議の申立を爲し、其の申立を町村長より町村會の決定に附するのである。尤も町村會議員の被選擧權及請負關係の有無に關する事項は、町村長に於て其の事實ありと認めたるとき、職權を以て決定に付するのである。

爭議の決定は必ず文書を以てし、之を本人に交付すべきものである、決定書の發案は町村會自ら之を爲すべきものであり、又其の決定書は町村會議長の名を以て作製すべきものである。

第三十三條　選擧人選擧又ハ當選ノ效力ニ關シ異議アルトキハ選擧ニ關シテハ選擧ノ日ヨリ當選ニ關シテハ第二十九條第一項又ハ第三十一條第二項ノ告示ノ日ヨリ七日以内ニ之ヲ町村長ニ申立ツルコトヲ得此ノ場合ニ於テハ町村長ハ七日以内ニ町村會ノ決定ニ付スヘシ町村會ハ其ノ送付ヲ受ケタル日ヨリ十四日以内ニ之ヲ決定スヘシ

〔第二項以下省略〕

〔行　政　實　例〕

一　本條ニ選擧人トアルハ選擧ニ參與スルコトヲ得ヘキ總テノ選擧人ヲ指セルモノニ付是等選擧人ニ在リテハ總テ本條ニ依リ異議ノ申立ヲ爲スコトヲ得ルモノナリト雖選擧ニ參與スルコトヲ得サルモノハ假令選擧權ヲ有スルモ茲ニ所謂選擧人トアルニ該當セサルヲ以テ本條ニ依リ異議ノ申立ヲ爲スヲ得サルモノトス

二　町村制第三十三條第一項ニ所謂選擧人ノ意義ニ付テハ左ノ四説アリト雖第四説ヲ以テ行政實例ニ適合スルモノトス

一　選擧人トハ自ラ選擧權ヲ有スト認ムル者

二　選擧人トハ選擧人名簿ニ登錄セラルルト否トニ拘ラス選擧權ヲ有スル者
三　選擧人トハ選擧人名簿ニ登錄セラレ實際選擧ニ參與シタル者
四　選擧人トハ選擧人名簿ニ登錄セラレ選擧ニ參與スルコトヲ得ル者

三　町村會議員ノ選擧權ヲ有スル者ト雖選擧人名簿ニ登錄セラレサル者ニ於テハ異議又ハ訴願ヲ提起スルコトヲ得サルモノトス

四　選擧ノ日トハ投票ヲ行ヒタル日ヲ指セルモノトス

五　本條ニ「受ケタル日ヨリ」幾日以內トアルハ受ケタル日ノ翌日ヨリ起算シ又「告示ノ日ヨリ」幾日以內トアルハ告示ノ日ノ翌日ヨリ起算ス可キモノトス

六　選擧ノ效力ニ關スル異議ノ申立ニ依リ選擧無效ノ決定ヲ爲スハ選擧ノ規定ニ違反シ且選擧ノ結果ニ異動ヲ生スルノ虞アル場合ニ限ルモノトス

七　當選ノ效力ニ關シ異議ノ申立ヲ受ケタルトキハ市町村長ハ其ノ申立ヲ市町村會ニ送付ス可ク該決定案ヲ提出ス可キモノニアラス

八　町村會ニ於テ爲スヘキ決定書ノ署名ハ「何町村會議長何町村長氏名」ト記載スヘキモノトス

九　選擧又ハ當選ノ效力ニ關スル異議ノ決定書ハ町村長ノ手ヲ經テ申立人ニ交付スルト又町村會ニ於テ直接本人ニ交付スルトハ適宜ニナスヘキモノナリ

一〇　町村會議員ノ當選效力ニ關スル異議ノ申立書ハ町村制第三十三條ニ依リ町村長ニ於テ七日以內ニ町村會ニ送付スヘキモノナルモ町村長ニ於テ過テ其ノ期限ヲ經過シ町村會ニ送付シタルトキト雖町村會ニ於テハ必ス決定セサルヘカラサルハ勿論ニシテ其ノ決定ハ有效ノモノトス

一一　町村會議員ノ當選ノ效力ニ關スル異議ノ申立ニ對シ町村會ニ於テ甲者ハ當選ニアラスト認ムルトキハ甲者ノ當選ヲ取消シ新ニ乙者ヲ當選人ト決定スルハ權限ヲ超越スルモノニシテ新ニ當選人ヲ定ムルハ專ラ選擧長ノ權限ニ屬スル義ニ付町村會ハ單ニ選擧長ノ定メタル當選人ノ果シテ當選人ナルヤ否ヤヲ判定スルニ止マルモノトス

一二　（市制第二十一條ノ三第一項）ノ異議決定ハ市長ニ於テ異議申立ヲ市會ニ送付スヘキモノニシテ該決定案ヲ提出スヘキモノニアラス（大正二、一一、二八）

一三　當選無效ト確定シタルトキ更ニ當選者ヲ定ムルハ町村制第三十四條第二項ノ規定ニ依リ町村長ノ權限ニ屬スルモノナレハ縣參事會カ當選效力ニ關スル訴願ノ裁決ヲ以テ當選者ヲ定ムルハ適法ニアラス（大正三、一一、二五。同四、八、二一。同六、七、一四）

一四　（町村制第十八條ノ三ニ依ル）異議申立ヲ三日以內ニ町村會ノ決定ニ付スヘシトアルハ本年七月五日付內務省和地第三四號通牒ノ例ニ依リ三日以內ニ町村會議長ニ送達セハ足ルモノナリ（大正一五、九、四）

（參照）

別紙甲號和歌山縣知事ヨリノ照會ニ對シ別紙乙號ノ通及回答候（大正一五、七、五　和地第三四號）

（甲號）

府縣制第一一五條ニ依ル異議申立ヲ七日以內ニ參事會ノ決定ニ付スヘシトアルハ其ノ決定ノミノ爲ニモ特ニ參事會ヲ招集スヘシト解スヘキヤ又ハ七日以內ニ決定ノ要求ヲ參事會宛ヲ以テ書記ニ送達スルヲ以テ足ルト見ルヘキヤ

（乙號）

府縣制第一一五條ニ關スル御照會ノ件ハ異議申立ヲ七日以內ニ參事會議長ニ送達スルヲ以テ足ル

一五　縣會議員當選效力ニ關スル異議申立ニ付テハ代理ヲ認メタルノ規定ナキヲ以テ代理人ニ依リテハ爲シ得サルヤ

（答）異議申立ハ代理人ニ依リ爲シ得ルモノトス（昭和二、一〇、二一　內務省回答）

一六　（問）町村會議員選擧又ハ當選效力ニ關スル異議申立ヲ町村會ヲ召集セス町村會議長タル町村長ニ送付（決定ニ付スル旨ノ文書ヲ付シ）スルハ町村制第三十三條第一項末段ノ規定ニ抵觸セサルヤ（青森縣）

（答）町村制第三十三條ニ依ル異議申立ヲ七日以內ニ町村會ノ決定ニ付スヘシトアルハ七日以內ニ町

村會議長ニ送達スレハ足ルモノトス（昭和五年二月内務省決定）

〔行政判例〕

一　選擧ノ日トハ投票ノ日ヲ指稱セルモノトス而シテ異議申立ノ期間ハ投票ノ翌日ヨリ起算シ滿七日ヲ以テ終了シ然カモ滿了ノ日カ公暇日ニ當ルトキハ期間ニ算入セス其ノ翌日ヲ以テ期間滿了ノ日トスヘキモノトス（明治四一、三、一八。同四四、三、七）

二　選擧ノ效力ニ關スル訴願ニ對シ裁決ヲ爲スニ付テハ選擧ノ效力ニ關係アル事項ナル以上假令訴願人ノ申立テサル事項ト雖之ヲ調査シ其ノ結果ニ基キテ裁決ヲ爲シ得ヘキモノトス（明治四五、三、二五大正一五、七、二〇）

三　當選ノ效力ニ關シ異議申立アリタル場合ニ於テ其ノ決定上必要ナルトキハ參事會ハ選擧會ノ決定セル投票ニシテ當事者間爭ナキモノト雖尚之ヲ審査スルコトヲ得（大正二、一、二五）

四　選擧ノ效力如何ハ之ニ關係アル諸般ノ事項ヲ調査シタル上ニ非サレハ之ヲ決スルコト能ハサルカ故ニ裁決廳又ハ決定廳ハ申立ノ有無ニ拘ラス是等ノ事項ニ付審査スヘキモノトス從テ訴願人又ハ異議申立人ハ裁決又ハ決定前ニ在リテハ選擧ノ效力ニ關係アル一切ノ理由ヲ追加スルコトヲ得ルモノナルニ依リ追加シタル理由カ前ノ理由ト其ノ性質ヲ異ニスレハトテ別個ノ案件ヲ成スモノト謂フコトヲ得ス（大正二、五、一〇）

五　選擧又ハ當選ノ效力ニ付府縣參事會ノ爲シタル裁決ニ對シ町村會ヨリ行政裁判所ニ出訴ヲ許シタル規定ナシ（大正二、九、一三）

六　凡ソ當選ノ效力ニ關スル訴願アリタル場合ニ於テハ何人カ果シテ有效投票ノ多數ヲ得タルカヲ審査シ當選者ヲ定メサルヘカラサルモノナルカ故ニ其ノ審査ノ範圍ハ決シテ訴願人ノ指摘シタル投票若ハ町村會ニ於テ審査シタル投票ノミニ止ムヘキモノニ非ス從テ投票全部ヲ審査シ其ノ結果ニ基キ三宅幸造ハ當選者タルヘキニ非ストシ其ノ當選ヲ取消シタルハ適法ニシテ決シテ訴願ノ範圍ヲ超越シ若ハ村會ノ決定權ヲ無視シタル不法アルモノト謂フヲ得ス（大正三、二、一五）

七　町村制ニ於テハ選擧人名簿ノ效力ニ關スル訴願ト選擧ノ效力ニ關スル訴願トハ劃然之ヲ區別シアルヲ以テ選擧ノ效力ニ關スル訴願ヲ審査スルニ當リ選擧ノ效力ニ關係アル範圍ニ於テ選擧人名簿ヲ審査シ得ルハ勿論ナリト雖延テ選擧人名簿ノ效力ニ亘リテ裁決ヲ與フルコトヲ得ルモノニアラス（大正三、二、一九）

八　本條第一項ニ告示ノ日ヨリトアルハ單ニ異議申立ノ期限ヲ定ムル爲必要ナル起算點ヲ示シタルニ止マリ苟モ選擧會ニ於テ當選決定ノ處分ヲ爲シタル上ハ告示以前ト雖異議申立ヲ許スノ法意ト解スヘキモノトス（大正三、三、一〇、　同五、二、九、　同七、四、一五、　同八、一〇、一五）

九　單ニ當選者ノ得票數ヲ爭フニ止マルモノハ選擧又ハ當選ノ效力ニ關スル訴願ト謂フヲ得ス（大正三、

三、一二、　同三、九、二六、　同六、九、一八　同一〇、一二、二四）

一〇　選擧ノ效力ニ關スル訴願アリタルトキハ假令投票ノ效力ニ付キ訴願人ノ申立ナキ場合ト雖選擧ノ結果ニ影響スヘキモノナル以上之ヲ判斷シ其ノ結果ニ基キテ裁決ヲ爲シ得ヘキモノトス（大正三、三、三一）

一一　異議又ハ訴願ノ理由ハ決定又ハ裁決アルマテハ何時ニテモ補充スルコトヲ得ルモノトス從テ異議申立人カ異議申立期間經過後ニ至リ異議ノ理由トシテ追加シタル主張ヲ受理シテ裁決ヲ爲シタルハ違法ニアラス（大正三、四、一六）

一二　村會議員選擧ニ於ケル當選ノ效力ニ關スル訴願ノ審理ニ付テハ投票全部ニ付キ其ノ效力ヲ審査シ其結果ニ基キ裁決ヲ爲シ得ヘク訴願人ノ指摘シ又ハ町村會ノ審査シタル投票ニ限リ審査シ得ヘキモノニアラス（大正三、一二、五、　同六、一〇、三〇、　同七、一二、二七、　同八、四、二三）

一三　訴願裁決廳ハ裁決ヲ爲スニ當リ訴願人ノ申立テタル異議ノ理由ニ拘束セラルヘキモノニアラス（大正九、七、三、　同一五、七、二〇）

一四　書面ノ表題ニ訴狀トアリ又原告被告ト記載アルモ村長ニ對シ選擧全部ノ取消ヲ要求スルモノハ町村制第三十三條第一項ノ異議申立ノ書面ト認ムヘキモノトス（大正一五、一〇、二一）

一五　異議申立カ其ノ效力ヲ生スルニハ必スシモ名宛人タル村長本人カ申立書ヲ入手スルコトヲ要スル

モノニ非ス（同上）

一六　町村制第三十三條第一項ノ七日ノ期間ハ選擧ノ翌日ヨリ起算スヘキモノトス（昭和二、七、六）

一七　當選ノ效力ニ關スル訴願ニ對シ裁決廳カ其ノ選擧ノ效力ニ付審査裁決スルモ違法ニ非ス（大正八、九、二九、　昭和二、九、二九）

一八　選擧ノ效力ニ關スル行政訴訟ニ於テモ得票者ノ投票ノ效力ヲ審査シ其ノ結果ニ基キ選擧ノ結果ニ異動ヲ生スルヤ否ノ判斷ヲ爲シ得ヘキモノトス（大正一三、五、七）

一九　村會議員選擧ノ效力ニ關スル異議申立書ニシテ其ノ宛名ヲ選擧長ナル肩書ヲ附シタル村長ト爲シタルモノハ村長ニ對シ異議申立ヲ爲シタルモノト認ムルヲ相當トス（昭和二、九、二九）

二〇　凡ソ選擧及當選ノ效力ニ關スル訴願アリタル場合ニ於テハ裁決廳ハ假令訴願人ノ主張セサル事實及理由ト雖之ヲ審査シ其ノ結果ニ基キ裁決ヲ爲スヘキモノトス（昭和二、四、二六）

二一　町會議員ノ當選效力ニ關スル訴願アリタル場合ニ於テハ裁決廳ハ訴願人ノ主張セサル事實及爭トナラサル投票ノ效力ト雖之ヲ審査シ其ノ結果ニ基キ裁決ヲ爲シ得ヘキモノトス（昭和二、一一、一）

二二　市會議員選擧ノ效力ニ關スル異議申立、訴願又ハ訴訟ノ審理ニ際シ當選ノ無效ヲ發見シタル場合ニ於テハ當選ノ效力ニ付決定裁決又ハ判決ヲ爲スコトヲ得（昭和三、九、一一）

二三　町村會議員ノ一部ノ當選效力ニ關シ訴願提起セラレタルトキハ當該選擧ニ於ケル當選者全員ノ當

選確定セサルモノトス（昭和三、五、一）

二四　町村制第三十三條第一項ニ所謂選擧人トハ單ニ選擧人名簿ニ登錄セラレタル者及該名簿ニ登錄セラルヘキ確定裁決書又ハ判決書ヲ所持シテ選擧當日選擧會場ニ到リタル者ノミニ限ラス廣ク町村制ノ規定ニ依リ選擧權ヲ有スル者ヲ指稱スルモノトス（昭和四、四、一〇）

二五　町村會議員選擧ノ效力ニ關スル訴願ニ於テハ其ノ前提タル異議中立ニ於テ主張セサリシ事由ト雖苟モ當該選擧ノ效力ニ關スルモノナル限リ之ヲ主張スルヲ妨ケス（昭和四、四、一七）

二六　町村會議員選擧ニ關スル選擧會ノ處分カ無效トスヘキ投票ヲ有效ト爲シ其ノ結果當選者トスヘカラサル者ヲ當選者ト定メタルコト以外ニ瑕疵ノ認ムヘキモノナキトキハ其ノ者ノ當選ヲ無效トスヘキモノニシテ該選擧ヲ無效トスヘキモノニ非ス（昭和四、一〇、七）

〔質疑解答〕

一　異議中立アリタルトキ町村長カ町村會ノ決定ニ付スルニハ町村會ヲ招集スルノ要ナク單ニ町村會議長ニ送付スルヲ以テ足ルモノトスルハ町村長即議長タル町村ニ於テハ無意味ナルカ如キ感アルモ、法文ノ解釋トシテハ正當ナリ又町村ニ於テハ普通町村長カ町村會議長タルモ特ニ議長及其ノ代理者ヲ置ク町村アルヲ以テ、實際ニ於テ送付ノ手續ヲ執リ得ル場合アルナリ

第三十五條（「町村會議員ノ失格」ノ項（第三〇頁）參照）

第八十七條　費用辨償、報酬、給料、旅費、退隱料、退職給與金、死亡給與金又ハ遺族扶助料ノ給與ニ付關係者ニ於テ異議アルトキハ之ヲ町村長ニ申立ツルコトヲ得

2前項ノ異議ノ申立アリタルトキハ町村長ハ七日以內ニ之ヲ町村會ノ決定ニ附スヘシ〔以下省略〕

〔行政實例〕

一　本條ニ依ル異議ノ申立、訴願及行政訴訟提起ノ期限ハ市制第百六十條、町村制第百四十條ノ期限ニ依ル可キモノトス

二　條例所定ノ給與金ノ當否多寡如何ニ付テハ本條ニ依リ異議ノ申立又ハ訴願訴訟ヲ爲スコトヲ得サルモノトス

三　市町村有給吏員ノ退隱料ノ給否ハ公權ニ關係ノ事項ナルヲ以テ右ニ關シテハ司法裁判所ニ出訴スルコトヲ得サルモノトス

四　町村制第八十七條ノ給與ニ關スル異議ハ實際給與ノ金額町村ニ於テ定メタル規定ニ適セスト認ムル場合ニ異議ノ申立ヲ爲スコトヲ許シタルモノニシテ町村ニ於テ給與ノ支給期日ノ當否ニ關シテマテ異議ノ申立ヲ爲スコトヲ許シタルモノニアラス

〔行政判例〕

一　町村吏員カ給料其ノ他支給ヲ受クヘキ金員ノ拂渡ヲ請求スルハ本條ニ所謂給與ニ關スル異議ニアラス（明治二四、一〇、一九）

二　名譽職助役ノ實費辨償支給規則ヲ定メタル（村會ノ議決）ニ對シテハ本條ニ依リ行政訴訟ヲ提起スルコトヲ得ス（明治三四、二、一）

三　本條ニ依リ出訴シ得ヘキモノハ關係者ニ限ルモノニシテ町村會ノ如キハ所謂關係者ト云フヲ得ス（明治三五、三、五）

第百十條　町村稅ノ賦課ヲ受ケタル者其ノ賦課ニ付違法又ハ錯誤アリト認ムルトキハ徵稅令書ノ交付ヲ受ケタル日ヨリ三月以內ニ町村長ニ異議ノ申立ヲ爲スコトヲ得

2　財產又ハ營造物ヲ使用スル權利ニ關シ異議アル者ハ之ヲ町村長ニ申立ツルコトヲ得

3　前二項ノ異議ノ申立アリタルトキハ町村長ハ七日以內ニ之ヲ町村會ノ決定ニ付スヘシ（以下省略）

4　第一項及前項ノ規定ハ使用料手數料及加入金ノ徵收並夫役現品ノ賦課ニ關シ之ヲ準用ス

〔第五項及第六項省略〕

〔行政實例〕

一　市町村税ノ賦課ニ關シ異議ノ申立ヲ爲スコトヲ得ルハ賦課ニ違法アリト認ムルカ又ハ錯誤アリト認ムル場合ニ限ル故ニ市町村税ヲ苛重ナリトシ賦課ノ輕減ヲ請フカ如キハ異議トシテ之ヲ申立ツルコトヲ得サルモノトス

二　町村税ノ賦課ニ關シ異議ノ申立ナク又關係者ニ於テ何等請願ヲモ爲ササル場合ト雖町村長ニ於テ其ノ錯誤ニ出テタルモノト認ムル場合ニ於テハ假ヒ異議ノ申立期間ヲ經過シタル後ト雖還付スル義ハ別ニ差支ナキモノトス

三　町村税ノ賦課ニ關シ法定ノ期限内ニ異議ノ申立ヲ爲サスシテ其ノ滯納處分ヲ爲スニ當リ賦課カ違法ナリトノ事由ヲ以テ異議ノ申立ヲ爲シタル場合ニハ滯納處分其ノモノノ異議ニアラサルヲ以テ受理スヘキ筋ノモノニアラス

四　町村長ニ於テ町村税ノ賦課ニ關スル異議ノ申立ヲ受ケタル場合徴税令書ノ交付後既ニ三月ノ期間ヲ經過シタルトキト雖町村長ハ必ス町村會ノ決定ニ付スヘキモノニ付町村長限リ却下スルハ違法トス

五　市税賦課徴收規程ニ毎年度豫算ヲ以テ定メタル課率ヲ以テ賦課シ云々トアル其ノ豫算トハ執行シ得ヘキ狀態ニ達シタル豫算ノ意ト解スルヲ相當トス從テ歳出豫算中補助費ニ付キ知事ノ許可ヲ受ケサルニ賦課ヲ爲シタルハ違法ノ賦課タルヲ免レス（大正八、六、一三）

町村會の決定事項

一　本條第一項ニ所謂三月トハ徴税令書ノ交付ヲ受ケタル翌日ヨリ起算スヘキモノトス（明治二九、五、二六）

〔行政判例〕

二　村税賦課ノ違法ト雖村會ノ議決ニ對シテハ異議ノ申立ヲ爲スヲ得ス（明治三二、一〇、三〇）

三　町村制第百十條第二項ノ異議申立ハ財産又ハ營造物ニ關シ行政處分アリタル場合其ノ處分ニ對シテ之ヲ認メタルニ止マリ村會ノ議決ニ對シテ之ヲ認メタル趣旨ト解スヘキニアラス（大正六、五、三一）

四　町村税ノ賦課ニ對スル異議申立ハ當該町村長ニ爲スヘキモノナルニ府縣知事ニ爲シタルハ違法ナリ（大正九、六、三〇、同一五、一一、二六）

五　本條ハ町村制第九十條及第九十三條ニ掲クル財産又ハ營造物ニ就キ特定ノ使用權利ヲ有スル者ニノミ適用アルニ非ス

町村住民ノ有スル營造物使用權ハ營造物ヲ如何ニ設備セシメ又ハ現在ノ營造物ヲ如何ニ修理改善セシムルヤニ關スル權能ヲモ含ムモノニアラスシテ現ニ設備セラレアル營造物ヲ其ノ設備ノ現狀ニ於テ使用シ得ルニ止マル

故ニ其ノ使用ニ付特ニ權利侵害ナキ限リ本條第二項ニ「使用ノ權利ニ關シ異議アルトキ」トアルニ該當セス（大正九、七、一五）

六　町村制第百十條第二項ハ町村有財產ノ存在スルコトヲ前提トシテ其ノ使用ノ權利ニ關シ異議アル場合ニ限リ之ヲ適用スヘキモノニシテ町村有財產ノ處分ニ關シ異議アル場合ニ適用スヘキモノニ非ス（大正一三、三、八、同一四、四、二四）

七　村稅賦課カ苛重ナリトノ理由ヲ以テハ其取消ヲ求ムルコトヲ得サルモノトス（大正一五、一二、一八）

八　盲啞學校補助金水練補助費教員講習會及視察補助費育兒院補助費ヲ支給シテ其事業ヲ補助スルコトハ市ノ公共事業ト認ムヘク、其ノ支出ハ市ノ必要ナル支出ニ屬シ舊市制第二條第八十八條第一項ニ依リ適法ナリ（大正一三、一〇、二三）

（參考）

本件訴訟ハ名義上ニ於テハ市稅賦課ヲ違法ナリトシ出訴セルモ其ノ實質ニ於テハ市ノ歲出豫算ヲ違法ナリトスルモノニシテ、行政裁判所ノ判例ハ從來概ネ歲出豫算ノ違法ナルコトヲ理由トシテ租稅ノ賦課ニ對シ不服ノ訴ヲ爲シ得ヘキモノト爲セルカ如シ、然レトモ此ノ種判例ニ對シテハ適法ナル訴訟トシテ受理シタルコトニ付美濃部博士ノ如キハ反對說ヲ執レリ、其ノ說ハ「租稅ハ其ノ性質ニ於テ一般經費ノ財源トシテ賦課徵收セラルルモノテ、特定ノ支出ニ對シ特定ノ租稅ヲ賦課スルモノテハナイ、經費ノ總額ト收入總額トハ豫算面ノ上ニハ均衡ヲ得テ居ルトシテモソレハ唯豫測ニ止マリ、實際ニハ收入ノ方カ多クナツテ歲計ニ剩餘ヲ生スルコトモ固ヨリ有リ得ル、而シテ收入ニ剩餘ヲ生シタカラト言ツテ、其ノ收入カ違法ノ收入トナルモノテナイコトハ言フマテモナイ、ソレハ租稅ノ性質上當然ノ事柄テ租稅ハ必スシモ必要ナル支出ヲ充タスタケシカ賦課シ得ナイモノトハ限ラレテ居ラヌノテアル、之ト同樣ニ支出豫算ノ上ニ違法ノ支出カ計上セラレテ居ツタトシテモ、ソレハ唯其ノ支出カ違法テアツテ法律上之ヲ支出スルコトカ許サレナイト云フニ止マリ、其ノ直接ノ結果トシテ租稅ヲ違法ナラシムルモノテハナイ、經費ノ支出ト租稅ノ賦課トハ別個ノ行爲テアツテ、其ノ一方カ違法テアルトシテモ他ノ一方カ之ニ依ツテ當然ニ違法トナルモノテハナイ、町村ノ支出ノ違法ナルコトニ付テ行政訴訟カ許サレテ居ラヌ以上、ソレヲ理由トシテ租稅ノ賦課ニ對スル行政訴訟ヲ提起スルコトヲ得ナイモノテアル」（美濃部博士「行政法判例」一三〇三頁、「續行政法判例」三一六頁）ト云フニ在リ。

九

町村制第九十六條第一項ニ所謂必要ナル費用トハ町村稅賦課當時ニ於テ現實必要ヲ生シタルモノナルコトヲ要セス豫算成立當時該年度内ニ必要ノ生スルコトヲ豫見シ得ヘキ費用ノ謂ナリ

寄附及起債ハ本來町村ノ爲シ得ル所ナルヲ以テ特別ノ事由アル場合ノ外寄附及起債ニ對スル監督官廳ノ許可ハ豫想シ得ヘキ所ニシテ其ノ許可前ニ起債ノ利息ニ關スル歲入ヲ調達スル爲村稅トシテ賦課シタルハ違法ニ非ス（大正一四、六、二三）

（參考）　前判例ノ「參考」參照

一〇　市制第百三十條第二項ニ所謂「財産又ハ營造物ヲ使用スル權利ニ關シ異議アル者ハ之ヲ市長ニ申立ツルコトヲ得」トハ該財産又ハ營造物ヲ使用スル權利ヲ傷害セラレタリトスル者ニ限リ異議申立ヲ爲シ得ル趣旨ト解スルヲ相當トス（昭和三、三、二〇）

一一　自己カ賦課徴收處分ヲ受ケサル村税ニ對シ行政訴訟ヲ提起スルコトヲ得ス（昭和三、七、五、同三、一一、二七）

一二　町村住民ノ町村營造物一般使用權ハ營造物ノ存在ヲ前提トスルモノニシテ之ニ依リ營造物ノ廢止ヲ阻止シ町村ヲシテ營造物ヲ存續維持セシムルノ權利アルモノニ非ス從テ該廢止處分ニ對シ行政訴訟ヲ提起スルヲ得ス（昭和四、一、二四）

一三　權利ヲ侵害シタル行政處分ナキトキハ町村制第百十條ニ依リ異議ヲ申立ツルコトヲ得ス（昭和四、五、九）

一四　時效期間經過後ニ村税ヲ賦課シタルハ違法ナリ（同上）

第百二十六條（第一項省略）

2 區會議員ノ選擧ニ付テハ町村會議員ニ關スル規定ヲ準用ス但シ選擧若ハ當選ノ效力ニ關スル異議ノ決定及被選擧權ノ有無ノ決定ハ町村會ニ於テ之ヲ爲スヘシ

〔第三項省略〕

市制町村制施行令第五十七條　第五十三條第一項ノ規定ニ依ル徵收義務者避クベカラサル災害ニ依リ既收ノ稅金ヲ失ヒタルトキハ其ノ稅金拂込義務ノ免除ヲ市町村長ニ申請スルコトヲ得

2　市町村長前項ノ申請ヲ受ケタルトキハ七日以內ニ市參事會又ハ町村會ノ決定ニ付スベシ市參事會又ハ町村會ハ其ノ送付ヲ受ケタル日ヨリ三月以內ニ之ヲ決定スベシ

〔第三項乃至第七項省略〕

8　第二項ノ決定ハ文書ヲ以テ之ヲ爲シ其ノ理由ヲ附シ之ヲ本人ニ交付スベシ

（參照）

市制町村制施行令第五十三條第一項　市町村ハ內務大臣及大藏大臣ノ指定シタル市町村稅ニ付テハ其ノ徵收ノ便宜ヲ有スル者ヲシテ之ヲ徵收セシムルコトヲ得

第百四十條　異議ノ申立又ハ訴願ノ提起ハ處分決定又ハ裁決アリタル日ヨリ二十一日以內ニ之ヲ爲スヘシ但シ本法中別ニ期間ヲ定メタルモノハ此ノ限ニ在ラス

〔第二項第三項省略〕

4異議ノ申立ニ關スル期間ノ計算ニ付テハ訴願法ノ規定ニ依ル

5異議ノ申立ハ期限經過後ニ於テモ宥恕スヘキ事由アリト認ムルトキハ仍之ヲ受理スルコトヲ得

6異議ノ決定ハ文書ヲ以テ之ヲ爲シ其ノ理由ヲ附シ之ヲ申立人ニ交付スヘシ

7異議ノ申立アルモ處分ノ執行ハ之ヲ停止セス但シ行政廳ハ其ノ職權ニ依リ又ハ關係者ノ請求ニ依リ必要ト認ムルトキハ之ヲ停止スルコトヲ得

〔行政實例〕

一　町村制第百四十條中「決定又ハ裁決アリタル日ヨリ」トハ決定書裁決書ノ交付ヲ受ケタル日ノ翌日ヨリノ意ナリ

二　本條ニ所謂異議ノ申立又ハ訴願訴訟ノ提起期間ハ處分決定又ハ裁決書交付ノ時ヨリ效力ヲ生スルヲ以テ其ノ翌日ヨリ起算スルモノトス

三　町村制中規定スルトコロノ異議ノ申立ハ必シモ文書ヲ以テスルヲ要セス適宜口頭ヲ以テ之ヲ爲スモ法律上別ニ差支ナキモノトス

四　町村會ニ於テ異議ノ決定ヲ爲シタルトキハ該決定書ノ署名ハ何町村會議長何町村長氏名トシテ申立

町村會の決定事項

人ニ交付スヘキモノトス

五　訴願ハ他人ニ委任シ代人ヲ以テ之ヲ提起スルコトヲ得

六　訴願期間ヲ計算スルニ當リ假令其ノ間ニ休日祭日アルモ之ヲ控除スルノ限ニ在ラス

〔行政判例〕

一　日、週又ハ年ヲ以テ定メタル期間ノ計算ニ付テハ民法第百四十條民事訴訟法第百六十五條刑事訴訟法第十五條ニ依リ其ノ初日ヲ算入セサルヲ我邦法制上ノ一般原則ト認ム（明治四四、一二、六）

二　本條ニ所謂二十一日及三十日以内トアル滿了ノ日カ公暇日ナルトキハ期間ニ算入セス其ノ翌日ヲ以テ滿了ノ日トスヘキモノトス（明治四一、一二、一八）

三　異議又ハ訴願ノ理由ハ決定又ハ裁決アルマテハ何時ニテモ補充スルコトヲ得ルモノトス從テ異議申立人カ異議申立期間經過後ニ至リ異議ノ理由トシテ追加シタル主張ヲ受理シテ裁決ヲ爲シタルハ違法ニアラス（大正三、四、一六）

四　異議ノ決定ハ文書ヲ以テ之ヲ爲シ其ノ理由ヲ付シ之ヲ申立人ニ交付スヘキモノニシテ異議ノ決定ハ文書ヲ以テ之ヲ爲スコトヲ其成立ノ要件ト爲スノ法意ナルヲ以テ異議申立ニ對スル決定書ヲ議決セスシテ異議申立ヲ絶對的否認スルモノト決定スル旨決議ヲ爲シタルモノナルコト明ナレハ村會ノ決定ハ法定ノ成立要件ヲ欠缺シ全然其成立ヲ認ムルコトヲ得ス從テ之ニ對シテ爲シタル訴願及之ニ對

スル裁決ハ共ニ違法ナリ（大正四、三、三〇）

五　異議申立書中ノ一定ノ申立カ明瞭ヲ缺クモ申立書全般ヨリ特定ノ賦課ノ取消ヲ求ムルノ旨趣ヲ認メ得ヘキトキハ其ノ賦課ノ當否ニ付キ決定ヲ爲スヘキモノトス（大正七、二、八）

六　本條第一項ノ規定ハ單ニ第百三十八條ノ訴願ニ關スルモノニ非ス町村制中ニ規定シタル異議申立若ハ訴願ニ關シ同制中特ニ期間ノ定アル場合ヲ除ク外總テ其ノ適用アルモノト解スヘク而モ町村税ノ滯納處分ニ付テハ町村制第百十一條ニ訴願ノ規定アルカ故ニ其ノ提起期間ハ本條第一項ニ依ルヘキモノナリトス（大正九、四、二六）

七　町村制第百四十條〔第五項〕ハ異議ノ決定ハ必ス其文書ヲ申立人ニ交付スヘキ旨ヲ定メタルモノニシテ其交付ナキ限リ決定ハ其ノ效力ヲ生セス（大正一二、四、一七）

八　凡ソ異議ノ理由ハ其ノ決定アル迄ハ何時ニテモ之ヲ補充シ得ルモノトス（昭和四、七、一七）

〔訴願裁決例〕

一　本條第一項ニ所謂處分、決定又ハ裁決アリタル日トハ處分、決定又ハ裁決カ其ノ者ニ對シ效力ヲ生シタル日ヲ指シタルモノトス（大正二、一二、二七）

第百四十條ノ二

異議ノ決定ハ本法中別ニ期間ヲ定メタルモノヲ除クノ外其ノ決定ニ付セラレタル日ヨリ三月以内ニ之ヲ爲スヘシ

〔第二項省略〕

〔行政判例〕

一　町村制第百四十條ノ二ノ規定ハ訓示的性質ヲ有スルニ過キサルモノナルヲ以テ之ニ違背シテ裁決ヲ爲スモ其ノ違背ノミヲ以テ裁決カ無效ナリト云フヲ得ス（昭和三、三、六）

二　訴願裁決ノ期間ニ關スル規定ハ訓示的性質ヲ有スルニ過キサルヲ以テ假ニ之ニ從ハサリシトスルモ之カ爲裁決ノ效力ヲ失ハシムヘキモノニ非ス（昭和四、一二、二六、同五、二、一五）

第三　町村會の選擧

〔解說〕　町村會は法律勅令の規定する選擧を行ふ權限を有して居る、現行制度上町村會が選擧すべきものは概ね左の通りである。

一　町村長（町村制第六十三條第一項）

二　町村長の闕けたる場合に於ける助役、收入役、副收入役（町村制第六十三條第六項、第六十七條第三項）
三　町村會の假議長（町村制第四十五條第一項）
四　町村會議長及其の代理者（町村制第四十五條第三項）
五　町村事務及出納檢査委員（町村制第四十二條第二項）
六　出納臨時檢査立會議員（町村制第百廿一條第二項）

選擧を行ふことは、町村會の權限であつて、議決と異り、町村長の發案を俟つて行ふものではない、又事體の性質上發案あるべきものでもない。町村會に於て必要ありと認むるときは開會中何時にても之を行ひ得る。

町村長、助役、收入役、副收入役につき事前選擧を行ふときは、現任者の任期滿了の日の前二十日以内又は退職申立ありたる場合は其の退職すべき日前二十日以内に非ざれば、之を行ひ得ないのである。

選擧の方法は町村制第五十一條に規定があつて、必ず此の方法に依ることが必要である、夫れについては後に解說する。

第四十一條　町村會ハ法律勅令ニ依リ其ノ權限ニ屬スル選擧ヲ行フヘシ

〔行政實例〕

一　本條ニ所謂法律トアル中ニハ市制町村制ヲ包含ス

第四十二條第二項　（「事務及出納の檢査」ノ項（第一一五頁）參照）

第四十五條　（「町村會の議長」ノ項（第一五〇頁）參照）

第六十三條　町村長ハ町村會ニ於テ之ヲ選擧ス

2　町村長ノ在職中ニ於テ行フ後任町村長ノ選擧ハ現任町村長ノ任期滿了ノ日前二十日以内又ハ現任町村長ノ退職ノ申立アリタル場合ニ於テ其ノ退職スベキ日前二十日以内ニ非ザレバ之ヲ行フコトヲ得ズ

3　第一項ノ選擧ニ於テ當選者定マリタルトキハ直ニ當選者ニ當選ノ旨ヲ告知スベシ

4　町村長ニ當選シタル者當選ノ告知ヲ受ケタルトキハ其ノ告知ヲ受ケタル日ヨリ二十日以内ニ其ノ當選ニ應ズルヤ否ヲ申立ツベシ其ノ期間内ニ當選ニ應ズル旨ノ申立ヲ爲サザルトキハ當選ヲ辭シタルモノト看做ス

5 第二十九條第三項ノ規定ハ町村長ニ當選シタル者ニ之ヲ準用ス
6 助役ハ町村長ノ推薦ニ依リ町村會之ヲ定ム町村長職ニ在ラザルトキハ第一項ノ例ニ依ル
7 第二項乃至第五項ノ規定ハ助役ニ之ヲ準用ス
8 名譽職町村長及名譽職助役ハ其ノ町村公民中選擧權ヲ有スル者ニ限ル
9 有給町村長及有給助役ハ第七條第一項ノ規定ニ拘ラス在職ノ間其ノ町村ノ公民トス

（參照）

第二十九條第三項　官吏ニシテ當選シタル者ハ所屬長官ノ許可ヲ受クルニ非ザレハ之ニ應スルコトヲ得ス

〔行政實例〕

一　市町村長助役、收入役及副收入役ノ就職ニ關スル裁可又ハ認可廢止後就職スル市町村長、助役、收入役及副收入役ノ任期ハ就職承諾ノ日ヨリ起算スルモノト解スヘキ義ニ有之爲念、追テ現任者ノ任期中ニ後任者ヲ選擧シ當選人ニ於テ其ノ就職承諾ヲ爲シタル場合ニ於テハ現任者ノ任期滿了ノ翌日就職スル義ニ有之爲念申添候（大正一五、九、二一、發地第六八號地方局長通牒）

二　市町村長、助役、收入役及副收入役ハ承諾ノ日ヨリ就職スルモノトシ之カ任期ヲ計算スヘキ旨本月二十一日付發地第六八號ヲ以テ及通牒置候ニ付テハ將來就職ノ諾否ハ文書ヲ以テ之ヲ表示セシムルコトトシ就職ニ關シ行違ヲ生スルカ如キコト無之樣御指示相成度（大正一五、九、二三、地發乙第一九〇號地方局長通牒）

三　市町村長選擧前ノ就職承諾ハ效力ナキモノトス（大正一五、一〇、一一）

四　石川縣知事照會

一　現任者在職中後任者就職ノ期日ヲ定メテ爲シタル選擧ノ後未タ其ノ就職ノ期日ニ至ラサル前ニ於テ現任者カ退職シタル場合ニ於テハ其ノ選擧ハ失效スト思考ス如何ニヤ

二　現任者在職中任期滿了以外ノ退職事由（例ヘハ死亡、辭職等）ヲ豫想シ其ノ事由發生ノ翌日就職スル定メニテ爲シタル選擧ハ有效ナリト思考ス如何ニヤ

三　現任者在職中就職ノ期日ヲ定メスシテ爲シタル村長選擧ハ無效ナリト思考ス如何ニヤ

內務省地方局長回答（昭和二、三、一八、石地第八號）

一　失效セスト認ム

二　明ニ退職ノ事實ヲ確認シ得ルトキハ格別然ラサル場合ハ違法ナリ

三　有效ナリト認ム

五　有給町村長助役ハ年齡ノ制限ナキモノトス

六 有給吏員ハ年齢ノ制限ナシト雖助役ノ如キ重要ノ職務ニ當ラシムルニ未成年者ヲ以テスルハ不適當ナリ

七 有給助役在職中ニ名譽職町村長ニ當選シタル場合ニ於テ公民ノ要件ヲ具備セサルトキハ其ノ當選ハ無效タルヘキモノトス

八 町村ノ公民權ヲ有セサル者有給助役トナリタルトキハ其ノ在職ノ間町村ノ公民權ヲ有スルモ右ノ公民權ハ在職ニ伴フモノニ付其ノ町村ノ名譽職町村長ニ選擧セントスルニハ助役退職ノ後ニアラサレハ名譽職町村長タルコトヲ得ス從テ其ノ助役ヲ罷ムルヤ町村ノ公民權ハ當然之ヲ失フモノニ付町村制第七條ノ公民タルノ要件ヲ具フルニアラサレハ名譽職町村長タルコトヲ得サルモノナリ

九 町村會ニ於テ町村長ヲ選擧スルニ當リ議員中ニ就キ詮衡委員ナルモノヲ置キ之ヲシテ町村長ヲ選擧セシメ町村會ニ於テ選擧セサルハ違法ノモノトス

一〇 町村長ノ選擧ニ際シ町村會ニ於テ議員中ヨリ詮衡委員ヲ擧ケ之ヲシテ其ノ候補者ヲ選定セシムルハ法律上別ニ妨ケナキモ此ノ場合ニハ更ニ町村會ニ於テ其ノ者ヲ選擧スルカ又ハ指名推選ノ方法ニ依リ之ヲ指名決定スルヲ要スルモノトス

一一 臨時代理者又ハ派遣官吏ハ助役ノ推薦ヲ爲スコトヲ得サルモノナルカ第六十三條第六項ニ所謂町村長職ニ在ラサルトキニ該當スルヲ以テ此ノ如キ場合ニ於テハ同條第一項ニ依リ町村會ニ於テ選擧

ヲナスヘキモノトス

一二　町村長臨時代理者選任中町村長ヲ適法ニ選擧シタルトキハ右臨時代理者ハ町村長就任ト同時ニ失職スルモノトス（大正一五、八、七）

一三　町長選擧ハ町會ニ發案權ヲ有スルヲ以テ町會開會中ハ動議ヲ提出シ之カ成立スルニ於テハ直ニ其ノ會ニ於テ選擧ヲ行フモ違法ニ非スト認ム（大正一五、九、九）

一四　神職ノ職司上現職ノ儘町長ハ兼務セシメサル方針ナリ（昭和二、二、三）

一五　名譽職町村長ニシテ公民ノ要件ヲ失フトキハ町村會ノ議決ヲ俟タス當然失職スヘキハ勿論ナリ

一六　町村名譽職吏員ハ町村會議員選擧ニ關スル犯罪ニ依リ罰金ノ刑ニ處セラレ一定ノ期間其ノ選擧權及被選擧權ヲ有セサルニ至リタルトキハ右資格ヲ缺如スルニ依リ當然町村名譽職吏員ノ職ヲ失フモノトス（大正一五、一、二〇）

一七　助役有給條例ノ廢止許可以前ニ豫メ條例議決ト同時ニ名譽職助役ヲ選定スルハ不可トス（大正一五、一、二〇）

一八　有給村長條例廢止ノ決議ヲ爲シタルモ未タ之カ許可前名譽職村長ヲ選擧シタルハ違法ト認メ町村制第七十四條第三項ニ依リ取消スコトヲ得ルモノト認ム果シテ然ルヤ

（答）見込ノ通（昭和三、三、一〇）

一九　助役缺員ノ際有給助役條例廢止ノ議決ヲ爲シ其ノ許可前同條例ノ許可後ニ就職スヘキ條件ヲ以テ名譽職助役ヲ定メタルハ違法ナリヤ（昭和五、四、一二、大分縣知事照會）
（答）十二日電照助役選定ノ件不可然（昭和五、四、一五、內務省地方局長回答）

二〇　「現任町村長ノ退職」中ニハ名譽職町村長ノ退職ヲ含ム法意ナリ（昭和四年九月內務省決定）

二一　山梨縣知事照會（昭和四、六、二八）
一　現行ノ町村制ニ依リ町村會ニ於テ町村長ヲ選擧シタル場合ニ於テ當選者ニ對シ當選ノ旨ヲ告知スルニ非サレハ假令當選ノ承諾書ヲ提出スルモ就職シタルモノニ非スト解シ可然哉
二　改正町村制ニ依ル當選ノ告知ハ議長ヨリ之ヲ發スヘキヤ又ハ町村長ヨリ之ヲ發スヘキヤ
地方局長回答（昭和四、七、四）
一　當選告知ノ有無ニ拘ラス當選承諾書ノ提出ニ依リ當選承諾ノ效力ヲ發生スルモノト存ス
二　後段御見込ノ通ト存ス

二二　第六十三條第三項ノ當選告知ハ町村會議長ニ非スシテ町村長ヨリ告知スヘキモノトス（昭和四、七、三〇）

二三　町村制第六十三條第三項ノ規定ニ依ル當選ノ告知及之ヲ準用スル吏員ノ決定ノ告知ハ何レモ町村長ヨリ之ヲ爲スヘキ義ニ有之（昭和四年九月內務省決定）

二四　有給町村長、同助役等ノ退職申立ノ撤回ハ町村會ニ於テ辭職申立ノ承認ヲ爲サヽル前又ハ未タ後任者選擧ノ意思ヲ決定セサル前ニ於テノミ之ヲ爲シ得ル義ナリ（昭和四年九月内務省決定）

二五　有給者ノ退職申出ニ對シ市町村會ニ於テ二十日以内ノ一定期日後ニ退職スルコトヲ承認シタル上後任者ヲ選擧スルモ差支ナシ（昭和四年九月内務省決定）

二六　（問）現任町村長ノ任期滿了ノ日ヨリ二十日以前ニ後任町村長ノ選擧ノ町村會ヲ開會シタルモ選擧終了ハ任期滿了ノ日前二十日以内トナリタルトキハ其ノ選擧ハ適當ト解シ可然哉

（答）後任町村長選擧ノ町村會ハ現任町村長ノ任期滿了ノ日前二十日以内ニ於テ開會スヘキ義ト存ス（昭和四年九月内務省決定）

二七　（問）任期起算點ハ當選承諾ノ日ト解スヘキモ本件ニ關シテハ規定ヲ設クルヲ可トセスヤ

（答）大正十五年九月二十一日内務省發地第六十八號通牒（前掲）ニ依リ御了知相成度（昭和四年九月内務省決定）

二八　（問）市町村長、助役及其ノ他ノ名譽職吏員ノ就職豫定日ヲ付シタル當選承諾ヲ認メサル義ナルヤ

（答）市町村長、助役其ノ他ノ名譽職吏員ノ當選告知ヲ受ケタル者カ其ノ當選告知ヲ受ケタル日ヨリ二十日以内ノ日ヲ就職豫定期日ト定メ法定ノ期間内ニ爲シタル當選承諾ハ有效ナリ（昭和四年九月内務省決定）

二九　（問）有給ノ町村助役カ町村長ニ選擧セラレ之ヲ承諾シタルトキハ是ヲ以テ有給助役ヲ辭スルノ意思ヲ表示シ町村會亦之ヲ承認シタルモノト認ムルヲ得ヘク別段ニ町村制第六十四條ノ手續ヲ要セサルモノト解シ差支ナキヤ（島根縣）
（答）有給助役退職ノ手續ヲ了シタル後ニ非サレハ町村長ニ就職スルコトヲ得ス（昭和五年二月内務省決定）

三〇　町村長永ク病氣引籠中職務管掌ヲ派遣シタル場合ニ於テハ町村制第六十三條第六項ニ所謂町村長職ニ在ラサルトキニ該當セサルヲ以テ同項ニ依ル助役ノ選擧ハ之ヲ爲シ得サル義トス（昭和五、三、一四内務省決定）

三一　町村長ニ於テ助役ノ推薦ヲ爲スニ當リ定數以上ノ候補者ヲ推薦シ其ノ中ニ就キ町村會ヲシテ定メシムルコトヲ得ス必ラス定數ノ候補者ヲ推薦スルモノトス

三二　町村會ニ於テ町村長ノ推薦外ニ係ル者ヲ以テ助役ト定ムルコトヲ得ス助役ハ町村長ノ推薦ニ依リ町村會ニ於テ定ムヘキハ法律ノ定ムル所ニ付推薦以外ノ者ヲ以テ助役ト爲スハ違法トス

三三　町村長ノ推薦外ノ者ヲ助役ト爲スヲ得スト雖町村長ノ推薦ニ對シテハ町村會ハ必ス決定セサルヘカラサルモノニアラス町村長ノ推薦ニ對シ助役ト爲スト否トハ全ク町村會ノ權限ニ屬スルヲ以テ町村會ニ於テ定ムヘカラスト認定スルトキハ之ヲ否認スルハ固ヨリ差支ナシトス

三四　町村會ニ於テ町村長ノ推薦セル助役候補者ヲ否定シ幾度之ヲ推薦スルモ其ノ都度否定スルトキハ知事ニ具狀シ其ノ指揮ヲ得テ之ヲ定ムルコトヲ得ス結局此ノ如キ場合ニ於テハ町村會ノ定ムル迄幾度ニテモ之ヲ推薦スルノ外ナキモノトス

三五　町村會ニ於テ町村長ノ推薦シタル助役候補者ヲ不適任者トシ之ヲ否定シタル場合町村長ニ於テ別ニ適任者ナシト認ムルトキト雖再ヒ同一人ヲ推薦スルカ如キハ穩當ナラス

三六　町村長臨時代理者竝事務管掌者ハ助役ノ推薦ヲ爲スコトヲ得ス此ノ場合ニ於テハ第六十三條第六項ニ所謂町村長職ニ在ラサルトキニ該當スルヲ以テ同條第一項ニ依リ町村會ニ於テ選擧ヲナスヘキモノトス

〔行政判例〕

一　村長ノ選擧ニ違法アリトシ其ノ取消ヲ求ムル事件ニ付テハ法律勅令中行政訴訟ヲ許ス規定ナシ（明治三四、一〇、四）

二　町會ノ選擧ニ因リ名譽職町長ニ就職シタル者カ其ノ當時町公民タル資格要件ヲ具備セサリシトスルモ右選擧カ取消サレサル以上其ノ町長トシテノ行爲ハ無效ニ非ス（昭和三、三、二四）

三　町村制第六十三條第二項ニ所謂町村長職ニ在ラサルトキノ町村長ニハ監督官廳ノ選任シタル代理者ヲ包含セサルモノトス（昭和四、二、一六）

四　或ル町村ノ公民カ他町村ノ有給助役ヲ勤務スルモ之カ爲住所地町村ノ公民權ヲ中止セラルヽカ如キ規定ナシ（昭和四、六、一四）

〔訴願裁決例〕

一　町村ニ於テ行ヒタル吏員選擧ノ取消ニ關シテハ訴願ヲ爲シ得ル限ニ在ラス（明治二二、一一、二〇）

二　町村會ニ於テ行ヒタル吏員選擧ノ效力ニ關シテハ訴願ノ提起ヲ許シタル規定ナシ（明治二六、九、一九）

三　村長當選ノ效力ニ關シ訴願ヲ許シタル規定ナシ（明治三五、五、五）

四　助役當選ノ效力ニ關シ訴願ヲ許シタル規定ナシ（明治四〇、五、二八）

〔司法判例〕

一　町村制第四十七條ニ定ムル告知ノ手續ハ開會中ノ町村會ニ於テ議員ヨリ提出セル村長選擧ノ動議ニ付テハ其ノ適用ナキモノトス（刑事昭和二、六、八）

第六十七條第三項　（「町村吏員の決定」ノ項（第一〇三頁）參照）

第百二十一條　町村ノ出納ハ毎月例日ヲ定メテ之ヲ檢査シ且毎會計年度少クトモ二回臨時檢査ヲ爲スヘシ

2検査ハ町村長之ヲ爲シ臨時檢査ニハ町村會ニ於テ選擧シタル議員二人以上ノ立會ヲ要ス

〔行政實例〕

一　町村長ニ於テ收入役事務ヲ兼掌スル場合ニ於テモ町村制第百二十一條ニ所謂出納ノ檢査ハ之ヲ爲スヘキモノナリ

二　出納檢査ヲ爲スニ當リ市町村長ニ於テ故障アルトキハ其ノ職務ヲ代理スヘキ市町村助役ニ於テ執行スヘキハ勿論トス

三　區會議員ハ其ノ區ノ出納ニ關シテ檢査ヲ爲シ得

〔質疑解答〕

一　町村會議員中ヨリ選擧セラレタル臨時出納檢査立會人ハ町村制第六十九條ニ所謂町村ノ臨時又ハ常設委員ニ非ス

二　臨時出納檢査立會人ハ臨時檢査執行ノ要求ヲ爲シ得ルモノナリヤ
(答)立會人ハ單ニ臨時檢査ニ立會スルノ權限ヲ有スルニ過キサルモノナルヲ以テ町村長ニ對シ臨時檢査執行ノ要求ヲ爲シ得ヘキ權限ナシト存ス

第四　町村吏員の決定

解說　町村會は町村長の推薦に依り、助役以下の吏員を決定する權限を有して居る、之は大正十五年に於ける町村制改正の際、町村長の補助機關は、總て町村長の信ずる人物を推薦せしめ、之に基き町村會が決定することに統一したものである。
町村會が町村長の推薦に依り定むる吏員は大凡左の通である。

一　助役、收入役、副收入役（町村制第六十三條第六項、第六十七條第三項）但し町村長闕けたる場合は、町村會の選擧に依るのである。
二　區長及區長代理者（町村制第六十八條第二項）
三　臨時及常設の委員（町村制第六十九條第二項）
四　收入役故障の場合に於ける代理吏員（町村制第八十條第二項）
五　學務委員（小學校令第六十二條）

六　傳染病豫防委員（傳染病豫防法第十五條）

此の推薦に依る決定は、選擧でないから町村會の選擧に關する規定は全く適用せられない、町村會は町村長の推薦せる者を以て、當選者と定むるや否を議決すべきものであつて、自ら其の人を選び出して決定することは出來ない、從て此の決定は普通の議事と同樣、出席議員の過半數の同意を以て決せられ、可否同數なるときは議長の裁決權に依り決せらる、又推薦せられた本人が、議長又は議員と特別の關係あるときは、其の議長又は議員は議事より除斥すべきことも當然である。

任期滿了前又は現任者の退職期日の到來以前に、決定する場合は（收入役代理吏員を除く）選擧と同樣に、其の前二十日以內に非ざれば、之を行ふことを得ざるの制限がある。（町村制第六十三條第七項、第六十七條第三項、第六十八條第二項、第六十九條第三項）

尙若しも町村長の推薦した人物を、町村會が否認し決定せざるときは、町村長は幾度でも推薦を繰返すの外なく、他に之に代るべき決定方法は無いのである。

第六十三條第六項　（「町村會の選擧」ノ項（第九〇頁）參照）

第六十七條 町村ニ收入役一人ヲ置ク但シ特別ノ事情アル町村ニ於テハ町村條例ヲ以テ副收入役一人ヲ置クコトヲ得

2 收入役及副收入役ハ有給吏員トシ其ノ任期ハ四年トス

3 第六十三條第二項乃至第六項及第九項、第六十五條並前條第二項ノ規定ハ收入役及副收入役ニ之ヲ準用ス

4 町村長又ハ助役ト父子兄弟タル緣故アル者ハ收入役又ハ副收入役ノ職ニ在ルコトヲ得ス收入役ト父子兄弟タル緣故アル者ハ副收入役ノ職ニ在ルコトヲ得ス

5 特別ノ事情アル町村ニ於テハ府縣知事ノ許可ヲ得テ町村長又ハ助役ヲシテ收入役ノ事務ヲ兼掌セシムルコトヲ得

〔行政實例〕

一 收入役ノ選任ニ當リ町村長ノ推薦スヘキ人員ハ選任スヘキ定數即チ一人ニ限ルモノトス

二 收入役ハ無給トスルヲ得サルモノトス

三 町村收入役ノ選任ニ關シテハ職業上及兼職ニ關スル制限ノ外年齡等ニ關シテハ何等制限ナキモ未成年者ヲ以テ收入役ト爲スコトヲ得ス之レ未成年者ハ私法上ノ法律行爲ニ於テスラ無能力者タル者ニ

付此ノ如キモノヲ收入役トシ町村ノ公金ヲ取扱ハシムルコトヲ得サルナリ

四　所謂父子兄弟ハ血族關係ノ者ノミニ限ルモノニアラス法律上血族關係ト同一視セラレタル養父子義兄弟ヲモ含ムモノトス

五　助役ト父子兄弟タル緣故アル者ハ收入役タルコトヲ得サルモ收入役ノ子ヲ助役ニ選任スルハ差支ナシ但シ其ノ就職ト同時ニ助役ノ父タル收入役ハ其ノ職ヲ失フモノトス

六　兄弟ノ緣故トハ養子其ノ養家ニ於ケル兄弟其實兄弟ヲモ包含ス

七　姉妹ノ各壻養子ハ分家スルモ尚兄弟ノ緣故アルモノトス

八　父子兄弟タル緣故トハ妻ノ父又ハ他家ニ嫁シタル媛ノ夫ヲ包含セス

九　父子兄弟ノ緣故トアル中ニハ養實ノ父子兄弟ハ包含スルモ入夫（配偶者其ノ家女ナルトキ）ノ妻ノ兄弟ハ包含セサルモノトス從テ妻ノ兄弟或ハ姉妹ノ夫ハ本項ニ所謂緣故中ニ包含セス

一〇　戸主ノ妹分家シ之ニ入夫婚姻シタル夫ハ其ノ妻ノ兄トハ本條ニ所謂兄弟タル緣故者ニ非ス（大正一四、五、一三）

一一　收入役其ノ任期中ニ於テ退職セントスルトキト雖別ニ市町村會ノ承認ヲ受クルニ及ハサルモノトス

〔行政判例〕

一　父子兄弟ノ緣故アル者トハ養實ノ父子兄弟タル關係アル者ヲ謂フモノニシテ妻ノ兄弟姉妹ノ夫ノ如キハ該緣故アル者ト云フヘカラス（明治二五、一二、三）

二　養子ト婿養子トハ所謂兄弟タル緣故ヲ有スル者トス（大正二、一一、六）

三　所謂兄弟タル緣故アル者トハ養實ノ兄弟タル關係アルモノヲ云ヒ配偶者ノ兄弟タル關係アルモノヲ含マス（大正七、四、二六）

四　民法第七百二十七條ニ「養親及其ノ血族」トアル中ニハ同條ニ依リ養親ニ對シ血族間ニ於ケルト同一ノ親族關係ヲ生シタル者即養子ヲモ包含スルモノト解スヘク從テ養親ヲ同シクスル二人以上ノ養子ハ兄弟ノ緣故アルモノト解スヘキモノトス（大正一〇、五、一八）

〔司法判例〕

一　民法施行前後ヲ問ハス實親子以外ニ於テ親子間ニ於ケルト同一ノ親族關係ヲ生スルハ養親ト養子、繼父母ト繼子、及嫡母ト庶子トノ間ノミナリトス（民事大正四年五七〇頁）

二　民法施行以前ニ於テモ養子ハ養親及其ノ血族トノ間ニ養子緣組ノ日ヨリ血族間ニ於ケルト同一ノ親族關係ヲ生シタルモノトス（同上）

〔質疑解答〕

一　收入役カ任期中退職セントスル場合ニ於テハ町村會ヲ承認ヲ要スルヤ否

（答）町村會ノ承認ヲ要セサルモノト存ス

第六十八條　町村ハ處務便宜ノ爲區ヲ劃シ區長及其ノ代理者一人ヲ置クコトヲ得
2 區長及其ノ代理者ハ名譽職トス町村公民中選擧權ヲ有スル者ヨリ町村長ノ推薦ニ依リ町村會之ヲ定ム此ノ場合ニ於テハ第六十三條第二項乃至第五項ノ規定ヲ準用ス

【行政實例】

一　區長ヲ置クトキハ必ス其ノ代理者ヲモ置クヘキモノトス
二　區長ノ設置ハ市町村會ノ議決ニ依ルモ又ハ條例ヲ以テ之ヲ定ムルモ妨ケナシ
三　區長及其ノ代理者ハ之ヲ區ニ配置スト雖固ヨリ市町村ノ機關ニシテ區ノ機關タルモノニ非ス
四　町村ニ於テ處務便宜ノ爲區ヲ劃シテ區長及其ノ代理者ヲ置キタル後更ニ從前二區タリシモノヲ一區トナシタルトキハ區長及其ノ代理者ハ當然失職スルモノトス
五　町村制第六十八條ニ依リ置クコトヲ得ヘキ區長ハ必ス町村内ノ各區ニ之ヲ置クコトヲ要スルモ町村内ノ或ル部分ノミヲ畫シ區ヲ設ケ其ノ區ニノミ區長ヲ置クハ町村ノ便宜ニ依ルモノトス
六　區長ハ町村長ノ命ヲ受ケ町村長ノ事務ニシテ區内ニ關スルモノヲ補助スヘキモノナルニ付町村長ヲシテ之ヲ兼ネシムルハ特ニ區長ヲ置キタル趣旨ニ反スルモノトス

七　名譽職町村長ハ區長ヲ兼ヌルコトヲ得サルト同時ニ名譽職助役ヲシテ其ノ町村ノ區長ヲ兼ネシムルハ然ルヘカラス

八　區長及代理者ノ任期ハ區ニ關スル規定中ニ之ヲ設クルコトヲ要ス

九　區長ハ町村會議員ノ職ニ在ルト否トヲ問ハス町村公民ニシテ選擧權ヲ有スル者ナルニ於テハ可ナリ

一〇　區長在職者ニシテ町村會議員ノ選擧ニ係ル犯罪ニ依リ罰金ニ處セラレ五年間選擧權被選擧權ヲ禁止セラレタル者ハ裁判確定ト同時ニ區長ハ當然其ノ職ヲ失フモノトス

一一　町村長ニ於テ區長ニ分掌セシメタル事務ハ其事務ノ何タルヲ問ハス區長故障アルトキハ當然其ノ代理者ニ於テ執行スヘキモノトス

一二　三等郵便局長ノ職ニ在ル者本條ノ區長ニ就職スルニ付所屬長官ノ許可ヲ要ストノ規定ナキヲ以テ法律上就職ヲ妨ケサルモ事實兼務スルノ適否ハ町村ノ狀況ニ依リ判別スルノ外ナシ（大正二、一一、六）

一三　（問）市町村長缺員中ニ於ケル區長、同代理者及委員ノ推薦ハ助役、市町村長臨時代理者及職務管掌ニ於テハ之ヲ爲シ得サルモノト解シ差支ナキヤ（岩手縣）

（答）町村長缺員ノ場合ニ於ケル區長、同代理者及委員ノ推薦ハ助役、町村長臨時代理者及職務管掌ニ於テ之ヲ爲シ得ルモノトス（昭和四年九月内務省決定）

〔行政判例〕

一　區長ノ辭任屆カ助役ニ提出セラレ其ノ勘置中ニ存在シタル以上ハ單ニ公簿上受付記載ナキノ故ヲ以テ公式上屆出ナカリシモノト云フヲ得ス（大正四、一一、一八）

二　町村内ノ區長タルモノカ誤テ他町村ニ住所寄留ヲ爲シタル旨屆出タリトモ其ノ住所ヲ變更セサル以上ハ右屆出ニ因リ町村長カ從來ノ住所ヲ變更シ公民權ヲ失ヒ從テ區長ノ職ヲ失ヒタル者トシテ取扱ヲ爲スモ之カ爲法律上區長ノ職ヲ失フモノニアラス（大正五、五、一一）

三　區長ハ辭職屆ノ提出ニ因リテ當然退職スルセノニシテ收受發送簿ノ記載ハ辭職效力發生ノ要件ニアラス（大正五、七、一七）

四　村ノ區長ノ辭職屆書ハ村役場ニ提出セラレタル時其ノ效力ヲ生ス（大正七、七、三）

〔質疑解答〕

一　特別ノ事情アル場合ニ於テハ區外ノ者ヲ區長ニ（同一町村ノ甲區ニ住所ヲ有スル者ヲ乙區ノ區長ニ）推薦決定スルモ差支ナキヤ

（答）町村公民ニシテ選擧權ヲ有スル者ナルニ於テハ差支ナシト存ス

二　町村長闕員ノ場合助役カ町村ノ區長及委員ヲ推薦スルハ違法ナリヤ否

（答）違法ニ非スト存ス

第六十九條　町村ハ臨時又ハ常設ノ委員ヲ置クコトヲ得
2 委員ハ名譽職トス町村會議員又ハ町村公民中選擧權ヲ有スル者ヨリ町村長ノ推薦ニ依リ町村會之ヲ定ム但シ委員長ハ町村長又ハ其ノ委任ヲ受ケタル助役ヲ以テ之ニ充ツ
3 第六十三條第二項乃至第五項ノ規定ハ委員ニ之ヲ準用ス
4 委員ノ組織ニ關シテハ町村條例ヲ以テ別段ノ規定ヲ設クルコトヲ得

〔行政實例〕

一　町村制第六十九條第二項ニ依リ町村公民中選擧權ヲ有スル者ヨリ選任セラレタル委員ニシテ爾後町村會議員ト爲リタルトキハ委員ノ組織ニシテ町村公民中選擧權ヲ有スル者ヨリ何人、町村會議員ヨリ何人ト定メアル場合ニ於テハ其ノ資格ハ消滅スルモ之ニ反シテ各其ノ人員ノ定メナキトキハ當然失格スルノ限ニアラス

二　委員ノ組織ニ關シ市町村條例ヲ以テ別段ノ規定ヲ設クル場合ト雖委員ニハ市町村公民ニシテ選擧權ヲ有スル者タルノ條件ハ必ス具備セサルヘカラサルモノトス

三　町村ノ有給吏員タル役場書記ハ其ノ町村ノ名譽職タル學務委員又ハ衛生委員等トナルモ別ニ差支ナシ

四　町村公民中選擧權ヲ有スル者ヨリ選任シタル委員ニシテ爾後町村會ノ議員トナリタルトキハ資格要件ノ變動トナル場合ハ其ノ委員ハ失職スヘキモノトス

五　委員ノ定數ヲ市町村會議員ヨリ何人公民中選擧權ヲ有スル者ヨリ何人ト定メタル場合ニ於テ市町村會議員ヨリ出タル委員カ議員ノ職ヲ辭シ又公民中選擧權ヲ有スル者ヨリ出テタル委員カ議員ト爲リタルトキハ共ニ委員ノ資格ヲ失フモノトス

六　町村ニ於テ定メタル規定ニ依リ町村會議員ヨリ選出シタル學務委員カ其ノ任期中議員ノ職ヲ辭シタルトキハ學務委員ノ資格ハ當然消滅スヘキモノナリ

七　町村ニ於ケル委員ハ町村會議員中ヨリ選任スルコト、爲スモ又ハ町村公民中選擧權ヲ有スル者ヨリ選任スルコト、爲スモ將タ町村會議員ト町村公民中選擧權ヲ有スル者トノ雙方ヨリ選任スルコト、爲スモ右ハ何レモ別段ノ組織ニ屬セス從テ町村條例ノ規定ヲ以テ之ヲ定ムルニ及ハサルモノナリ

八　委員ハ單獨制ト爲シ又ハ市町村公民中ノ選擧權ヲ有スル者ニ就キ醫師其ノ他特別ノ技能ヲ有スル者ヨリ之ヲ選任スト謂フカ如キハ所謂別段ノ規定ニ屬スルモノトス從テ此ノ如キ場合ニアリテハ市町村條例ヲ以テ之ヲ規定セサルヘカラス

九　委員ノ組織ヲ合議體ト爲サス又ハ本條第二項ノ資格要件ノ外倘ホ一定ノ要件ヲ附加スルカ如キハ本條〔第三項〕ニ所謂別段ノ組織ナリ（明治四五、二一、一三）

一〇　執務ノ便宜ヲ圖ル爲常設委員ハ本村大字何々、大字何々ニ於テ其ノ大字內ニ住スル村公民中選擧權ヲ有スル者ノ中ヨリ各一人ヲ選定スト定ムルカ如キハ本條〔第三項〕ニ所謂別段ノ組織ナリ（大正元、一一、一）

〔質疑解答〕

一　町村道ノ改修竝管理ノ爲町村制第六十九條ニ依リ道路委員ヲ設ケムトス若シ之ヲ設ケ得サルモノトセハ其ノ法令上ノ根據竝委員ニ代ルヘキ適當ノ機關ヲ設クルノ方法承知シタシ

（答）道路委員ヲ設クルコトヲ得サルモノト存ス而シテ町村制第八十二條ノ趣旨ヨリ考フルモ委員ハ町村ノ專務ニ付テノミ設ケ得ルモノト解スルノ外ナク尙法令上之ニ代ル適當ノ機關ヲ設クヘキ途ナシト存ス

小學校令（明治三十三年八月勅令第三百四十四號）

第六十二條　市町村ハ教育事務ノ爲市制第八十三條町村制第六十九條ニ依リ學務委員ヲ置クヘシ但シ市會町村會ノ議決ニ依ルノ限ニ在ラス

〔第二項、第三項省略〕

4學務委員ニハ市町村立小學校男教員ヲ加フヘシ

5委員中教員ヨリ出ツル者ハ市町村長、市町村學校組合管理者又ハ町村學校組合管理者之ヲ任免ス

小學校令施行規則（明治三十三年八月文部省令第十四號）

第百八十二條　市町村、市町村學校組合、町村學校組合竝學區ノ學務委員ハ十人以下トス但シ東京市ニ在リテハ十五人、大阪市ニ在リテハ二十人マテニ增スコトヲ得

同第百八十四條　公民ヨリ出ツル學務委員ノ任期ハ四箇年トス

2補闕ニ依リ就任シタル者ノ任期ハ前任者ノ殘任期間トス

〔行政實例〕

一　小學校令第六十二條ノ規定ニ依ル學務委員ノ定數ハ町村會ノ議決ヲ要スルモノトス（昭和四年九月內務省決定）

〔質疑解答〕

一　改選前ノ村會ニ於テ決定セラレタル村會議員中ヨリ出テタル學務委員カ再ヒ村會議員ニ當選シタル場合ニ於テハ學務委員ノ資格ハ存續セサルニ付更ニ決定スヘキモノトス

二　町村制第六十九條ニ所謂「常設又ハ臨時ノ委員」ハ町村制ニ依リ設置セラレ町村ノ事務ヲ處辨スル

モノナルカ故ニ町村ノ吏員タルコト明瞭ナルモ、學務委員ハ國ノ事務タル小學校教育ノ事務ノ爲ニ、町村ノ監督法令ニ非サル國ノ法令ニ依リ設定セラレ其ノ職務權限ノ如キモ小學校令施行規則ニ規定セラル、モノナルヲ以テ學務委員ハ國家ノ機關ニシテ町村ノ吏員ニ非スト思料スルモ如何

（答）御見込ノ通ト存ス

傳染病豫防法（明治三十年四月法律第三十六號）

第十五條　傳染病流行シ若ハ流行ノ虞アルトキハ市町村ハ地方長官ノ指示ニ從ヒ市制第八十三條町村制第六十九條ニ依リ傳染病豫防委員ヲ置キ檢疫豫防ノ事ニ從ハシムヘシ但シ市町村會ノ議決ニ依ルノ限ニ在ラス

2　豫防委員ニハ醫師ヲ加フヘシ其ノ醫師ヨリ出ツル者ハ市町村長之ヲ選任ス

第八十條第二項　町村會ハ町村長ノ推薦ニ依リ收入役故障アルトキ之ヲ代理スヘキ吏員ヲ定ムヘシ但シ副收入役ヲ置キタル町村ハ此ノ限ニ在ラス

【行政實例】

一　町村收入役不在ノ場合ニ於テハ故障アルモノナリトス

二　町村長ハ町村ノ收入及支出ヲ命令スルノ職責ヲ有シ又助役ハ町村長故障アル場合ニ代理スヘキ職責

ヲ有スル者ニ付是等吏員ヲ收入役故障アル場合ノ代理者ト定ムルハ不可ナリ

三　町村役場書記某ヲ收入役故障アル場合ノ代理者ト定メタルニ其ノ後同書記カ助役ニ選擧セラレテ就職シタル場合ハ收入役代理者タル資格ハ當然消滅ス

四　區長ハ町村長ノ事務ニシテ區內ニ關スルモノヲ補助スル吏員ナルヲ以テ町村制第八十條第二項ノ吏員トアルニ該當セサルモノトス

五　收入役代理者ニ對シ町村制第六十三條第二項乃至第五項ノ規定ヲ準用セサルハ町村吏員中ヨリ之ヲ選定スル爲ナリ（昭和四年九月內務省決定）

第五　事務及出納の檢査

解說　町村會は町村內部に於ける監査機關として、町村長其の他執行機關の爲したる事務の執行及出納につき檢査檢閱を爲すの權限を有する（町村制第四十二條）。而して其の檢査を爲し得る事務の範圍は、町村の事務に限られ、町村長に委任せられた、國府縣其の他公共團體の事務執行については、之を檢査檢閲することが出來ない。

町村會が此の檢限を行ふ方法は、書面檢査と實地檢査の二つである。書面檢査は町村會の開會中會議場に於て、之を爲すべきものであつて、町村事務に關する書類及計算書類を檢閲し、必要あるときは町村長に請求して報告を爲さしめ、或は答辯を求めて事務の管理、議決の執行及出納を檢査するものである。實地檢査は議員中より委員を選擧し、町村長又は其の指定したる吏員立會の上、町村會の議場外の實地に就き、夫々檢査するものである。此の檢査の結果不正不當の事實を發見するも、町村會の執るべき法律上の方法としては、公益上の意見書を町村長又は監督官廳に提出し、其の反省又は監督權の發動を求むるの外ない。

右の外町村會が町村の決算を審査して、其の正否を認定するの權(町村制第百二十二條第二項)、町村の臨時出納檢査に議員二人以上を選びて立會せしむる(町村制第百二十一條第二項)の如きも、町村會の有する行政監督權の一つである。

第四十二條　町村會ハ町村ノ事務ニ關スル書類及計算書ヲ檢閲シ町村長ノ報告ヲ請求シテ事務ノ管理議決ノ執行及出納ヲ檢査スルコトヲ得

2町村會ハ議員中ヨリ委員ヲ選擧シ町村長又ハ其ノ指名シタル吏員立會ノ上實地ニ就キ前項町村會ノ權限ニ屬スル事件ヲ行ハシムルコトヲ得

〔行政實例〕

一　町村ノ出納檢査ノ爲町村會ニ於テ委員ヲ選擧シ之ヲシテ專ラ該檢査ニ從事セシムルハ固ヨリ差支ナカルヘシト雖町村會ニ於テ議員全部ヲ委員トシ出納檢査ヲナスカ如キハ町村制第四十二條ノ規定ニ違背スルモノトス

二　市町村會カ實地ニ就キ市町村事務ノ管理議決ノ執行出納ノ檢査ヲ爲サントスルトキハ必ラス議員中ヨリ委員ヲ選擧シ之ヲシテ爲サシム可キモノトス

三　本條ノ事務ハ市町村事務ヲ指スモノニシテ市制第九十三條、町村制第七十七條ノ國府縣其ノ他公共團體ノ事務ヲ包含セス

四　町村會ハ町村ノ事務ニ關スル書類ノミヲ檢閲スルコトヲ得ルモノナレハ國府縣ノ行政事務ニ關スル書類ハ假ヒ町村長ノ取扱ヒタルモノト雖之ヲ檢閲シ得サルモノトス

五　町村內區ノ區會議員ハ其ノ區ノ出納ニ關シ出納檢査ヲ爲シ得ルモノトス

第六　意見書の提出及諮問の答申

解說

意見書　町村會は町村の公益に關する事件につき、意見書を關係行政廳に提出することが出來る（町村制第四十三條）。

町村會は本來町村の意思決定の機關であり、其の議決は即ち町村自治團體の意思たる效力を有するものであるが、町村制は特に町村會自身が、議決機關としての意思を發表し得ることを認めたのである。

町村會が意見書を提出するを得べき事件は、町村の公益に關することを以て足り、之が國政事務たると自治事務たるとは問はない、何が町村の公益なりやは、事實問題であるが、例へば町村に公設市場を設置し、公益質屋を設け、上水道の普及擴張を圖り、縣費補助の增額を要求し、道路の改修、小學校の改築を求むるが如き、又は町村行政に對し監督權の發動を求むるが如きは之に該るものである。乍併一般に亘る事件假令地租の地方委讓を要望し、外交の振作を要求し、軍備の制限を求め、選擧制度の改正を要求するが如きは、直接其の町村に關係なき事項なるを以て、町村の公益に關する事件として、意見書を提出し能はざるものである。

意見書提出の相手方は關係行政廳である、從來は町村長及監督官廳に限定したのであつたが昭和四年町村制の改正に依り、廣く事件に關係ある行政廳に對し、意見書を提出し得ることに改正せられたのである、此の行政廳とは中央及地方の行政官廳及自治團體の機關を指すのである、故に府縣知事、內務大臣は固より、鐵道、農林、商工、陸海軍、遞信、文部の各大臣、營林局長、遞信局長、稅務監督局長及市町村長等に對し、公益上必要なる意見書を提出し得るのである。

裁判所又は帝國議會は行政官廳でなく、樞密院については學說上爭あるも、樞密院事務規程第二條に依り意見書の呈出を爲し得ないものとするの外あるまい、宮內大臣は通常行政官廳ではない。

意見書提出の發案權は、町村會自體に存し、町村長より發案することを得ない、又意見書は町村會を代表する町村會議長の名に於て爲すべきものである、而して意見書は之を關係行政廳に提出するに止まり、行政廳を拘束するの力はない、又其の答辯を要求し指令を望むべきものではない。

諮問の答申　町村會は行政廳の諮問あるときは意見を答申しなければならぬ。即ち答申の義務を負ふのである（町村制第四十四條）、而して法令上町村會に諮問することを要件とせるものは大體左の通である。

一　府縣の廢置分合及境界變更の場合に於ける財產處分に付內務大臣の諮問（府縣制第三條）

二　市の廢置分合及市の廢置分合を伴ふ町村の廢置分合境界變更に付內務大臣の諮問（市制第三條）

三　同上の場合財產處分に付府縣知事の諮問（同第三條）

四　町村の廢置分合、市町村の境界變更並之に伴ふ財產處分に付府縣知事の諮問（市制第四條町村制第三條）

五　所屬未定地を市町村の區域に編入に付府縣知事の諮問（市制第四條町村制第三條）

六　町村內の一部及學區の區會又は區總會に關する町村條例につき府縣知事の諮問（町村制第

百二十五條）

七　公益上の必要に依る市町村組合町村組合の設置變更、解除等に付府縣知事の諮問（町村制第百二十九條以下）

八　公有水面埋立免許に付府縣知事の諮問（公有水面埋立法第三條）

九　町村道の路線の認定、變更、廢止に付町村長の諮問（道路法施行令第二條）

一〇　公有水面使用の出願に付町村長の諮問（明治二十三年十月內務省訓令第三十六號）

一一　學區を廢止する場合財産處分に付府縣知事の諮問（地方學事通則第四條）

一二　傳染病毒汚染の建物の處分及土地使用に付府縣知事の諮問（傳染病豫防法第十九條ノ二）

一三　消防組の分劃、手當、被服、器具、建物等に付府縣知事の諮問（消防組規則第五條、第十一條、第十二條）

以上列記の事項を處理するには必ず町村會に諮問し其の意見を徵さねばならぬ、即ち此の諮問は法令上の要件であるので、意見を徵せずして處分することは出來ない、併し此の場合に町村會招集に應ぜず、若は成立せず、又は意見書を提出せず、若は町村會を招集すること能はざる場合は、意見を俟たずして當該行政廳は直に處分を爲し得るのである。

諮問に對する答申の發案權は勿論町村會自體に存し、町村長より發案することは出來ない、又答申書は必ず町村會議長の名を以て提出すべきものである。

茲に念の爲めに付け加ふることは、小學校令第九條に依る町村立尋常小學校の校數及位置を定むること、同第十條に依る兒童教育事務委託及其の廢止、同第十一條に依る學區の設置及廢止の如き事項についての諮問である、之は法文に明かなるが如く、町村の意見を徵するものので、今說明した町村會に對する諮問とは全く異るものであつて、此の答申は普通の議決事項と同じく町村長より答申書の議案を町村會に提出し、其の議決を經て町村長より答申すべきである。

第四十三條 町村會ハ町村ノ公益ニ關スル事件ニ付意見書ヲ關係行政廳ニ提出スルコトヲ得

【行政實例】

一 本條ノ意見書ハ市會町村會ニ於テ發案スヘキモノニシテ市長町村長ヨリ發案スヘキモノニアラス

二 町村行政ニ關シ町村會ニ發案權ナキ事項ニ付テハ町村會自ラ發案スルコトヲ得サルハ勿論ナリト雖町村長ニ對シ其ノ發案請求ノ建議ヲ爲スハ別ニ妨ケナキコトナリトス

三　市町村會ニ於テ市町村ノ公益事件ニ關シ意見書ヲ監督官廳ニ提出セントスルトキハ市町村長ヲ經由スルヲ例トス

四　町村制第四十三條ニ所謂町村ノ公益ニ關スル意見書議定ノ爲メニハ町村會議員ノ定數三分ノ一以上ノ連署ヲ以テ町村長ニ對シ會議ノ招集ヲ請求スルコトヲ得ルモノトス

五　市町村會ハ監督官吏ノ任免黜陟ニ關スル意見書ノ議決ヲ爲スコトヲ得サルモノトス

六　市町村ノ支辨ニ屬スル土木費ヲ府縣ノ支辨ニ移サントスル事項ハ本條ニ依リ（監督官廳ニ）建議スルコトヲ得ルモノトス

七　市會カ市ノ發達ヲ圖ルノ目的ヲ以テ監督官廳ニ對シ其ノ港灣ノ改築ヲ求メ又ハ其ノ港灣ヲ特別輸出港ニ指定セラレンコトヲ求ムルカ如キモ亦本條ニ依リ意見書ヲ提出スルコトヲ得ルモノトス

八　市會ノ議決ヲ以テ市ノ利害ニ直接ノ關係アル事項ヲ主眼トシテ縣令改正ノ請願ヲ爲スハ本條ノ範圍ニ屬スルモノトス

九　市町村會ハ法律ノ制定又ハ其ノ改廢ヲ議論スルヲ得スト雖自市町村ニ直接ノ利害關係アルノ故ヲ以テスル意見書ハ尚本條ニ依リ提出スルヲ妨ケス

一〇　町村内ニ停車場ヲ設クルト否トハ町村ノ公益ニ關スル事件ニ付町村會ハ（監督官廳ニ對シ）右ノ意見書ヲ提出スルヲ得ルハ勿論ナリ

一一　町村會ニ於テ町村ノ公益ニ關スル事件ニ關シ意見書ヲ内務大臣ニ提出シタルトキハ其ノ趣旨ノ陳述ヲ爲サシムル爲町村會議員ヲ上京セシムルハ假ヒ町村會ノ議決ニ依ルト雖町村會ハ議員ヲ上京セシムルコトヲ得サルヲ以テ從テ該議員ノ旅費ハ町村費ヲ以テ支辨スルコトヲ得サルモノトス

一二　市會町村會ハ内務大臣又ハ府縣知事ニ對シ或事項ノ建議ヲ爲サントスルニ當リ議員中ヨリ委員若干名ヲ選出シ上京又ハ府縣廳ニ出頭セシメ建議ノ主旨ヲ面陳セシムルカ如キコトハ之ヲ爲スコトヲ得ス

一三　（問）府縣知事及内務大臣ハ町村會ヨリ意見書ヲ提出シ得ル場合總テノ事件ニ付關係行政廳タリ得ルモノト解スルモ如何（長野縣）

（答）御見込ノ通（昭和五年二月内務省決定）

【行政判例】

一　國又ハ縣ニ屬スル事業ニ關スルモノト雖其ノ町村ノ利害ニ關係アルモノハ本條ニ依リ町村ヨリ意見書ヲ提出スルコトヲ得而シテ町村會カ町村ノ公益ニ關スル事件ニ付意見書提出ノ爲起草委員ヲ選定スルモ越權ニアラス（明治二八、六、八）

二　農學校ノ所在地神野村ハ佐賀市ノ隣接村ニシテ佐賀市ノ經營ニ屬スル四小學ノ中二箇ハ神野村ニアルコトハ爭ナク佐賀市カ神野村ヲ併合セントシ企劃シタルコトモ爭ナキ所ナルヲ以テ此等ノ事情ヲ綜

合シテ觀察スルトキハ佐賀市ハ農學校同校職員及生徒ニ對スル物資及宿舍ノ供給ニ因ル經濟上ノ關係ニ於テノミナラス其ノ他ノ點ニ於テモ直接ニ農學校ノ神野村ニ設置シアルニヨリテ影響ヲ蒙ルモノト認ムルコト相當ニシテ佐賀市會カ佐賀縣農學校ノ移轉ヲ以テ本條ニ所謂市ノ公益ニ關スル事件ナリトナシタルヲ不當トナスヘキニアラス從テ佐賀市會ハ之ニ付意見書ヲ提出シ及意見書起草委員選定ノ議決ヲ爲スハ適法ナリト爲サヽルヘカラス（大正九、一〇、七）

第四十四條　町村會ハ行政廳ノ諮問アルトキハ意見ヲ答申スヘシ

2町村會ノ意見ヲ徵シテ處分ヲ爲スヘキ場合ニ於テ町村會成立セス、招集ニ應セス若ハ意見ヲ提出セス又ハ町村會ヲ招集スルコト能ハサルトキハ當該行政廳ハ其ノ意見ヲ俟タスシテ直ニ處分ヲ爲スコトヲ得

〔行　政　實　例〕

一　町村會ニ對シ行政官廳ヨリ諮問アリタル場合其ノ諮問ニ對スル答申案ハ町村會ニ於テ發案スヘキモノニシテ町村長ニ於テ發案スヘキモノニアラス

二　町村制第四十四條第二項ハ法令ノ規定ニ基キ市町村會ノ意見ヲ徵スル場合ニ適用スヘキノ規定ニシテ訓令ニ基ク場合ニ適用ナキモノトス

三　市町村會ノ意見ヲ徴シテ處分ス可キ場合トハ法律命令ノ規定ニ依リ意見ヲ徴ス可キ場合ヲ指シタルモノニシテ行政廳ノ見込ニ依テ適宜意見ヲ徴スルカ如キ場合ヲ包含セス

四　消防組規則第五條第十一條第十二條ニ依リ府縣知事ニ於テ市町村會ノ諮問ヲ爲スヘキ場合ニ際シ諮問ニ付セラルヘキ事項ニ付市町村會既ニ其ノ必要ヲ認メ決議ヲ爲シタルカ爲決議錄ヲ添付申出アリタル等市町村會ノ意思明瞭ナルトキハ更ニ諮問スルコトナク處理ヲ行ヒ差支無之コトニ省議決定候條右御含ノ上相當御措置相成度依命此段及通牒候也（大正元、一一、一六警第九六號通牒）

五　町村會成立セストハ議員ノ過半數缺員ニシテ會議ヲ招集スル能ハサル場合ヲ云ヒ其ノ招集ニ應セストハ過半數ノ議員在職スルモ町村長ノ招集ニ應シ出席シタル議員半數ニ至ラサルヲ云フ

〔質　疑　解　答〕

一　（問）小學校令第九條ニ依ル市町村立尋常小學校ノ校數及位置、同第十條ニ依ル兒童教育事務ノ委託及其ノ廢止、同第十一條ニ依ル學區ノ設置及廢止ノ如キモ本條ニ依リ市町村會ヨリ答申スヘキモノナルヤ

（答）右ノ事項ハ府縣知事ニ於テ市町村ノ意見ヲ諮問スルモノナルヲ以テ本條ニ依リ市町村會カ答申スヘキ場合ニ該ラス、從テ斯ル諮問ニ對スル答申ハ市町村ノ答申トシテノ議案ヲ市町村長ヨリ提案シ市町村會ノ議決ヲ經テ理事者ニ於テ答申ノ手續ヲ執ルヘキモノトス

意見書の提出及諮問の答申

二、（問）町村制第五十三條ノ二ノ規定ニ依ル發案ハ町村會開會中ニ非サレハ之ヲ爲シ得サルモノトノ行政實例アルモ制第三條ニ依ル諮問書ノ送付又ハ同第百十條ニ依ル町村長ノ決定案ノ提出モ前記行政實例ト同樣町村會ノ開會中ニ限ルヤ

（答）制第三條ニ依ル知事ノ諮問ハ町村會議長ニ送付セハ足ルモノニシテ、町村會開會ノ要ナク又同第百十條ニ依リ議長タル町村長ヨリ決定案ヲ提出セントスル場合ハ町村會開會中ナルコトヲ要スルモノト存ス、而シテ前記ノ如ク町村會ニ對シ諮問スル場合ト發案スル場合トカ相違スルハ諮問ノ場合ニ於テハ常ニ町村會ノ招集ヲ必要トスルカ如キハ事實困難ナルノミナラス、立法ノ趣旨モ亦町村會ノ招集ヲ必要トセシモノニ非サルヘク單ニ町村會議長ニ送達セハ足レリト爲セルニ反シ、議案ノ發案ハ性質上議會ニ發案スヘキモノナルヲ以テ發案ハ町村會ノ開會中ニ限ルヘキモノト存ス

第三章　町村會の會議手續

第一　町村會の招集、會期及開會閉會

解説

町村會の招集　町村會は之を組織する町村會議員が、會議を開き得べき定足數存在するに依つて成立するものである。故に町村會議員の選擧が行はるるも、其の當選決定の時期を過ぎ效力確定するに非ざれば成立を見ない、又一旦成立するも、議員の總辭職、解散等があれば、不成立となるのである。而して町村會の招集及會議は、町村會の成立して居る場合に於てのみ爲し得べきであつて、不成立の場合に於ては之を招集し會議せしむることは、全く出來得ないものである。

町村會の招集は町村長の權限である、「招集」とは町村會に現實の活動力を生ぜしむる手續

として、總ての町村會議員に對し、一定の期日に、一定の場所に集合することを要求する行爲である。招集は町村會議員よりも之を要求し得る、即ち議員定數の三分の一以上より會議に付すべき事件を示して町村長に對し、町村會の招集を請求したる時は、町村長は之を招集する義務がある、此の議員より示す會議事項は町村會議員に發案權ある事件に限るのであつて、其の發案權が町村長にのみ存する事件に關しては、招集の請求を爲すことは出來ないのである。

町村會を招集するには開會の日前三日目までに、會議の事件と共に之を町村會議員の全員に告知することを要する、此の告知は一人たりとも洩れなく行はなければならぬのであつて、若し之が洩れた場合には會議に於て爲したる議決が、無效に陷るの虞れがある、告知の期限は開會の日前三日目までとあるを以て、開會の日と告知の日とは中間に二日を存すべく、例へば五月五日に開會する町村會は五月二日までに、告知書が各議員の許に到達することが必要である、但し急施を要する場合には、右の期間を存せずとも町村會の招集を爲し得るのである。此の急施を要するや否は、招集を爲す町村長の自由の認定でなくして、客觀的に見て急施たることを要件とするのである、例へば非常災害に際し應急の措置を爲す場合、傳染病蔓延し其の豫防費用の追加を要する場合、其の他眞に緊急止むを得ざる事情ある場合に限るのである。

町村長が町村會を招集するも、町村會議員が招集に應ぜざる場合に於ては、招集の效果は發生しないのである、「招集に應ずる」とは、町村會議員の定數の半數以上が、所定の通參集した場合のことで、參集者が定數の半數に達せざる場合は、未だ招集に應じたとは云へない、故に此の場合には、再び町村會の招集を爲すに非ざれば會議を行ふことを得ない、之を再招集と云ふのであつて、同一事件について再招集を爲した場合は、假令出席議員が定數の半數に滿たざるも、會議を開き得るの特例が認められて居る（町村制第四十八條但書）。

町村會の會期　町村會は通常會期を定めないのであるが、町村長に於て必要ありと認めたるときは、招集に方り一定の會期を定めて招集することを得るのである。會期は通常開會の初日より起算すべきものであつて、必ずしも招集の日より起算すべきものではない。會期は町村會の會議を繼續し得べき期間を指すのであつて、其の會期の滿了と共に町村會は當然閉會せらるべきものであるから、假令議了未濟の事件があつても、會期滿了後には最早や會議を續行することは出來ないのである、從來町村會の會期の延長は法制上之を認められなかつたが、時に會期不足の爲豫定議件の未議了となることは不利不便あるを以て、昭和四年町村制改正に當り、町村長に於て必要ありと認むるときは、更に期限を定めて會期を延長するを得せしめたのである。

會議の事件　町村會に付議すべき事件は、豫め町村會議員に了知せしめ、相當調査考慮の餘地を與ふるが爲、町村會の招集と共に議員に告知すべきことに定められてある、又一旦招集の告知を爲したる後に於て必要を生じたるときは、其の事件を付議する日の前三日目までに告知し置き會議に付すべきものである。但し此の事件の追加告知を爲すのは町村長より發案する事件に限り、町村會議員より發案するものに付ては、之を要せざる行政實例である。尙會議事件が急施を要する事項なるときは、町村長より發案する場合と雖、之を告知することなくして直に會議に付することが出來得るのである。

町村會の開會閉會　町村會は町村長之を開閉する。「開會」とは町村會議員が招集に應じた後、町村會をして、會議を開始し得べき狀態に置く行爲である、開會するには町村會議員が招集に應じたることを要する、即ち町村會議員が定數の半數以上招集の場所に參集したことが必要で、**應招議員が定數の半數に足らない場合は開會する事實が生じ得ない集の日と開**

會の日とは必ずしも同一日たるを要しないのである。

「閉會」とは町村會の會議を爲し得べき狀態を終了せしむる行爲である、但し會期の終了に依る閉會は單に會議し得べき狀態が終了せることを宣言するの行爲に止まるのである。故に町村長の閉會宣告前に會議を開くも之を以て町村會の會議と云ふことを得ざると共に、閉會宣告後に於ける會議も町村會の會議に非ざるのである。

第四十七條 町村會ハ町村長之ヲ招集ス議員定數ノ三分ノ一以上ヨリ會議ニ付スベキ事件ヲ示シテ町村會招集ノ請求アルトキハ町村長ハ之ヲ招集スヘシ

2 町村長ハ會期ヲ定メテ町村會ヲ招集スルコトヲ得此ノ場合ニ於テ必要アリト認ムルトキハ町村長ハ更ニ期限ヲ定メ町村會ノ會期ヲ延長スルコトヲ得

3 招集及會議ノ事件ハ開會ノ日前三日目迄ニ之ヲ告知スヘシ但シ急施ヲ要スル場合ハ此ノ限ニ在ラス

4 町村會開會中急施ヲ要スル事件アルトキハ町村長ハ直ニ之ヲ其ノ會議ニ付スルコトヲ得會議ニ付スル日前三日目迄ニ告知ヲ爲シタル事件ニ付亦同シ

5 町村會ハ町村長之ヲ開閉ス

〔行政實例〕

一 郵便ニ付シ町村會議員ニ招集狀ヲ發シタルニ受信人タル一人ノ議員ノ住所地字名番地ニ誤記アリシ結果配達遲延シ閉會後ニ至リ漸ク先方ニ到達シ之カ爲會議ニ參會セサリシ事實アリタリ此ノ場合ニ於テハ假ヒ議員ノ定數ノ半數以ヒノ出席アリタリトスルモ右町村會ノ爲シタル議決ハ違法ナリ

二 村會議員中ノ一人ヲ招集セスシテ開會シタル村會ノ議決ハ違法トス

三 市町村會議員ニ發案權アル事件ノ外ハ議員ニ於テ會議ノ招集ヲ請求スル權能ナキモノトス

四 町村ノ公益事件ニ關スル意見書議決ノ爲トシテ町村會議員三分ノ一以上ヨリ町村會招集ノ請求アリタルトキハ假令町村長ニ於テ其ノ事件カ町村ノ公益ニ關セスト認ムルト雖町村長ハ町村會ヲ招集スルヲ要スルモノトス

五 町村會ニ於テ町村長ニ對シ會議ノ招集ヲ請求スル場合ハ必スシモ書面ヲ以テスルコトヲ要スルモノニアラス口頭ヲ以テスルモ議員ノ適宜ナリ

六 市制第四十五條第四十六條第六十三條及町村制第四十二條第四十三條第五十九條ニ關スル事件ニ付キ議員三分ノ一以上ノ請求アリタルトキハ市町村長ハ必ス市町村會ヲ招集セサルヘカラスト雖若シ其ノ事件カ市町村長ニ於テ發案スヘキモノナルトキハ議員ハ市町村會ノ招集ヲ請求スル權ナキモノ

トス

七　町村會議員總改選後五日以内ナルニ於テハ如何ナル場合ト雖町村會ヲ招集スルコトヲ得ス町村會議員ノ總改選後五日以内ニ於テハ町村長ニ於テ町村會ヲ招集スルコト能ハサルモノナルカ故ニ此ノ場合ニ於テハ町村長ハ町村會成立セサルモノトシテ制第七十五條第一項ニ依リ知事ニ具狀シテ其ノ指揮ヲ請ヒ町村會ノ議決スヘキ事件ヲ處理スルノ外ナシ

八　市町村會議員ノ改選又ハ補闕選擧ノ場合當選者ニ當選告知ヲ爲スモ其ノ當選ヲ辭シ得ヘキ期間ヲ經過セサレハ市町村會議員トシテ招集ノ告知ヲ爲スヘキモノニアラス

九　市町村會議員ノ改選若ハ補闕選擧ノ場合ニ於テ當選者ニ當選ノ告知ヲ爲スモ其ノ當選ヲ辭シ得ヘキ期間ヲ經過セサルトキハ市町村會ヲ招集スルコトヲ得ス但シ市制第三十二條第三項第四項及町村制第二十九條第三項第四項ニ該當シ當選ニ應スル旨ヲ申立タルトキハ其ノ者ニ對シ招集ヲ爲シ得ルハ勿論ナリ（大正三、二、二〇）

一〇　會期ハ市町村長ニ於テ定メタル開會初日ヨリ起算スヘキモノトス

一一　町村長ニ於テ會期ヲ五日ト定メ町村會ヲ招集シタル場合其ノ會期間ニ日曜日ノ挾マレルトキト雖該日曜日ハ會期中ニ包含スルモノナルカ故ニ會期ヲ定ムル場合ハ可成丈ケ何日ヨリ何日迄ト云フカ如ク明定スルヲ可トス

一二　町村長助役共ニ缺員トナリタル場合ニ於テハ監督官廳ハ官吏ヲ派遣シ町村會ヲ招集セシムルモ妨ナシ

一三　町村會議員中收監セラレタル者アリ町村長ニ於テ町村會ヲ招集セントスルトキハ右等ノ議員ニ對シテモ他ノ議員同樣招集ノ告知ヲ爲スヘキモノニシテ假令收監中ナルヲ以テ到底議場ニ出席スルヲ得サルモノト雖招集ノ告知ヲ爲スコトヲ要ス

一四　町村長ニ於テ若シ拘留セラレ居ル町村會議員ニ對シ招集ノ告知ヲ爲サスシテ會議ヲ開會シタルトキ該會議ニ於テ爲シタル議決ノ效力カ法律ニ違フ議決ニ付町村制第七十四條ニ依リ監督官廳ヨリ相當措置セラルヘキモノトス

一五　町村長ニ於テ町村會ヲ召集スルニ當リ議員中入監者アルトキハ該議員ニ對スル招集ノ告知ハ本人ノ住所ニナスヘキモノトス

一六　町村會ヲ招集スルニ當リ議員中禁錮以上ノ刑ノ宣告ヲ受ケタルモノアルトキ刑ノ未タ確定セサル以前ナルトキハ町村長ハ該議員ニ對シテモ亦他ノ議員ト同シク招集告知ヲ爲スヘキハ勿論トス

一七　町村會招集前辭表ヲ提出シタル議員ニ對シテハ假ヒ町村會ニ於テ未タ其ノ辭職ノ當否ヲ議決セサル以前ト雖町村長ハ最早招集告知ヲ爲スニ及ハサルモノトス

一八　議員定數ノ半數以上招集ニ應シタル以上ハ出席議員ノ多寡ニ拘ラス町村長ハ適宜開會式ヲ擧クル

コトヲ得ルモノトス

一九　市町村會ノ招集ト開會ノ初日トハ必シモ同一日ナルヲ要セス其ノ日ヲ同ウスルト否トハ專ラ理事者ノ定ムル所ニ依ル

二〇　議員ノ資格審査ニ關スル事件ハ告知外ノ事件ニ屬スト雖議決スルコトヲ妨ケサルモノトス

二一　議長カ閉會宣告後殘留議員ニ於テ爲シタル會議ハ市會ノ行爲ト認ムルヲ得ス

二二　町村制第四十七條末項ニ町村會ハ町村長之ヲ開閉ストアルニ依レハ町村會ハ町村長ニアラサレハ之ヲ開閉スルコトヲ得サルハ勿論ナルヘキカ會議ノ終リニ至リ町村長助役共ニ故障アリテ町村會ニ出席シ會議ヲ閉ツルコト能ハサルトキハ町村長ハ適宜文書ヲ以テ其ノ旨ヲ議長ノ職務ヲ行フモノニ通知シ議長ヲシテ更ニ一般議員ニ通知セシムル等相當ノ方法ニ依ルハ別ニ妨ケナキコトナリトス

二三　町村長ニ於テ豫メ會期ヲ定メテ町村會ヲ招集シ開會シタル場合ト雖議スヘキ議案ノ總テヲ議了シ町村會町村長共ニ別ニ議スヘキ事件ナシト認メタルトキハ町村長ハ會期ノ盡クルヲ待タス適宜町村會ヲ閉會シ差支ナキモノトス

二四　市長カ議事ノ進行中ニ其ノ市會ヲ閉會スルハ適法ニアラサルヲ以テ此ノ如キ場合ハ監督官廳ニ於テ之ヲ取消スヘキモノトス（大正四、八、一三）

二五　議員ノ資格審査ニ關スル事件ハ告知外ノ事件ニ屬スト雖議決スルコトヲ妨ケサルモノトス

二六　市制第五十一條第四項ハ理事者ニ對スル制限的規定タルニ止マリ市會ニ對シテハ別ニ何等制限的規定ナキヲ以テ市會ニ於テ急ニ議決ヲ要スル事件アリト認ムルトキハ適宜自ラ發案シ直ニ其ノ會議ニ於テ議決スルコトヲ得ルモノトス

（參照）市制第五十一條第四項ハ町村制第四十七條第四項ト同一ノ規定ナリ

二七　本條第三項ハ理事者ニ對スル制限規定ナルヲ以テ告知以外ノ事件ト雖議員ニ發案權アル事項ナルトキハ本條ノ支配ヲ受クヘキモノニ非サルヲ以テ假令急施事件ニ非サルモ直ニ之ヲ議決スルヲ妨ケス

二八　町村長ノ選擧ハ本條第三項ニ依ル事件ノ告知ヲ爲スコトヲ要セス（大正八、一二、八）

二九　町村長病氣引籠ノ爲助役代テ町村會ヲ招集スル場合ト雖助役ノ名義ヲ以テスヘキニアラス町村長ノ名義ヲ以テスヘキモノナリ

三〇　町村會議錄ニ依レハ議長ニ於テ無期休會ヲ宣言セル旨記載ナキモ果シテ無期休會ヲ爲シタルモノナルニ於テハ新ニ會議ヲ開クニ當リ議長カ一部議員ニ開會期日ヲ通告セサリシ場合ハ假令出席議員半數以上ナリシト雖其ノ村會ハ正當ニ開會セラレタルモノト謂フヲ得サルヲ以テ其ノ會議ニ於テ爲サレタル議決又ハ選擧ハ違法トス（大正一四、九、二）

三一　町村制第四十七條第三項ノ「招集及會議ノ事件ハ開會ノ日前三日目迄ニ之ヲ告知スヘシ」トノ意

ハ町村長ニ於テ招集及會議ノ事件ヲ書面ニ依リ告知ヲ爲ス場合ニハ前三日目迄ニ本人ニ告知書ノ到達ヲ要スルモノニ有之（昭和三、一〇、二五）

三二 （問）村會成立シタルモ退席ノ爲法定數ヲ缺キ審議全ク未了ノ儘閉會宣告ノ場合出席ノ催告ト更ニ村會ノ招集ヲ爲ストハ何レカ妥當ナリヤ尚右閉會ハ無效ナリヤ（昭和四、六、七　宮崎縣知事照會）
（答）七日電照村會ニ關スル閉會ノ件村會ノ閉會ナルトキハ更ニ村會ノ招集ヲ要シ其ノ日ノ會議ノ閉會ナルトキハ議長ノ開閉權ニ基キ會議ヲ開ケハ可ナリ
閉會ハ何レノ場合モ無效ニ非サルモ審議全ク未了ナルニ拘ラス特別ノ事情ナキ限リ村會ヲ閉會スルハ穩當ナラスト存ス（昭和四、六、一一　地方局長回答）

三三 第四十七條第三項ノ告知ヲ爲スハ常ニ町村長ナルコト同條ノ規定上疑ナキ所ナリ（但シ議員ノ發案スル場合ニハ本項ニヨル告知ハ有リ得ス）而シテ此ノ開會前ニ町村長カ會議ノ事件ヲ告知スヘキ同條同項ノ規定ハ單ニ町村長カ發案セムトスル事件ノミニ限ラス町村會議員カ町村會ノ招集請求ヲ爲スニ際シテ示シタル事件ニ關シテモ適用アルモノトス（昭和四、七、三〇）

三四 （問）町村制第四十七條ニ依リ議員ノ請求ニ依ル町村會ニ於テハ請求ノ際示シタル附議事件外ノ事件ト雖議員ヨリ發案スルコトヲ得ルヤ、然リトセハ議員ノ發案ニ係ル急施ヲ要セサル事件ハ會議ニ付スル日前三日目迄ニ告知スルヲ要セサルモノト解スヘキヤ（廣島縣）

（答）町村制第四十七條ニ依リ議員ノ請求ニ依リ招集シ開會セラレタル町村會ニ於テハ請求ノ際示シタル付議事件以外ノ事件ト雖議員ヨリ發案スルコトヲ得、而シテ其ノ發案事件ニ付テハ町村制第四十七條第三項及第四項ノ適用ナシ（昭和四年九月内務省決定）

三五　（問）町村制第四十七條第二項ニ依リ會期ヲ定メ町村會ヲ招集シタル後更ニ會期ヲ延長セントスルトキハ全部ノ議員ニ對シ其旨告知スルノ必要ナキヤ（廣島縣）

（答）町村制第四十七條第二項ニ依リ會期ヲ定メ町村會ヲ招集シタル後更ニ會期ヲ延長セントスルトキハ町村會ニ其ノ旨ヲ宣セサルヘカラス而シテ右延期ヲ宣スルノ方法ハ町村會議長ニ對シテ爲スト將又開議中議場ニ於テ爲ストハ適宜ナリトス

追テ法律解釋トシテハ本文ノ通リナルモ實際ノ取扱トシテハ會期ノ延長ヲ爲シタル場合ニ於テハ町村長ハ本文ノ手續ヲ爲スノ外尙其ノ旨各議員ニ通知スルヲ可トス（昭和四年九月内務省決定）

三六　（問）市制第五十一條第二項及町村制第四十七條第二項ニ依ル會期ノ延長ハ必要アルニ於テハ數回ニ涉リ期限ヲ定メ延長スルコトヲ得ル哉（宮城縣）

（答）市町村會ノ會期ハ市町村長ニ於テ必要アリト認メタル場合ハ數回ニ涉リ延長スルコトヲ得ルモノトス（昭和四年九月内務省決定）

三七　（問）町村制第四十七條第四項ニ依リ町村會開會中急施ヲ要スル事件アルトキハ其ノ會議ニ付スル

コトヲ得ルハ町村長ニ限ルカ如ク規定アルヲ以テ町村會及町村會議員ノ有スル發案事件ニ付テハ之ヲ爲シ得サルモノト解スヘキヤ（千葉縣）
（答）町村會議員カ發案權ヲ有スル事件ニ付テハ事件カ急施ヲ要スルモノタルト否トニ拘ラス必要アルトキハ直ニ開會中ノ町村會ニ付スルコトヲ得ルモノト存ス（昭和四年九月内務省決定）

三八　（問）町村制第四十七條第三項ノ規定ニ依レハ會議事件ノ告知ハ町村會議員ヨリ町村會招集ノ請求アリタル場合モ總テ之ヲ爲スヘキモノナルヤ又ハ町村會ニ專屬スル發案事件ニ付テハ從來ノ例ニ依リ告知ヲ爲サヽルモ可ナルヤ（大阪府）
（答）町村制第四十七條第一項ニ依リ會議ニ付スヘキ事件ヲ示シテ町村會ノ招集ヲ請求スル場合ハ總テ事件ノ告知ヲ要スル義ニ有之（昭和四年九月内務省決定）

三九　（問）町村會開會中町村會議員ヨリ他ノ事件ニ付發案シ得ルヤ發案シ得ルトスレハ町村制第四十七條第四項ノ規定ニ依ルヘキヤ同項ノ規定ニ依ルトスレハ其ノ事件ヲ會議ニ付スル手續如何（大阪府）
（答）町村會ノ議決スヘキ事件（町村會ノ議決ヲ經テ町村長之ヲ定ムトアル事件及歳入出豫算ヲ除ク）ナルニ於テハ發案シ得ルモノニシテ此ノ場合ハ制第四十七條第四項ノ規定ハ適用ナキ義ニ有之（昭和四年九月内務省決定）

四〇　（問）改正町村制第四十七條第一項ノ會議ニ付スヘキ事件トハ其ノ内容ノ如何ヲ問ハス事件ヲ示シ

テ請求アリタル場合ハ必ス村長ハ村會ノ招集ヲ爲サヽルヘカラサルモノナリヤ將タ又村會ノ議決スヘキ權限ノ屬スル範圍内ノ事件ニ限リ招集ヲ爲スヘキモノナリヤ

（答）事件ノ内容カ議員ニ發案權アル事項ナルニ於テハ村長ハ招集ノ手續ヲ執ルヲ要スル義ト存ス（昭和四、八、三一　三局第一〇五號地方局長回答）

四一　（問）町村制第四十七條中「議員定數三分ノ一以上ヨリ會議ニ付スヘキ事件ヲ示シテ」トアルハ文書ヲ以テスヘシト解シ可然哉（山形縣）

（答）文書ニ依ルヲ適當トス（昭和五年二月内務省決定）

四二　（問）市町村會議員ニ當選シタル者ノ就職前（市制第三十二條第二項ノ期限内又ハ同條第五項ノ申立ヲ爲サヽル前竝町村制第二十九條第二項ノ期限内又ハ同條第四項ノ申立ヲ爲サヽル前）ニ其ノ者ニ對シ市町村長ヨリ爲シタル市町村會ノ招集告知ハ無效ナリヤ（島根縣）

（答）御見込ノ通（昭和五年二月内務省決定）

四三　改正府縣制第五十一條ニ依リ議員カ臨時會招集ヲ請求スル場合議員ニ於テ招集期日ヲ指定スルモ之カ拘束ヲ受クルモノニアラス（昭和四年九月内務省決定）

（參考）府縣制ニ關スル實例ナルモ町村會招集請求ノ場合モ同様ナリト認ム

四四　府縣會ノ會期ハ會期ノ當初ニ於テハ延長スルヲ得サルモノトス（昭和四年九月内務省決定）

（参考）府縣制ニ關スル實例ナルモ町村會ノ會期延長ニツキテモ同様ナリト認ム

〔行政判例〕

一　村會招集前既ニ辭職屆書ヲ提出シタル議員ハ之ト同時ニ議員タル資格ヲ失ヒタルモノナレハ其ノ者ニ對シテハ招集狀ヲ發スヘキモノニアラス（明治二七、一二、二一）

二　招集狀ハ何レノ場所ニテモ其ノ本人ニ受領セシムレハ足リ必スシモ之ヲ住所ニ送達スルヲ要セス（明治三六、一二、一八）

三　原告ニ對スル本件公民權停止處分ノ議案カ大正三年五月二十七日開會中ノ町會ニ急施ヲ要スル事件トシテ一部議員缺席中ナルニ拘ラス直ニ付議セラレ即日可決セラレタルモノナルコトハ當事者間爭ナキ所ナリ然ルニ該議案ハ其ノ性質ヨリ考察シ次回ノ町會ヲ俟ツコト能ハサル緊急事件ト認ムルヲ得ス但被告ノ謂フカ如ク右町會開會ノ日ハ原告ノ辭職屆提出ノ日ヨリスレハ多數ノ日子ヲ經過セルコトハ事實ナルモ之ノミヲ以テ町村制第四十七條第三項本文ノ規定ノ適用ヲ除外スルノ理由ト爲スニ足ラス被告ハ一定ノ議案ヲ急施事件トスルト否トハ町長ノ權限ニ存スルヲ以テ之ヲ論爭スルコトヲ得サルモノヽ如ク論スルモ町村制第四十七條第四項ノ規定ハ一定ノ議案ヲ急施事件トスルト否トヲ町村長ノ自由裁量ニ委ネタルモノト解スルヲ得サルカ故ニ被告ノ此ノ論旨ハ採用シ難シ（大正四、三、二〇）

町村會の招集、會期及開會閉會

會議ノ事件カ急施ヲ要スルヤ否ヤハ各事件ニ付之ヲ決定スヘキモノニシテ同日ノ村會ニ附議スヘキ數事件中ノ一事件カ急施ヲ要スルモノナリトスルモ爲ニ他ノ事件ヲモ急施ヲ要スルモノト云フコトヲ得サルモノトス（大正六、一、三〇）

四　村會議員失職決定ノ件ノ如キハ急施ヲ要スルモノト認ムルヲ得サルカ故ニ村長カ本條第三項但書ニ依リ大正五年七月十六日ノ村會招集ヲ其ノ前日ニ於テ告知シタルハ違法ナリ從テ當日ノ村會ニ於テ爲シタル失職ノ決定ハ之ヲ適法ナル村會ノ決定ト認ムルヲ得サルカ故ニ違法ナリ（同上）

五　本條第三項ニ所謂招集ノ告知ハ郵便使丁等議員各自ニ對シ之ヲ了知セシムヘキ方法ニ依リ通知スルノ趣旨ト解スルヲ相當トス然ルニ吉田傳治ニ對スル村會議員被選擧權喪失ノ決定ヲ爲シタル大正五年十月二十二日ノ村會招集ニ際シ傳治ニ對シ斯ル方法ニ依リ招集ノ告知ヲ爲サス同村條例公告式ニ依リ村會ノ招集ヲ公告シタル事實アリトスルモ之ヲ以テ吉田傳治ニ對シ招集ノ告知アリタルモノト爲スヲ得ス然ラハ則チ同日ノ村會ハ其ノ成立不適法ナルヲ以テ該村會ニ於テ議決シタル被選擧權喪失ノ決定モ亦不適法ナルヲ免レス（大正六、六、五）

六　町村制第四十七條第三項ニ依リ「前村長へ記念品贈呈其ノ他ノ件」ト告知シタル場合ニ村會カ「其ノ他ノ件」ニ付キ決定ヲ爲シタルハ違法ニシテ此ノ決定ヲ是認シタル縣參事會ノ裁決モ違法ナリ（大正八、一〇、四）

七　大正八年十二月十八日開會ノ佐賀市會會議錄末尾ニハ「番外一番（野口市長）委員報告カアルマテ市會ハ繼續スルコトニ致シマシテ本日ハ之ニテ閉會致シマス」トアリ同年十一月二十八日開會ノ市會會議錄末尾及同年十二月二十七日開會市會會議錄末尾ノ記載ニ照セハ十二月十八日ノ市會ニ於ケル前示市長ノ宣言ハ市制ニ依ル市長ノ市會開閉ノ權限ニ基ク閉會ノ義ニ非スト解スルヲ正當トスヘク同日ノ市會ハ委員ノ報告アルマテ繼續セラレタルモノト認ムヘシ從テ大正八年十二月二十六日付ヲ以テ市會議長ノ發シタル參集通知ニヨリテ參集シタル大正八年十二月二十七日ノ市會ノ議決ヲ違法ナリト爲スヲ得ス（大正九、一〇、七）

八　議員ノ一人ニ對シ招集ノ手續ナカリシカ爲其ノ村會ノ決定カ法律上村會ノ決定ニアラスト爲スヲ得ス（大正一一、二、一八）

九　町村制第四十七條第三項前段ニ違背シタル村會ニ於テ議決シタル縣稅賦課額ノ議決及之ニ基キ爲シタル課稅ハ違法ナリ（大正一一、一一、一四。同一一、一一、一六。同一一、一二、一〇。同一二、一〇、三〇。同一三、七、二八。同一四、五、七）

一〇　市會ニ於テ急施ヲ要セサル議案ヲ急施事件トシテ取扱ヒタルトキハ該議案ノ議決カ無效ナルニ止マリ市會ノ成立及他ノ議案ノ議事カ之カ爲影響ヲ受クルコトナシ（大正一一、一二、一八）

一一　本條ニ依ル村會ノ招集ハ當選效力ニ付キ係爭中ノ議員ニ對シテモ爲スヘキモノトス（大正一二、

二、二二）

一二　本條ニ依ル村會ノ招集ハ各議員ニ對シ之ヲ爲スヘキモノトス議員ノ一人ヲ招集セスシテ開會シタル村會ノ議決ハ違法ニシテ監督官廳カ之ヲ取消シタルハ正當ナリ（大正一二、二、二二）

一三　法令ノ規定上一定ノ期限ニ町村會ニ付議スルヲ要スル事件ニ付テハ假令町村長ノ怠慢ニ因リ町村會招集ノ告知カ遲延シタルカ爲ニ町村會ノ開會前三日ノ猶豫期間ヲ存スルコト能ハサルニ至リタルトキト雖町村制第四十七條第三項但書ニ所謂急施ヲ要スル場合ナリトス（昭和二、五、三一）

一四　村會議員被選擧權有無決定ノ事件ニ付會議事件ヲ「村會議員資格有無決定ノ件」ト記載シテ爲シタル村會招集及會議事件ノ告知ハ違法ニ非ス（昭和二、六、九）

一五　會期ノ定ナキ町村會ハ町村長ノ閉會ノ宣言ニ依リテ閉會トナルヘキモノニシテ其ノ宣言ナキ限リ開會中ト解スルヲ相當トス（昭和二、七、二一）

一六　町村會ノ會議事件カ急施事件ナリヤ否ハ議案ノ性質ノミニ依リ一般的ニ之ヲ定ムルコトヲ得ス各場合ノ事情ヲ斟酌シテ判定スヘキモノトス（同上）

一七　五月十五日迄ニ議決ヲ要スル事件ニ付止ムヲ得サル事情ノ下ニ五月十五日ニ至リ急施ヲ要スル場合トシテ村會ヲ招集シ付議シタルハ違法ニ非ス（昭和三、五、一七）

一八　村會ノ招集告知ノ日カ開會ノ日前三日目ナル以上町村制第四十七條第三項ニ違反スルコトナシ（昭和三、七、一二）

一九　町村制第四十七條第四項ノ規定ハ議案ヲ急施事件ト認ムヘキヤ否ヤヲ村長ノ自由裁量ニ委ネタルモノニ非ス（昭和三、一二、二七）

二〇　急施ヲ要スルモノニ非サルニ拘ラス之ヲ急施事件トシテ法定ノ期間ヲ置カス村會ヲ招集開會シ助役及收入役ヲ選定シタルハ違法ナリ（同上）

二一　町村制第四十七條ニ所謂急施ヲ要スルヤ否ヤハ町村長ノ自由裁量ニ屬スルモノニ非ス（昭和四、一二三）

二二　養蠶時季ニ村會議員ノ家業ヲ妨クルコトノ遠慮、村會招集ノ爲必要ナル經費ノ節約、選擧人名簿調製期日迄ニ他ニ村會ノ議決ヲ求ムヘキ事件ノ豫想セラレサリシコトノ如キハ之ヲ理由トシテ係爭ノ場合又ハ議決事件ヲ以テ町村制第四十七條ニ所謂急施ヲ要スルモノト爲スニ足ラス又右ノ議決カ三名ノ缺席アル外出席議員全員一致ノ決議ニ依ル建議ニ基クノ故ヲ以テ之ニ關シ同條ノ適用ナキモノト爲スヲ得ス（同上）

〔訴願裁決例〕

一　村會ニ於テ其ノ議決ヲ以テ村長ヲ隨時解職スルハ町村制ノ認許スル所ニアラス隨テ現任村長ヲ解職

シ更ニ村長ヲ選擧スル爲臨時村會ノ招集ヲ請求スルコトヲ得ス（明治二二、一〇、一〇）

【質疑解答】

一　會期ヲ定メテ招集シタル町村會カ會期經過後ニ於テ議決ヲ爲スモ會期經過後ニハ適法ノ議決ハ存在セサルモノナルヲ以テ假令議決ノ形式ヲ有スルモノアリトスルモ會期經過後ノモノナルニ於テハ法律上效力ヲ有スルモノニアラス

二　町村會ヲ招集スルニ方リ一議員ニ對シ告知ヲ爲ササリシ場合ハ其ノ町村會ノ議決ハ無效ナリト認ムルモ果シテ然ラハ告知ヲ爲ササリシ議員カ偶々町村會ニ出席シタルトキト雖其ノ議決ハ有效ニ非スト解スヘキヤ

（答）有效ナリト存ス

三　町村會ハ町村長之ヲ開閉スヘキコトハ町村制第四十七條ニ明規スル所ナルモ之ヲ町村長ノ事務ト爲シ同法第七十八條ニ依リ町村吏員ヲシテ臨時代理セシムルコトヲ得ヘキヤ

（答）妥當ナラスト存ス

四　町村會カ其ノ會議本來ノ目的タル告知事件全部ノ議決ヲ了ヘタル後告知ニ關係ナキ事件ニ關シ質問アリタル爲會議續行中ノ處出席議員定數ヲ缺キタル爲町村長ニ於テ閉會ヲ宣スル遑ナク會議ヲ中止スルノ止ムナキニ至レリ此ノ場合閉會ノ宣告ハ如何ニスヘキヤ

（答）假令出席議員定數ヲ闕クモ町村會ノ閉會ヲ宣告スルニハ何等妨ケナキモノト存ス

第二　町村會の議長

解說　町村會は町村會議員より成る合議體なるを以て、之を綜合統轄する機關として議長を設くるを要するのである、町村會の議長は原則として町村長之に當ることゝし、町村長故障あるときは其の代理者たる町村助役が議長の職務を代理するのである。若し助役にも故障あるときは、臨時議員中より假議長を選擧して議長の職務を行はしむるのである（町村制第四十五條第一項）。此假議長を選擧するに當つては其の選擧事務を總括する爲、議員中の年長者をして議長の職務を代理せしむるのである（町村制第四十五條第二項）。玆に「議長の故障」とは議長の闕員の場合、旅行又は缺席等に依り職務を執ること能はざる場合及其の職務を執らざる場合を謂ふのである。

町村の人口稠密、施設經營多端にして、市と共の狀態大差なきが如き町村等にありては、理事者をして議長たらしむるよりも、寧ろ議員中より議長を擧ぐるを以て、實際に適したる場合あるを以て、特別の事情ある町村に於ては町村條例を以て町村會議員中より町村會の選擧に依り議長及共の代理者一人を置くことを得しめて居る（町村制第四十五條第三項）。町村會議員中より議長及共の代理者を選擧したるときは共の任期は議員の任期に依るべきもので、議員を辭職し又は失職したるときは、當然議長の任期も消滅するものである。

町村會の議長は町村會の會議を總理し、會議の順序を定め共の日の會議を開閉し議場の秩序を保持する權限を有するのである（町村制第五十三條第一項）。町村會を招集し之を開閉するのは町村長の職務であるが、一旦町村會が開會せられた後に於ては、議長が議場内の會議に關する一切の職責を有し議場整理の職務を負ふのである、「會議の順序」とは所謂議事日程であつて、議事整理の都合上何日より何日までを休會とする旨を宣するが如きも亦議長の職務に屬するのである。會議時間の決定及伸縮は議長の權限であつて、會議規則に會議の始終の時間を定むる場合と雖、時宜に依り議長に於て之を伸縮し得るの規定を設けて置かねばならぬのである。町村會の開會ありたる後共の閉會までは、所謂開會中であつて毎日の會議を開閉することは全く議長の權限であるが、此の會議開閉の權限に對しては法律に制限が設けられてあつて、議員定數の半數以上より請求ありたる場合に於ては、議長は必ず其の日の會議を開くべきものである、若し此の請求あるに拘らず、其の日の會議を開かざるときは、議長に故障あるものとして議長の職務を代理すべきものに於て其の日の會議を開き得べく、此の場合に代理者尚會議を開かざるときは、町村會に於て假議長を選擧して會議を開き得るものである（町村制第五十三條第二項）。會議の閉會中止も亦議長の意見に依り爲し得るものなるも、會議が前述の通議員半數以上の請求ありたるに依り、開かれたるものなるとき又は會議を閉づるにつき議員中一人でも異議ある場合に於ては、會議の議決に依るに非ざれば之を爲すことを得ない（町村制第五十三條第三項）。

普通の町村（町村會の議長を議員中より選擧することゝせる町村を除く）に於ては町村の決算を町村會の認定に付する會議に限り町村長助役共に議長の職務を行ふことが出來ないことゝしてある（町村制第百二十二條第五項）。此の場合は假議長を設け議長の職務を行はしむべきことは前述の通である。

議場の秩序保持は專ら議長に存し、警察官吏も議場內では原則として議長の要求なくして直接職務の行使は出來ぬ、議員も傍聽人も皆議長の指揮に從はねばならぬ。
右の外議長として有する職權は(1)町村會が外部に對し其の意見を表示する場合例へば意見書を提出し（町村制第四十三條）又行政廳の諮問に對し答申し（町村制第四十四條）爭議に對する決定書を交付する等の場合には議長は町村會を代表するの權を有し、(2)可否同數の場合の裁決權（町村制第四十九條第二項）、書記の任免權（町村制第五十七條第二項）、町村會議員中より議長を選擧する町村に於ては會議の結果報告（町村制第五十八條第三項）等がある。

第四十五條 町村會ハ町村長ヲ以テ議長トス町村長故障アルトキハ其ノ代理者議長ノ職務ヲ代理ス町村長及其ノ代理者共ニ故障アルトキハ臨時ニ議員中ヨリ假議長ヲ選擧スヘシ
2 前項假議長ノ選擧ニ付テハ年長ノ議員議長ノ職務ヲ代理ス年齢同シキトキハ抽籤ヲ以テ之ヲ定ム
3 特別ノ事情アル町村ニ於テハ第一項ノ規定ニ拘ラス町村條例ヲ以テ町村會ノ選擧ニ依ル議長及其ノ代理者一人ヲ置クコトヲ得此ノ場合ニ於テハ市制第四十八條及第四十九條ノ規定ヲ準用ス

（参照）

市制第四十八條　市會ハ議員中ヨリ議長及副議長一人ヲ選擧スヘシ

2　議長及副議長ノ任期ハ議員ノ任期ニ依ル

同　第四十九條　議長故障アルトキハ副議長之ニ代ハリ議長及副議長共ニ故障アルトキハ臨

2　時ニ議員中ヨリ假議長ヲ選擧スヘシ

前項假議長ノ選擧ニ付テハ年長ノ議員議長ノ職務ヲ代理ス年齡同シキトキハ抽籤ヲ以テ之ヲ定ム

〔行政實例〕

一　本條ニ所謂「故障」ニハ病氣ヲモ包含ス

二　町村會議長タル町村長自ラ提出議案ノ說明ヲ爲サントスルトキハ町村制第四十五條ニ依リ助役ヲシテ議長ノ職務ヲ代理セシムルモ差支ナシ

三　町村長事故アリ助役代理ヲ爲ストキハ公文ノ署名ハ其ノ代理者ノ名義ヲ用ウヘキモノトス

四　年長ノ議員ハ戶籍上ノ年齡ヲ比較シ年長議員ト否トヲ定ムヘキモノトス假令本人ノ申立ニ依リ明ニ戶籍面ノ年齡誤記ナリト認メ得ル場合ト雖戶籍ノ訂正ヲ爲サヽル以前ニ於テハ之ヲ誤リトスルヲ得

サルモノトス

五　議長ノ故障トハ法令上又ハ事實上議長ノ職務ヲ執ルコト能ハサル場合及其ノ職務ヲ執ラサルノ事實アル一切ノ場合ヲ指スモノニシテ積極的ニ職務ヲ執ルコト能ハサル事由アル場合ニノミ局限スヘキ理由ナシ（大正六、一一、三）

六　村會ニ於テ選擧ヲ行フニ當リ議員タル議長カ投票ヲ行フ場合ト雖別ニ代理者ニ席ヲ讓リ又ハ假議長ヲ設クルノ要ナキモノトス（昭和三、五、二四）

七　縣會紛擾ノ件ニ付地方局議決定（昭和四、一一、七）

（問）議長議長席ニ在ルニモ拘ラス故意ニ其ノ職務ヲ遂行セサル場合ハ府縣制第四十八條ノ「議長故障アルトキ」ト云ヒ得ルヤ

（答）議長故障アルトキニ該當セスト存ス

八　（問）福岡縣知事　昭和五年四月八日

町長選擧ニ關シ議員十一名ト六名ニ分レ競爭セルニ偶々町會開會中多數議員ヨリ町長選擧ノ動議ヲ提出シ成規ノ賛成者アリテ動議成立シタルモ議長タル助役（少數派議員ヲ兼ヌ）ハ兩派圓滿ニ協定セシムルノ要アリトシ協議會ニテ協議シタシトテ動議採決ノ手續ヲ取ラサルニ依リ多數ノ議員ヨリ頻リニ採決ヲ要望シ此ノ間約二時間ニ渉リ押問答ヲ重ネタルモ尙採決ノ手續ヲ取ル模樣ナキニヨリ

此ノ事實ヲ以テ議長故障アルモノト解釋シ假議長ヲ選擧シ動議ヲ採決シテ町長ヲ選擧シタリ此ノ場合助役ハ尚議長席ヲ離レサリシ事實アルモ町村制第四十五條ニ所謂町村長助役共ニ故障アルトキニ該當スルモノトシテ假議長ヲ選擧シタルハ違法ニアラスト認ムルモ聊カ疑義アリ折返シ御指示請フ
(答)内務省地方局長　昭和五年四月十一日
八日電照假議長選擧ノ件ハ故障アルトキニ該當セサルニ付違法ト存ス

〔行　政　判　例〕

一　村長ノ資格ヲ表示スル場合ト村會議長ノ資格ヲ表示スル場合トハ彼此混同セサルヲ要ス而シテ議長ノ資格ヲ表示スル場合ニ於テハ法律上村長ニ於テ議長ノ職ヲ行フモノナルヲ以テ村會議長村長某ト記名スルヲ當然ナリトスルモ村長ノ資格ヲ表示スル場合ニ於テハ議長ノ文字ヲ冠セス單ニ村長ト記載スルヲ相當トス（明治二九、五、一三）

二　議長及副議長共ニ故障アル場合ニ於ケル假議長ノ選擧ニ付テハ常ニ年長ノ議員議長ノ職務ヲ代理スヘキモノト解スルヲ相當トシ原告ノ主張スルカ如ク議長ノ故障カ將ニ行ハレムトスル議事自體ニ付テノミ存シ假議長ノ選擧ニ付テハ何等故障ナキ特殊ノ場合ニ於テハ議長其ノ職務ヲ行フヘキモノト解スルノ餘地ナシ（大正一五、一二、二一）

〔質　疑　解　答〕

一　本條ノ町村長ノ代理者ニハ町村制第七十八條第二項ニ依ル一部事務代理ノ吏員ヲ含マス
二　第三項ノ議長ニ闕員ヲ生シタルトキハ告知以外ノ事項ニ屬スルモ町村會ハ何時ニテモ之カ選擧ヲ行フコトヲ得
三　第三項ノ議長ノ選擧ニ關スル事件ハ理事者ノ要求ヲ俟ツコトナク町村會自ラ之ヲ上程シテ直ニ選擧ヲ行フコトヲ得ルモノトス
四　第三項ノ議長辭表ヲ提出セントスルトキハ之ヲ代理者ニ提出スヘク、代理者ノ辭表ハ之ヲ議長ニ提出スヘキモノトス
五　町村制第四十五條ノ町村會議長ハ町村會閉會後モ仍存在スルモノト解シ可ナルヤ
(答)見込ノ通ト存ス
六　町村制第四十五條第三項ノ規定ニ依リ、現ニ町村條例ヲ設ケ町村會ノ選擧ニ依ル議長及其ノ代理者ヲ置クコト、セル町村ハ全國ニ於テ既ニ相當多數ニ上レリ、而シテ所謂「特別ノ事情アル町村」ノ範圍ハ主務省ニ於テ大凡左ノ如ク內定シ居リ之ニ該當スルニ非サレハ許可ヲ受クルコト困難ナリト認メラル
一　議員定數三十人以上ヲ有シ市ニ準スヘキ狀態ノ町村
二　現在議員定數三十人ニ達セサルモ同數ヲ選出シ得ヘキ法定人口ヲ有シ市ニ準スヘキ狀態ノ町村

三　府縣廳、府縣支廳若ハ元郡役所所在地等ニシテ且相當ノ人口ヲ有シ府縣内樞要ノ町村ト認ムヘキ町村、其ノ他特別ノ事情アリト認ムル町村

第百二十二條第五項　決算ノ認定ニ關スル會議ニ於テハ町村長及助役共ニ議長ノ職務ヲ行フコトヲ得ス

〔行政實例〕

一　本條ニ依リ決算ヲ報告スル場合ニ於テハ町村長及助役ハ共ニ議長ノ職務ヲ行フコトヲ得スト雖議事ノ辨明者トシテ會議ニ出席スルヲ妨ケス

二　決算認定ニ關スル會議ニ於テ町村長及助役カ議員ヲ兼ヌル場合ニ於テハ法文ノ解釋トシテハ議事ニ參與シ議決ニ加ハルコトヲ得ヘシ

五　決算認定ノ會議ニ於テハ町村長助役ハ共ニ議長ノ職務ヲ行フコトヲ得サルハ町村制第百二十二條ニ依リ明カナルカ監督官廳ニ於テ選任シタル町村長ノ臨時代理者モ亦町村長ト同シク議長ノ職務ヲ行フコトヲ得サルモノトス

第五十三條　議長ハ會議ヲ總理シ會議ノ順序ヲ定メ其ノ日ノ會議ヲ開閉シ議場ノ秩序ヲ保持ス

2議員定數ノ半數以上ヨリ請求アルトキハ議長ハ其ノ日ノ會議ヲ開クコトヲ要ス此ノ場合ニ於テ議長仍會議ヲ開カサルトキハ第四十五條ノ例ニ依ル

3前項議員ノ請求ニ依リ會議ヲ開キタルトキ又ハ議員中異議アルトキハ議長ハ會議ノ議決ニ依ルニ非サレハ其ノ日ノ會議ヲ閉チ又ハ中止スルコトヲ得ス

（參照）

第四十五條（本項中前掲（第一五〇頁）參照）

〔行政實例〕

一　議長ハ數日ニ渉リ休會ヲ命スルカ如キ權限ヲ有セスト雖議長ニ於テ議スヘキ事件ナシトシ議事日程ヲ定メサルノ結果事實上休會スルハ固ヨリ已ムヲ得サルコトナリトス

（參照）議長ハ休會ヲ宣スルノ權限ヲ有スルモノト認ムルモ實例ナルヲ以テ掲載セリ

二　議事日程ヲ定ムルハ本條ニ所謂會議ノ順序ヲ定ムルモノニ付議長ノ權限ニ屬スルモノトス

三　其ノ日ノ會議ヲ開閉スルハ本條ニ依リ議長ノ職權ニ屬スルモノニ付會議ノ議決ヲ以テ開議時間ノ伸縮ヲ爲スハ適法ニ非ス

四　町村會ニ於テ議長カ其ノ日ノ會議ヲ閉チ又ハ中止（休憩ヲ含ム）セムトスル場合議員中異議アル

トキハ會議ノ議決ニ依ルニ非サレハ其ノ日ノ會議ヲ閉チ又ハ中止スルコトヲ得サルハ本條第三項ニ規定スル所ナルカ此ノ場合議長ニ於テ採決ヲ爲サス退席シ議長ノ職務ヲ代理スヘキモノナキトキハ假議長ヲ選擧シ其ノ日ノ會議ヲ續行シ差支ナキモノトス（大正一五、九、九）

〔行政判例〕

一　町長選擧ノ如キ重要ナル事件ニシテ而モ豫メ告知セサルモノ、會議ニ付助役ニ於テ未タ參集セサル議員ヲ出席セシムル爲參集議員ニ町會開會ノ猶豫ヲ求メ其ノ手續ヲ執リタルハ相當ノ措置ト謂フヘク故意ニ會議ヲ遲延セシムル爲斯ノ如キ手續ヲ執リタルモノト認メ難ク又午前十時半頃開會ノ要求ヲ受ケタル後不相當ニ長時間開會ヲ遲延シタルモノトモ認メ難ク尙參集シタル議員カ愈町村制第四十五條ノ例ニ依リ町會ヲ開會セントスルニ方リ其ノ旨ヲ助役ニ通告ヲ爲ス等ノ事モナク町會議事規則ニ依レハ會議ハ午後四時ニ終ルヲ本則トスルニ拘ラス當日午前中ニ急遽之ヲ開キタルコトハ町村制第五十三條第二項ニ所謂議長仍會議ヲ開カサルトキトアル場合ニ該當スルモノト認ムルヲ得サルカ故ニ該町會ハ違法ニシテ從テ右町會ニ於ケル町長ノ選擧ハ不適法ニシテ無效タルヲ免レサルモノトス（昭和二、一二、二七）

二　議長ノ閉會宣告ニ對シ議員中異議ノ意思ヲ有スル者アリト認ムヘキ狀勢明カナルニ拘ラス議長カ異議ノ意思アル議員ヲシテ異議ヲ申立ツルノ機會ヲ有セシメスシテ退場シ副議長モ亦退場シタル場合

ニ於テ議場ニ居殘リタル定員半數以上ノ議員ニ於テ假議長ヲ選擧シ其ノ儘議事ヲ繼續シタルトキハ府縣制第五十七條第三項ニ所謂異議アリタルモノニシテ議長ノ閉會ノ宣告ハ效力ヲ失ヒタルモノトス（大正八、七、二四）

（參考）府縣制ニ關スル實例ナルモ町村會ニ於ケル議長ノ閉會宣告ニツイテモ同樣ノ解釋ヲ爲スヘキモノト認ム

第三　町村會の議事參與員

解說　町村長及町村長の委任若は囑託を受けたる者は、町村會の會議に列席して議事に參與し得るのである（町村制第四十六條第一項）法文に所謂「委任」とは町村長が其の部下の吏員に參與を命ずる場合を云ひ、「囑託」とは吏員以外の者に參與を依囑する場合を云ふのである。

参與員は議事に参與するけれども自ら議決に加はることは出來ない、参與員は會議中何時たりとも發言を求めることが出來、其の場合には議長は直に之を許さねばならない、しかし之が爲に議員の現に爲しつゝある演說又は既に發言を許した後の議員の演說は之を中止せしむることが出來ぬのである。

第四十六條 町村長及其ノ委任又ハ囑託ヲ受ケタル者ハ會議ニ列席シテ議事ニ參與スルコトヲ得但シ議決ニ加ハルコトヲ得ス

前項ノ列席者發言ヲ求ムルトキハ議長ハ直ニ之ヲ許スヘシ但シ之カ爲議員ノ演說ヲ中止セシムルコトヲ得ス

〔行政實例〕

一 本條ニ所謂委員トハ其ノ吏員ニ對スルノ謂ニシテ囑託トハ市町村吏員外ノモノヲ參與員ト爲ス場合ヲ謂フモノトス

二 會議ニ列席シテ議事ニ參與スルコトヲ得ル者ハ單ニ議案ノ趣旨ヲ說明スルニ止マラス凡テ其ノ議事ニ關シ討論爭論ヲ爲スコトヲ得ルモノトス

三　町村ノ歳入出決算認定ニ關スル會議ニ於テモ收入役ハ町村長ノ委任アルニアラサレハ會議ニ列席シ議事ニ參與スルヲ得サルモノトス

四　市町村書記ト雖市町村長ノ命ヲ受ケタル場合ニ於テハ市町村長ト同シク會議ニ列席シテ議事ニ參與スルコトヲ得ルモノトス

五　町村會カ町村歳入出豫算ヲ議決スルニ當リ町村長ニ於テ必要アリト認ムルトキハ學校長ニ囑託シ議事ニ參與セシムルモ差支ナシ

六　町村會ニ於テ議案ニ對シ町村長ノ命シタル參與員ノ説明ヲ聞カスシテ町村長ノ説明ヲ求メタルトキハ説明スルト否トハ町村長ノ適宜ナリ

第四　町村會の發案權

解說　町村會の議決を經べき事件は原則として町村長に於て議案を發することゝなつて

居る（町村制第七十二條第一號）。從來町村會が特に有する權限の行使については、町村會自ら發案すべきものと解したるも、其の他一般的の議決事項については專ら町村長のみが發案權を有すとなし（昭和四年町村制改正前に於ける學說中には此の行政解釋に反して町村會は其の議決すべき事項につき原則として發案權を有すとせるものがある）、町村會は只町村長の發案に對し可否を表明する外無かつたのである、然るに昭和四年自治權擴充の趣旨に依り町村會の發案權につき、一大改革を斷行して其の權限を擴張し、町村會議員に對し極めて廣汎なる發案權を認むるに至つたのである。

町村會議員の有する發案權は歲入出豫算にあらざる限り、町村會の議決事件なれば如何なる事項についても發案し得ると解し得るやうな法文の規定である（町村制第五十三條の二）。乍併町村會の議決を經べき事項であつても、其の內容が結局町村長に於て定めらるゝもの、假令「町村長ハ町村會ノ議決ヲ經テ之ヲ定ム」と規定せるが如き事項の如きは、町村會の議決を經ることは町村長が其の權限を行使するについての一要件として揭げられた規定に過ぎないのである。而して內務省は町村制第五十三條の二の「町村會ノ議決スベキ事項」とは、町村會の議決のみに依つて、事柄が決定せらるゝ樣な事項を謂ふのであつて、右の如き事項は含まれないとして居るのである。府縣の繼續費についても、府縣制第百二十條は「府縣知事ハ府縣會ノ議決ヲ經テ」とあると同樣なりと解し、府縣會議員より發案することを得ざるものと決定して居る（昭和四、九、二四、發地第六八號）ので、町村の繼續費についても同樣に解すべきであると思ふ。

町村會議員の發案權については、歳入歳出豫算は之を認めないのであるが、夫れは豫算自體の發案を認めないのに止まり、豫算を伴ふ事件決議を除外したものではない、故に町村會議員の發案した事件決議の結果として町村の經費を要するものであつても、夫れが豫算そのものでなければ、議員の發案を阻止することは出來ない、而して斯る發案が可決せられた場合其の議決を執行せんとすれば、町村長は必ずや豫算を町村會に提出せざるべからざるものであるが、此の場合豫算案の提出は理事機關の獨占的權限であつて、町村財政が之を許さざる場合に於ては、町村長は假令豫算に關する事件議決が可決せられても、之に伴ふ豫算を町村會に提出するの義務を負ふものではないと云ふことに内務省は決定して居る（昭和四、八、三、内務省決定）。（此の見解に對しては相當反對論があつて、町村會の議決執行上豫算を編成する必要ある場合には、理事機關としては豫算提出の義務あるものと解しなければ、自治權擴充として認められた改正法の精神を沒却するものであるとの説がある）尤も條例を以てする場合には、條例の效力に依つて經費支拂の義務を負ふに至るを以て、單なる議決と異り、町村長は必ず豫算を提出すべき義務が生ずるものと解するのである。

町村長より町村會に提出すべき議案については、之が形式を一定せざるも、普通文書を以てすべきものである。町村會議員より發案する場合には議員三人以上より文書を以てすることを要件とし、之に依らざる發案は無效となるのである。

町村會議員が發案權を行使するのは、町村會の開會中なることを要する、開會前に於ては假令招集ありたる後と雖發案は出來ないのである、閉會後も同樣であつて、之は發案の性質上當然のことである、又發案は議長に對し之を爲せばよろしい。

一旦發案したる議案は之を撤回することを得るや、之に關しては撤回否認說や、町村會の同意を要件とする說もあるが、實際の取扱例に徵すれば、發案者は適宜議案の撤回を爲し得るものとされてゐる。

町村會開會中町村長より招集の際豫め告知せざる議案を付議する場合は、其の日前三日目迄に之を告知することを要するのであるが、町村會議員より發案する場合に於ては此の規定は適用せられないので、開會中何時にても發案することが出來る、之が爲議員中其の事實を知らざるものあるも已むを得ない。（之は現行法の解釋として已むを得ざるものかと思ふければも、會議の事件を豫め告知するを必要とした趣旨より考へれば、町村制第四十七條第四項を此の場合にも適用し、急施事件の外は必ず豫め告知すべきものと解するのが相當ではあるまいか）。

町村會特有の發案權ある事項については、昭和四年の町村制改正に依り町村會議員の發案權が認められた後と雖何等の變りはない、而して此の事項については、町村長は全く發案權を持たないのであつて、夫れは町村會議員より發案するか、町村會構成員の一たる議長に於て發案するが普通である、其の事項を擧ぐれば大凡左の通である。（但し選擧については議決でないから、發案の問題は生じないものである。）

一　意見書の提出（町村制第四十三條）
二　諮問に對する答申（町村制第四十四條）
三　町村長の專決に委すべき事項（町村制第七十六條の二）
四　議長及代理者の選擧（町村制第四十五條）

五　町村長助役其の他の選擧（町村制第六十三條、第六十七條、第四十一條）
六　町村會議員補闕選擧の必要認定（町村制第十七條第二項）
七　異議の決定（町村制第十八條の三、第三十三條、第八十七條、第百二十六條、第百四十條の二）
八　會議規則傍聽人取締規則の設定改正（町村制第五十九條）
九　町村會議員失格の決定（町村制第三十五條）
一〇　有給町村長助役の任期中退職の承認（町村制第六十四條）
一一　町村會の議決又は選擧に對する處分又は裁決に付訴訟の提起（町村制第七十四條）
一二　町村會の議決に對する處分に付訴願の提起（町村制第七十四條の二）
一三　議員の出席停止（町村制第五十九條）

第七十二條第二項　町村長ノ擔任スル事務ノ概目左ノ如シ

一　町村會ノ議決ヲ經ヘキ事件ニ付其ノ議案ヲ發シ及其ノ議決ヲ執行スル事

〔第二號以下省略〕

町村會の發案權

〔行政實例〕

一　選擧ハ議決ト其ノ性質ヲ異ニスルヲ以テ本條ノ所謂議決ヲ經ヘキ事件中ニ包含セス

二　市町村行政事務ニ係ル市町村會ノ議事ニ付テハ本條第二項第一號ノ規定ニ基キ市町村長ニ於テ發案スヘキモノナルモ市制第四十五條乃至第四十七條及第六十三條町村制第四十二條乃至第四十四條及第五十九條ノ規定ニ係ル事項ハ市町村長ニ於テ發案スヘキモノニ非ス

三　町村長ニ於テ其ノ保管ニ屬スル町村有財産ヲ亡失シタル時ハ町村ニ對シ其ノ損害ヲ賠償スヘキハ法令ノ定ムル所ナルカ右ノ損害賠償ニ係ル議案ハ一般町村ニ於ケル議案ト同シク理事者ニ依リ發案スヘキモ該議案ハ町村長ニ關スルモノニ付此ノ如キモノハ町村助役ニ於テ發案スルコトヲ要スルモノトス

四　町村會ニ於テ町村ノ歳入出豫算ヲ議スルニ當リ原案ナキ所ノ事項ト併セテ其ノ費用ヲ加フルハ修正ノ範圍ニ屬スルモノニアラス
此ノ如キ場合ハ町村長ニ對シ其ノ發案ヲ求ムヘキモノニシテ若シ町村長ニ於テ要求ヲ容レ發案スルニ於テハ別ニ差支ナキモ若シ其ノ要求ヲ容レサルトキハ如何トモスル能ハサルモノナリ

五　町村長ノ選擧ハ理事者ニ於テ發案スヘキモノニアラス（大正八、一二、八）

六　町村長ノ町村會ニ對シ發スル議案ハ特別ノ形式ヲ定メサルモノニ付テハ口頭ニテモ違法ニハアラサ

ルモ文書ニ依ルヲ適當トスヘキ義ナリ（昭和四、五、二二、地方局長回答）

七　市町村會ノ議決スヘキ事件ニ付議員ニ於テ發案スル場合ハ必ス文書ヲ以テ爲スコトヲ要スル義ナルカ理事者ニ於テ發案スル事件ニ付テハ何等斯ル制限規定ナキ以上文書ヲ以テスルト口頭ヲ以テスルトハ隨意差支ナシト解スヘキヤ（佐賀縣）

（答）御見込ノ通（昭和四年九月内務省決定）

（參考）本件ハ制限規定ナキニ依リ文書ヲ以テスルト口頭ヲ以テスルトハ隨意ナリト解スヘキヤノ問合ニ對シ然ル旨回答セラレタルニ止マリ前例ノ「文書ニ依ルヲ適當トスル」ノ實例ニ變更ヲ來セルモノニ非スト認ム

八　府縣知事又ハ市長カ府縣參事會議長又ハ市參事會議長トシテノ發案權ニ關シテハ本年七月二十日附發地第五〇號ヲ以テ通牒アリタルカ右ハ町村長ニ於テ發案權ヲ有セサル議決事件ニ對シ町村長カ町村會議長タル場合ニモ爾ク解シ然ルヘシ（昭和四、一二、一七、新地局第一九四號、地方局長回答ノ内）

（參照）

昭和四年七月二十日發地第五〇號通牒

府縣知事又ハ市長ハ府縣參事會議長又ハ市參事會議長トシテハ發案權カ府縣參事會又ハ市參事會ニ

町村會の發案權

專屬スル事件（例ヘハ意見書呈出、異議決定ノ類）ニ限リ發案權ヲ有スルモ、然ラサルモノニ在リテハ發案權ヲ有セサルコトニ省議決定相成候

〔行政判例〕

一　市制第八十七條第二項第一號ニ所謂議案ハ議決ヲ經ヘキ事件ニ付市長ノ意見ニ依リ成案ヲ定メ之カ可否ノ議決ヲ求ムル其ノ提案ヲ指稱スルモノトス（大正六、二、一三）

〔訴願裁決例〕

一　建議ヲ採用スルト否トハ建議ヲ受ケタル村長ノ權限ニ屬スルモノトス（明治四三、七、六）

〔司法判例〕

一　小學校ノ常設分敎場設置ニ關スル議決ハ村會ノ適正ナル職務權限ニ屬セスト雖荀モ村長ニ於テ町村制第三十九條第四十條及第七十二條第二項第一號ニ依リ該議案ヲ發シタル以上ハ村會ハ可決否決其ノ他内容ノ如何ニ關セス議決ニ依リテ之ヲ結了スヘキ職務權限ヲ有スルモノトス（刑事大正五年四七頁）

二　町村有不動產ノ管理處分及取得ニ關スル行爲ハ町村會ニ於テ議決スヘキ事項ニ係リ斯ル事項ニ付テハ町村長ハ原則トシテ單ニ之カ發案及議決ヲ執行スヘキ權限ノミ有スルニ過キサルモノナレハ町村長カ町村會ノ議決ヲ經スシテ爲シタル是等ノ行爲ハ全ク其ノ權限ノ範圍外ニ屬シ町村ニ對シ其ノ効

カナキハ勿論之ヲ以テ町村長ノ職務執行行爲ト爲スコトヲ得サルモノトス（大正八、一〇、九）

一 町村長カ町村會招集ニ付日時及事件ノ告知ヲ爲スト同時ニ議案ヲ各議員ニ配付シタリトスルモ議案ハ町村會ニ提出スヘキモノニ付之ヲ以テ提案セシモノト謂フヲ得サルモノトス

〔質疑解答〕

第五十三條ノ二

町村會議員ハ町村會ノ議決スベキ事件ニ付町村會ニ議案ヲ發スルコトヲ得

但シ歳入出豫算ニ付テハ此ノ限ニ在ラズ

2 前項ノ規定ニ依ル發案ハ議員三人以上ヨリ文書ヲ以テ之ヲ爲スコトヲ要ス

〔行政實例〕

一 府縣會議員又ハ市町村會議員ノ發案議決ニ伴フ歳入出豫算ノ件通牒

標記ノ件ニ關シ別紙ノ通省議決定相成候條爲御參考（昭和四、八、一〇、發地第五五號）

（別紙）

府縣會議員又ハ市町村會議員ノ發案議決ニ伴フ歳入出豫算ノ件省議決定（昭和四年八月三日）

府縣會議員又ハ市町村會議員カ府縣會又ハ市町村會ノ議決スヘキ事件（歳入出豫算ヲ除ク）ニ付發案シ府縣會又ハ市町村會ニ於テ之ヲ議決シタルトキ之ニ伴ヒ歳入出豫算ヲ要スル場合ト雖府縣知事

又ハ市町村長ハ必スシモ歳入出豫算案ヲ提出セサルヘカラサル義務ヲ負フモノニ非ス

（參照）　理　由

府縣會又ハ市町村會カ其ノ權限內ニ於テ議決シタル事件ハ執行機關ニ於テ之ヲ執行スヘキモノナリト雖其ノ議決ノ執行ニ必要ナル豫算案ハ之ヲ提出スルト否トハ府縣知事又ハ市町村長ノ獨占的權限ニシテ議決アリタルトキ之ニ伴フ必要ナル豫算案ヲ提出スル義務ヲ負フモノニ非サルノミナラス豫算ノ提案ハ議決ノ執行ニ非サルヲ以テ左記ノ通解スヘキモノト認ム

府縣會、市町村會ニ於テ事件ノ議決ヲ爲シタルトキハ之ニ伴ヒ歳入出豫算ノ議決ヲ要スル場合ト雖、府縣知事、市町村長ハ必スシモ歳入出豫算案ヲ提出スルニ及ハス即チ府縣會、市町村會ノ爲シタル事件議決ニシテ適當ト認ムル場合ハ府縣知事、市町村長ニ於テ之ニ伴フ歳入出豫算案ヲ提出スルコト固ヨリ妨ケナシト雖、若シ府縣會、市町村會ノ議決ニシテ同意スヘカラスト認ムルトキハ府縣知事、市町村長ハ歳入出豫算ヲ提出スルニ及ハサルモノトス、換言スレハ府縣會、市町村會ニ於テ事件ノ議決ヲ爲シタル場合之ニ伴ヒ歳入出豫算ヲ要スルモ當該歳入出豫算ヲ提出スルト否トハ全ク府縣知事、市町村長ノ職權ニ屬スルモノトス若シ府縣會、市町村會ニ於テ事件ノ議決ヲ爲シタルトキハ府縣知事、市町村長ハ必ス歳入出豫算ヲ提出セサルヘカラスト解スルトキハ歳入出豫算ノ發案ヲ議員ニ付與シタルト同一ノ結果ヲ生シ特ニ之ヲ議員ニ付與セサリシ法律ノ趣

旨ハ全ク之ヲ沒却セラルヽニ至ルヘシ

二　改正町村制中解釋ノ件。左記甲號新潟縣知事照會ニ對シ乙號ノ通及回答候爲御參考（昭和四年八月十二日地發甲第一一八號地方局長通牒）

1　甲號（照會）　制第五十三條ノ二第一項ノ所謂「町村會ノ議決スヘキ事件」トハ制第三十九條ノ所謂「其ノ權限ニ屬スル事件」ナリト認ムルモ適法ニ開會シタル町村會ニ於テハ例ヘハ制第十七條第二項、制第三十五條第一項、制第四十二條第一項、制第五十九條ノ如キ事件ハ町村會カ其ノ自由裁量ヲ以テ議決シ得ヘキ性質ノ事件ナルカ故ニ町村長ハ勿論町村會議員ト雖制第五十三條ノ二ノ規定ニ依リ發案スヘキモノニアラスト認ムルモ如何

乙號（回答）　第五十三條ノ二第一項ノ所謂「町村會ノ議決スヘキ事件」ト第三十九條ノ所謂「其ノ權限ニ屬スル事件」トハ其ノ範圍ヲ同フセサルモノト認ム

照會文列擧ノ各條ニ規定セラルル事件ニ付テモ改正濟ノ下ニ於テハ議員ハ凡テ第五十三條ノ二ニヨリテノミ發案シ得ルモノト解スルヲ正當トス

（參照）　理　由

第三十九條ハ「町村ニ關スル事件」ト「法律勅令ニ依リ其ノ權限ニ屬スル事件」トノ二者ヲ町村會ノ決議事項トシテ掲ケタリ。而シテ照會文引用ノ「其ノ權限ニ屬スル事件」トハ即チ其ノ後者

ナルニ反シ、第五十三條ノ二ハ廣ク「町村會ノ議決スヘキ事件」ト規定スルカ故ニ一應苟クモ其ノ議決スヘキ事件タル以上總テ之ヲ含ミ、第三十九條ノ文言ニ從ヒテ之ヲ云フトキハ獨リ其ノ後者ノミナラス等シク其ノ前者ヲモ含ム。故ニ兩者ハ其ノ範圍ヲ同フセス、其ノ間廣狹ノ差異アリ又假ニ照會文ノ所謂「其ノ權限ニ屬スル事件」ニシテ第三十九條ノ所謂「法律勅令ニ依リ其ノ權限ニ屬スル事件」ノミナラス、廣ク町村會ノ權限ニ屬スル事件ヲ意味スルモノト解センカ、前ノ場合ニ反シテ其ノ意味スル所ハ第五十三條ノ二ノ「議決スヘキ事件」ノ範圍ヨリ廣キコト、ナル。蓋シ町村長單獨ノ權限ニシテ町村會ノ議決ヲ經ルコトヲ單ニ其ノ權限行使ノ要件ト爲スニ過キサル事件ノ如キハ尚「町村會ノ權限ニ屬スル事件」ト稱スルヲ得ヘシト雖第五十三條ノ二ノ「議決スヘキ事件」ノ中ニ包含セスト解スヘケレハナリ。

第五十三條ノ二ハ廣ク「町村會ノ議決スヘキ事件」ト規定スルノミニシテ其ノ範圍ヲ限定スルコトナシ、故ニ法律カ特ニ第五十三條ノ二ノ規定ニ拘ラスシテ、ソノ適用ナキノ趣旨ヲ明示セル事件ニ非サル限リ、苟クモ議員ノ發案スルニ當ツテハ、スヘテ本條ノ適用ヲ受クルモノナルコトハ本條カ議員ニ發案ノ權能ヲ與フルト同時ニ直チニ其ノ發案權ニ付テ一定ノ手續制限條件ヲ付シタルノ趣旨ニ見テ明カナリ。

2　甲號(照會)　制第五十三條ノ二ノ規定ニ依リ町村會議員カ發案ヲ爲ス場合ト雖前項例示ノ如キ事

件以外ニ付テハ制第四十七條第三項ニ依リ告知ヲ要スルモノト認ムルモ如何
此ノ場合ノ告知ハ町村會招集ノ如ク必ス町村長ニ於テ之ヲ爲スノ規定ナク且町村長ニ於テ自ラ必要ト認メタル會議ノ事件ニ非サルヲ以テ當該議員三人以上告知スヘキモノト認ムルモ如何
乙號（回答） 町村會開會前ニ於テハ議員ノ發案アルコトヲ得ス第五十三條ノ二ニヨル議員ノ發案モ亦同ヨリ開會中ニ限ルモノニシテ此ノ場合ニ第四十七條第三項ノ適用アリヤ否ヤノ問題ノ生セサルコト同項ニヨリ告知カ開會前ニ關スルニ見テ明カナリ
第四十七條第三項ノ告知ヲ爲スハ常ニ町村長ナルコト同條ノ規定上疑ナキ所ナリ（但シ議員ノ發案スル場合ニ本項ニ依ル告知ノアリ得サルコト前段ニ述ヘタリ）而シテ此ノ開會前ニ町村長カ會議ノ事件ヲ告知スヘキ同條同項ノ規定ハ單ニ町村長カ發案セントスル事件ノミニ限ラス町村會議員カ町村會ノ招集請求ヲ爲スニ際シテ示シタル事件ニ關シテモ適用アルモノトス

三 （問）町村會開會中町村會議員ヨリ他ノ事件ニ付發案シ得ルヤ發案シ得ルトスレハ町村制第四十七條第四項ノ規定ニ依ルヘキヤ同項ノ規定ニ依ルトスレハ其ノ事件ヲ會議ニ付スル手續如何（大阪府）
（答）町村會ノ議決スヘキ事件（町村會ノ議決ヲ經テ町村長定ムトアル事件及歳入出豫算ヲ除ク）ナルニ於テハ發案シ得ルモノニシテ此ノ場合ハ制第四十七條第四項ノ規定ハ適用ナキ義ニ有之（昭和四年九月内務省決定）

四　（問）町村制第五十三條ノ二第一項ニ所謂「町村會ノ議決スヘキ事件」ノ中ニハ町村會ニ専屬スル發案事件ハ含マサルモノト解スヘキヤ之ヲ含マストスレハ町村會ニ専屬スル發案事件ニ付テハ同條第二項ノ規定ノ適用ナク從テ其ノ發案ハ會議規則ノ定ムル所ニ依リ適宜之ヲ爲スモ可ナリヤ（大阪府）
（答）町村會議員ノミ發案權ヲ有スルモノモ包含スル義ニ有之（昭和四年九月内務省決定）

五　（問）町村制第五十三條ノ二ニ依リ町村會議員カ町村會ノ議決スヘキ事件（例之寄附補助）ニ付議案ヲ發スル場合議案ニ金額ヲモ明記シ發スルコトヲ得ト解シ可然哉（奈良縣）
（答）御見込ノ通ト存ス尙本年八月十日發地第五五號地方局長通牒ニヨリ御了知相成度（昭和四年九月内務省決定）

六　縣繼續費設定ノ發案ニ關スル件通牒（昭和四、九、二四、發地第六八號地方局長）
標記ノ件ニ關シ別紙ノ通省議決定相成候條爲御參考
（別紙）　縣繼續費設定ノ發案ニ關スル件
縣繼續費ノ設定ハ縣會議員ニ於テ發案スルコトヲ得サルモノトス（昭和四、九、二〇省議決定）

理　由

按スルニ繼續費ニ關スル府縣制第百二十條中「、、、、府縣會ノ議決ヲ經テ其ノ年期間各年度ノ支出額ヲ定メ繼續費ト爲スコトヲ得」トアリ、而シテ右ハ府縣知事カ定ムルモノナリヤ府縣カ定ムルモノアリヤニ付テハ明記スル所ナシト雖、法律カ「府縣ハ」ト云ハサル點、殊ニ前條カ「府縣知事ハ」ト語ヲ起シ本條カ之ヲ承ケタルモノト見ルヘキ點等ヨリシテ、本條ノ規定ハ「府縣知事府縣會ノ議決ヲ經テ」ト云フノ意ナリト解セサルヘカラス。然レハ右ハ知事ノ單獨權限ニ屬スル事項ニシテ府縣會ノ議決ヲ經ルコトハ其ノ權限行使ノ要件タルニ止マルモノト云ハサルヘカラス從テ斯ル事項ニ付テハ府縣會議員ハ發案權ヲ有セサルモノトスルヲ相當ト認ム

（參考） 本例ハ府縣ノ繼續費ニ關スルモノナルモ町村ノ繼續費ニ付テモ同一ニ解シ得ヘキモノト認ム

七

（問）議員ノ發案ニ依リ縣會ニ於テ常設委員設置條例（費用辨償條例ヲ含ム）議決ノ結果之ニ伴フ豫算ヲ必要トスル場合知事ハ豫算案提出ノ義務アリヤ

（答）條例ノ公布ニ伴ヒ豫算案ノ提出ヲ要スヘキ義ト存ス（昭和四、一二、二、內務省回答）

（參照）

（問）縣會ニ於テ議員ノ發案ニ依リ常設委員設置條例（費用辨償條例モ含ム）ヲ議決シタルトキニ於テ該議決カ制第八十二條及第八十三條ニ該當セサル場合ハ知事ハ該條例ヲ公布セサルヘカラサルノ義務アリヤ否若シアリトセハ法令上ノ根據承知シタシ

（答）府縣制第三條ノ二ニ依リ條例ノ公布ヲ要スル義ト存候（昭和五、一、一一、內務省回答）

（參考）本例ハ府縣制ニ關スルモノナルモ町村制ニ付テモ同一ニ解シ得ヘキモノト認ム

八　（問）町村制第五十三條ノ二但シ書ノ「歳入出豫算ニ付テハ此ノ限ニ在ラス」トハ形式上歳入出豫算トシテ發案セルモノヽミヲ指スモノト解シ可然哉（山形縣）

（答）御見込ノ通（昭和五年二月内務省決定）

九　一、府縣制第五十七條ノ二（町村制第五十三條ノ二ト同文）第一項但書ノ「歳入出豫算」トハ同法第四十一條第二號ノ歳入出豫算ト同一ニ解スヘキモノトス（昭和五年二月内務省決定）

二、府縣債起債ノ方法、利息ノ定率、償還ノ方法等ハ豫算ニ附屬スルモノナリト雖事件議決事項ニ屬スルヲ以テ府縣會議員ニ發案權アリト解スヘキモノトス（昭和五年二月内務省決定）

【質疑解答】

一　町村制第四十二條第二項ノ委員選擧ニ付同法第五十三條ノ二ニ依リ議員三人以上ヨリ議案ヲ發シ町村會開會前町村長ニ提出セリ右選擧ハ議決事項ニ非サルヲ以テ第五十三條ノ二ニ依ルヲ得サルモノト存スルモ如何

（答）選擧ハ議事ニ非サルヲ以テ發案ナル事實ヲ生セス而シテ本件委員ノ選擧ハ町村會ノ權限ニ屬スルヲ以テ町村會議長ノ意見又ハ議員ノ動議ニ依リ選擧ヲ執行スヘキモノト存ス

尚町村制第五十三條ノ二ニ依ル議員ノ發案ハ町村會ニ發案スヘキモノニ付町村會開會前ニ於テハ發

案ヲ爲シ得サルモノト存ス

二　町村會會議規則改正案ハ町村會自體ニ發案權アルモノナルヲ以テ町村制第五十三條ノ二ニ依リ議案ヲ發スヘキモノニ非ストノ說アリ如何

（答）町村制第五十三條ノ二ノ規定ハ從來町村會ニ發案權アル事件ニ對シテモ（議長ニ於テ發案セントスル場合ヲ除ク）適用アルモノト存ス

三　町村制第五十三條ノ二ノ規定ハ同法第三十五條、第四十一條乃至第四十五條等ニハ適用セラレス專ラ第三十九條ノ範圍ニ於テノミ適用セラルヘキモノト認ムルモ如何

（答）町村會議員（町村會ヲ含ム）ニ發案權アル事件ニ付テハ（議長ニ於テ發案スル場合ヲ除ク）總テ町村制第五十三條ノ二ノ適用アリト存ス但シ選擧ニ付テハ發案ノ事實ヲ生セサルヲ以テ關係ナシ

四　議會開會前ニ在リテハ町村制第五十三條ノ二ニ依ル議案ヲ發スルヲ得サルモノナルヲ以テ同法第四十七條第一項ニ依リ村會招集ノ請求アリタル場合右請求書ニ示セル事件ニ對シ同時ニ議案ヲ村長ニ提出シタルトキハ村長ハ請求書ノミ受理シ議案ハ却下スヘキモノト存スルモ如何

（答）議案ハ村會ニ發スヘキモノニ付返戾スルヲ適當ト認ム

五　町村制第五十三條ノ二ニ依リ議員ヨリ發案スル場合ハ出席議員全部ニ對シ付議スヘキ議案ヲ配付スヘキモノト思惟スルモ如何

六　(答)會議規則ニ別段ノ規定ナキ限リ議案ハ議長宛ニ一部提出セハ可ナルヘシ
町村會議員ヨリ發シタル議案ニシテ否決セラレタルモノハ他ノ會期ニ於テ同一ノ議員ノ名ヲ以テ發案スルハ差支ナキモノト存スルモ同一會期中ニ更ニ他ノ議員ノ名ヲ以テ發案シ得ルモノト解シ可然哉

七　(答)會議規則ニ抵觸セサル限リ見込ノ通ト存ス
本條ニ依ル議員ノ發案ニ付事前告知ノ規定ナキハ立法上稍遺漏ヲ缺ケル感アルモ成法上止ムヲ得サルコトナリトス從テ三日前ニ告知スルカ如キ取扱ヲ爲スノ必要ナキモノトス

八　町村吏員ノ報酬給料ヲ減額セントスル場合之ニ關スル條例ノ改正ニ付町村會議員カ發案權ヲ有スルヤ、發案權ヲ有スルモノトセハ町村會ニ於テ之ヲ議決セル場合、町村長ハ當然歳入出豫算ノ更正ヲ爲サヽルヘカラサルヲ以テ右ハ町村制第五十三條ノ二第一項但書ニ該當シ發案權ナキモノト解スヘキヤ
(答)發案權ヲ有スト認ム尙歳入出豫算夫レ自體ニ非スシテ單ニ歳入出豫算ニ關係ヲ有スルモノヽ如キハ制第五十三條ノ二第一項但書ニ該當セサルモノト存ス

九　町村制第五十三條ノ二ノ「議決スヘキ事件」中ニハ町村長單獨ノ權限ニシテ町村會ノ議決ヲ經ルコトヲ單ニ其ノ權限行使ノ要件ト爲スニ過キサル事件ノ如キハ包含セサルコトニ解セラレ居レルカ如

シ、左ノ事項ハ之ニ該當シ町村會議員ニ於テ發案シ得サルモノト認ムヘキヤ

（一）町村制第七十一條第二項ノ有給吏員ノ定數ヲ定ムルコト

（二）町村制第七十八條第一項但書ノ事務ヲ分掌セシムルコト

（三）町村制第九十四條但書後段ノ財産ノ賣却貸與、工事ノ請負及物件勞力其ノ他ノ供給ニ付競爭入札ニ付セサルコト

（四）町村制第百八條第一項後段ノ年度ヲ越ヘ納税延期ヲ許スコト

（五）町村制第百十五條ノ繼續費ヲ設クルコト

（答）御見込ノ通

一〇　左ノ如キ事項ハ町村會ノ議決シ得ヘキ事件ニアラスト認ム從テ町村會議員ヨリ議案ヲ發スルコトヲ得サルヘシ如何

(1)　町村道ノ新築、改修、維持、修理等ニ關スル事件

(2)　町村道ノ路線選定ノ爲土木委員ヲ設置スルコト

(3)　町村役場處務規程、文書ノ編纂保存ニ關スル規程

(4)　町村制第七十一條ノ有給町村吏員ノ分限規程

(5)　町村會議員ノ選擧ニ關スル手續規程

（答）御見込ノ通

第五　町村會の修正權

解說　町村會の議決權には原案を其儘可決する場合と、原案を否決する場合と、更に原案の本質を變更せざる限度に於て原案に變更を加へてこれを可決する所謂修正議決を爲す場合との三種が存する、而して修正議決は提出せられたる議案の本質を變更するを許さざることが要件であつて、若しも其の本質が變化を見るときに於ては、最早や修正權の範域を超え別個の議案を發したのと同樣になるので町村會に於ける議決權行使については此の點に注意を要するのである、議員が發案權を有する事項については假令議案の內容を如何やうに變化するとも、發案權侵害の問題を起さないけれども、議員に發案權なき所謂歲入出豫算に付ては、修正權の範圍を超えて、本質を變化せしむべき金額の增減を爲すが如きことは發案權の侵害と爲り、町村會の權限を超越した議決となるのである。尤も帝國議會に於ては豫算の修正は減額を認むるのみで、原案を增額することは認められない、併し乍ら町村會に於ける豫算の修正については、原案の本質を變更せざる限度に於ける增額修正も之を認むることが從來の實例であつて、府縣會も亦之と同樣である。而して如何なる程度の修正を以て議案の本質を變更したものと見るべきか、假令町村會の修正に依り形式が變更され、金額數量等が著しく增加して、案其のものが、外觀上甚しく變更を來した如き場合に於ても、其の內容を吟味し性質を考究したときに、未だ本質を變化せしめたりと認むるに至らざるときには、發案權の侵害とはならないのである。之に反し、形式に於ては提案の一小部分が更正され、全體よりするときは金額數量が僅に減額されたるが如き場合に於ても、修正の結果が、原案に包含せられざりし、別個の內容を新に添加するに至りたるときは、其の本質に變更を來したこととなり、發案權侵害となるものであると思ふ。

併しながら之等の事は個々具體的の場合につき認定すべきもので、一般的抽象的に之を定むることは困難であるが、次に揭ぐる實例、判例等は、實際について判定する場合の參考と爲すに足るものと思ふ。

〔行政實例〕

一　町村會ニ於テ町村ノ歳入出豫算ヲ議決スルニ當リ原案町村税ヲ著シク減額シ新ニ特別會計繰入金ナル欵ヲ設ケ之カ豫算金額ヲ議決シタルトキハ町村長ハ町村制第七十四條ニ依リ權限ヲ超エタル議決トシテ再議ニ付スヘキモノトス

二　町村會ニ於テ其ノ歳入出豫算ヲ議スルニ當リ原案税額ヲ減少シ其ノ結果トシテ新ニ町村債ナル收入科目ヲ設クルハ發案權ヲ侵セルモノナリ

三　原案ノ豫算中寄附金ノ收入科目ナキニ町村會ニ於テ新ニ之ヲ加ヘ其ノ收入金額ヲ議決シタルトキハ發案權ヲ侵スモノニシテ町村制第七十四條第一項ニ所謂町村會ノ議決其ノ權限ヲ超ユルモノトシ再議ニ付スヘキモノナリ

四　町村會ニ於テ歳入出豫算ヲ議スルニ當リ原案ニナキ所ノ補助費ヲ設ケ之ヲ議決シタルトキハ發案權ノ侵害ニ係ルヲ以テ町村長ハ理由ヲ示シテ再議ニ付スヘキモノトス

五　町村會ニ於テ町村ノ歳入出豫算ヲ議スルニ當リ原案ナキ所ノ事項ト併セテ其ノ費用ヲ加フルハ修正ノ範圍ニ屬スルモノニアラス此ノ如キ場合ハ町村長ニ對シ其ノ發案ヲ求ムヘキモノニシテ若シ町村長ニ於テ要求ヲ容レ發案スルニ於テハ別ニ差支ナキモ若シ其ノ要求ヲ容レサルトキハ如何トモスル能ハサルモノナリ

六　町村歳入出豫算ハ款項ヨリ成立シ説明附記ハ豫算ニアラサルモ町村會ニ於テ説明附記ニ新ナル事項ヲ加ヘ隨テ當該款項ノ金額ヲ增加スルハ發案權ヲ侵害スルモノトス

七　市町村長ヨリ發案シタル土木費豫算ニ對シ其ノ以外ノ工事費ヲ豫算ニ加ヘテ議決スルカ如キハ市町村長ノ發案權ヲ侵害スルモノナリ

八　町村長ニ於テ町村條例中一部改正ノ必要アリト認メ該議案ノ提案ヲ爲シタルニ町村會ニ於テ原案ト毫モ關係ナキ他ノ條項ノ改正ヲ議決シタルトキハ發案權ヲ侵スルモノナリ（改正前ノ實例）

九　町村會ニ於テ追加豫算議決ニ際シ追加セントスル科目ノ既定豫算額ヲ更正減額スルハ發案權ノ侵害ナリ（昭和三、六、三〇）

一〇　市町村會カ豫算ノ議決ヲ爲スニ當リ假令款項ノ金額ヲ增加修正スト雖豫算ニ指定シタル事件外ニ涉ラサルニ於テハ發案權ヲ侵シタルモノト謂フコトヲ得ス

一一　町村會ニ於テ町村長ノ發案シタル繼續年期及支出方法ニ對シ年限延長ノ議決ヲ爲スハ修正ノ範圍ニ屬スルモノトス

一二　市長ニ於テ市金庫事務ヲ甲銀行ニ取扱ハシメントシ市會ニ提案シタル場合市會ニ於テ乙銀行ニ更ムルカ如キハ修正權ノ範圍ニ屬スルモノニシテ市會ニ於テ適宜議決シ得ルモノトス

一三　縣會カ農會補助費（縣農會及縣農會技術員費ニ對スル補助）ニ付議決ヲ爲スニ方リ提案以外新ニ

米麥採種圃ニ對シテモ補助スルノ希望ヲ附シ豫算額ヲ增額修正シ同時ニ附記ヲ削除シタルハ發案權ノ侵害アリ（昭和五、一、二一、內務省議決定）

〔行政判例〕

一　町村ニ於テ公債ヲ募集スルニハ歲計豫算ノ外特ニ起債ニ關スル決議ヲ要ス從テ町村會カ起債ニツキ町村長ノ發案ニ依ラス豫算ニ於テ之ヲ議決シタル處措ハ發案權ヲ侵害シタルモノトス（明治三五、一一、一九）

第六　町村會の定足數

【解說】　町村會は議員定數の半數以上出席するに非ざれば會議を開くことを得ない、之を「會議の定足數」と云ふのである。而して議員の定數とは町村制第十一條で定められた定數

(増員又は減員條例の設けあるときは、夫に依り定まりたる定數)であつて、此の半分以上の出席が必要である。例へば議員十八人の町村にありては議員九人以上の出席あることを要するので、町村長が招集した場合に此の定足數の集合なきときは招集に應ぜざる場合であるから、更に招集するに非ざれば開會を宣するを得ない、又開會後に於て此の定足數を闕くときは、議長は其の日の會議を開くことが出來ず又會議の中途に於て此の定數を闕ぐに至つたときは、最早や會議を繼續することは出來ないのである。

以上は通常の場合に於けることであるが、之に對し定足數を闕ぐも猶會議を開き得る特例が認められてある。即ち(1)町村會議員が自己又は父母、祖父母、妻、子孫、兄弟姉妹の一身上に關する事件につき、會議より除斥せられた爲定足數を闕ぐに至りたる場合、(2)一旦招集したる會議が定足數に達せざる爲同一事件につき再び招集したる場合に於て仍定數に達せざる場合、(3)招集に應じた後會議の當初より又は中途に於て定足數を闕ぎたる爲議長に於て出席の催告を爲し仍定足數の出席を見ざる場合、は不足の儘會議し得るのである、尤も町村會の會議に定足數の例外を認めたる場合と雖、元來會議を爲すには、議長及少くとも二人の議員の存在を必要とするを以て、之を下りたるときは合議體の本質上會議を繼續することは出來ないのである。

第四十八條　町村會ハ議員定數ノ半數以上出席スルニ非サレハ會議ヲ開クコトヲ得ス但シ第五十條ノ除斥ノ爲半數ニ滿タサルトキ、同一ノ事件ニ付招集再回ニ至ルモ仍半數ニ滿タサルトキ又ハ招集ニ應スルモ出席議員定數ヲ闕キ議長ニ於テ出席ヲ催告シ仍半數ニ滿タサルトキハ此ノ限ニ在ラス

（參照）

第五十條（「議長及議員の忌避」ノ項（第一九九頁）參照）

〔行政實例〕

一　町村會開會中豫定ノ時間ニ至リ議員ノ出席定數ニ滿タサリシヲ以テ議長ハ出席ノ議員ニ對シ流會ノ旨ヲ宣告シ出席ノ議員總テ歸宅シタリシ後定數ノ議員一時ニ出席スルコトアルモ議長ハ曩ニ流會ヲ宣告シ歸宅セシメタル議員ニ對シ開會ノ通知ヲ爲シタル上ニアラサレハ町村會ヲ開クコトヲ得サルモノトス

二　前項議長ニ於テ通知ヲ爲スヘキモノトセハ其ノ通知ヲ爲サスシテ一部議員ヲシテ開會議決セシメタ

ル議事ハ假令定足數ノ出席アリタル場合ト雖違法タルヘキモノトス

三 町村制第四十八條ニヨリ町村會ノ會議ヲ開クコトヲ得サル場合町村會議長ハ爲メニ流會ノ旨ヲ口頭ヲ以テ出席議員ニ宣告シテ可ナルモノトス

四 町村制第四十八條ニ依リ議長ニ於テ爲スヘキ出席ノ催告ハ招集ニ應シタル議員ニ之ヲ爲スヲ要スルモノトス

五 町村制第四十八條ニ依リ議長ノ爲スヘキ出席ノ催告ハ招集ニ應セサル議員ニ對シテハ之ヲ爲スヲ要セス

六 議長ニ於テ招集ニ應セサル議員ニ對シ催告ヲ爲シタリトスルモ之カ爲他ノ議員ニ對シ爲シタル催告ヲ違法視スルヲ得サルモノトス

七 議長ニ於テ爲シ得ヘキ催告ハ法律中別ニ制限ナキニ依リ一會期中必要アル於テニハ幾回之ヲ爲スモ妨ケナキモノトス

八 町村制第四十八條末段ニ依リ議長ノ爲スヘキ出席ノ催告狀ハ本人ノ住所ニ對シテ之ヲ發スルト將タ又居所ニ對シテ之ヲ發スルトハ適宜ナリト雖其ノ居所ノ明カナル場合ノ如キハ可成本人ノ居所ニ對シテ之ヲ通知スルヲ可トス又本人ノ住所ニ對シ催告狀ヲ發シタル場合ニ於テハ本人ノ知ルト否トハ固ヨリ問フ所ニアラス故ニ假ヒ本人ノ知ラサル場合ト雖催告ノ效アルハ勿論トス

町村會の定足數

九　議長カ議員ニ出席ノ催告ヲ爲シ得ルハ町村會カ招集ニ應シ理事者ニ於テ開會シタル以後ニ限ルモノニシテ町村會カ招集ニ應セサル場合ノ如キハ固ヨリ催告シ得ヘカラサルハ勿論トス

一〇　招集再回ノ末半數ニ滿タサル出席議員ニテ町村會ヲ開會セシニ議事ノ央ニ至リ招集ニ應セサリシ議員ノ全部カ辭表ヲ提出シタルトキハ町村會ハ成立セサルモノトシ直ニ散會スルノ外ナキカ故ニ會議ヲ繼續シ議決ヲ爲スヲ得サルモノトス

一一　市町村會ノ再回招集ヲ爲シタル場合ニ於テ出席議員僅ニ一名ナルトキハ會議ハ之ヲ開クコトヲ得サルモノトス

一二　市町村會再回招集ノ場合ニ於テハ出席議員數ノ制限ナシト雖二人以上ノ出席ナキトキハ會議ト謂フ能ハサルヲ以テ議長及議員二人以上出席スルニアラサレハ會議ヲ開クコト能ハサルモノトス

一三　町村ノ人口ニ著シキ增加アリタルカ爲メ府縣知事ノ許可ヲ得テ臨時ニ議員數ヲ增加シ公告ヲ爲シタルトキハ假ヒ其ノ議員ノ選擧前ナルモ舊議員定數ノ半數ニテハ會議ヲ開クコトヲ得ス

一四　再回招集ノ場合ニ於テハ議員ノ出席半數ニ滿タサルモ會議ヲ開キ得ヘキコトハ町村制第四十八條ノ定ムル所ナリト雖議員ニ定足數以上ノ闕員アリテ町村會ノ成立ヲ缺クトキハ招集ヲナスヲ得サルモノトス

一五　再回招集ノ末議員ノ出席半數ニ滿タスシテ會議ヲ開會セシニ議事ノ央ニ至リ突然半數以上ノ議員

辭表ヲ提出シタルトキハ會議ハ直ニ之ヲ閉ツルノ外ナキモノトス

一六　町村會ノ再回招集アリタル場合ニ延期ノ請求書ヲ提出シテ闕席シタル者アルモ自己ノ故障ニ依リテ出席セサルモノトシ會議ヲ開キ議決スルハ適法ナリ

一七　町村制第五十九條第二項ニ基キ會議規則ノ定ムル所ニ依リ町村會議員ノ出席ヲ停止シタルカ爲出席議員第四十八條ノ定數ヲ缺クニ至リタルトキハ會議ハ之ヲ開クコトヲ得サルモノトス

一八　市制第四十四條町村制第四十一條ノ選擧ニ付テモ出席議員ハ必ス本條ノ定足數以上タルコトヲ要ス

一九　在任議員ノ數議員定員ノ半數以上ナルトキハ市町村會ハ成立スルヲ以テ法律上會議ヲ開クコトヲ妨ケスト雖差措キ難キ要急事件ノ生シタル場合ハ格別然ラサルニ於テハ新議員ノ就職ヲ待チ會議ヲ開クヲ穩當トス

二〇　同一ノ事件ニ付招集再回ニ至ルモ出席議員定數ノ半數ニ滿タサルニ依リ市制第五十二條但書ヲ適用シテ開キタル會議ニ於テハ同一事件ニアラサルモノヲ附議スルコトヲ得ス（大正三、五、一八）

二一　町村制第四十八條但書ノ招集ニ應スルトハ町村會議員カ一旦招集ノ場所ニ出頭シタル事實アルヲ以テ足リ假令開會前ニ於テ退場スルモ招集ニ應シタルモノト解シ可然（昭和三、五、四）

二二　秋田縣知事照會（昭和三、二、八）

町村會の定足數

町村長ノ選擧ハ町村會ニ於テ發案權ヲ有スル事件ナルカ故ニ完全ニ成立シタル會議ニ於テ爲シタル町村長ノ選擧ハ有效ト認ム從テ招集ニ應スルモ出席議員定數ヲ缺キ議長ニ於テ出席ヲ催告シタルモ仍半數ニ滿タサル町村會ニ於テ告知事件以外ノ町村長ノ選擧ヲ行フモ違法ニ非スト解シ可然哉

地方局長回答（昭和三、五、四）

議員ノ出席半數ニ滿タサル場合催告前ノ日程タラサリシ町村長ノ選擧ヲ行フハ違法ナリト存ス

二三　市制第五十二條但書及町村制第四十八條但書ノ解釋ニ關スル件（昭和五、四、二八、內務省發地第四四號通牒）

市會又ハ町村會ヲ開クニ當リ應招又ハ出席議員定數ニ達セサリシ爲再回招集又ハ出席催告ヲ爲シ應招又ハ出席議員定數以上ニ達シタルニ依リ會議ヲ開キタル場合ト雖モ會議ノ中途ニ於テ出席議員定數ヲ缺クニ至リタルトキハ更ニ出席催告ヲ爲スニ非サレハ會議ヲ開クコトヲ得サルモノトス

二四　會議ノ第二日（第一日ニ於テ町村長カ町村會ヲ開會シ尙議長カ會議ヲ開閉シアルモ第二日ニ於テ議長カ會議ヲ開カントスル場合）ニ於テ會議規則ノ定ムル所ニ依リ振鈴ヲ以テ著席方ヲ報シタルモ著席議員定足數ニ達セサル爲議長ニ於テ招集ノ場所タル役場內ニ在ル議員ニ對シ著席ヲ促シタルハ町村制第四十八條但書ニ所謂出席ノ催告ト認メ得ラルヘキヤ（昭和五、四、七、山梨縣知事照會）

（答）應招議員中ノ缺席議員全員ニ對シ出席ヲ促シタルモノニ在リテハ御見込ノ通（昭和五、四、三〇

梨地局第二八號地方局長回答）

〔行政判例〕

一　再回招集ノ場合ニ於テ出席議員ノ定數ヲ闕キタルトキハ當初ヨリ定數ニ滿タサル爲ナルト中途ニシテ退場シタル者アル爲ナルトヲ問ハス會議ヲ開キ選擧ヲ執行スルヲ妨ケサルモノトス（明治二五、七、一）

二　再回ノ招集ニ係ル町村會ハ本條ニ依リテ開會スルコトヲ得（明治二七、五、一四）

三　再回招集ノ場合ニ於テ議員定數ノ半數ニ滿タサル出席員ヲ以テ賦課金額ヲ議決スルモ之ヲ違法ノ議決ナリト云フヲ得ス（同上）

四　適法ノ招集手續ヲ盡シタルモ出席議員ナキカ爲ニ町村會ヲ開會スルニ至ラサルハ町村長ノ職務怠慢ニアラス（明治三〇、五、三）

五　町村會ノ組織カ適法ニ成立セサル以上ハ其ノ會議ニ對シテハ本條但書ヲ適用スルコトヲ得ス（明治三二、六、二六）

六　町村會ノ招集再回ノ場合ニ關スル町村制第四十八條但書ノ規定ハ前條第三項本文ノ期間ニ付例外ヲ設ケタルモノニアラス（大正一一、一二、二）

七　町村制第四十八條但書ノ出席催告狀ニハ開議ノ時間ヲ記載セサルモ違法ニ非ス（昭和二、四、九）

八　町村制第五十條ニ依リ議事ニ參與スルヲ得サル議員ニ對シテハ右出席催告狀ヲ送達セサルモ違法ニ非ス（同上）

九　第一回招集ノ村會ト第二回招集ノ村會トノ會議事件カ何レモ縣税家屋税賦課額決定ノ件ナル以上右事件ニ關スル第一回村會ノ議案ノ內容ト第二回村會ノ議案ノ內容トカ多少ノ相異アルモ第二回目ノ會議ハ第一回ノ會議ト同一事件ニ付招集シタルモノナリトス（昭和三、五、一七）

一〇　町村制第四十八條但書ニ所謂「議長ニ於テ出席ヲ催告シ」云々ノ規定ハ招集ニ應シタル議員全員ニ對シテ催告ヲ爲スヲ要スル趣旨ニシテ應招議員中招集ノ場所ニ現在スル者ノミニ對シテ之ヲ爲シ仍出席議員半數ニ滿タサルニ拘ラス會議ヲ開クコトヲ許シタルモノニ非スト解スルヲ相當トス（昭和三、一二、二七）

一一　町村制第四十八條ノ議員定數中ニハ議員タル議長ヲモ算入スヘキモノトス（昭和四、六、一五）

〔訴願裁決例〕

一　議員增加ノ許可ヲ得テ公告シタル以上ハ假令其ノ選擧前ナルモ新定員ノ半數以上出席スルニアラサレハ會議ヲ開キ議決ヲ爲スコトヲ得ス（明治二五、一一、二八）

〔司法判例〕

一　村會議員カ故ラニ闕席シテ議事ニ干與セサルハ其ノ職務ニ違反スル行爲ニシテ此ノ職務違反ノ行爲

モ亦之ヲ職務ニ關スル行爲ト爲スヘキモノトス（刑事大正五年一七一八頁）

〔質疑解答〕

一　議員定數十八名ノ村ニ於テ議員九名出席シ村會ヲ開會シ議事事件中町村制第五十條ニ依リ議員二名ヲ除斥スルノ必要アル場合ト雖其ノ儘有效ニ會議ヲ繼續シ得ルモノトス

二　町村會ノ開會中議員ノ定足數ヲ缺キタルカ爲會議ヲ閉チタル後數刻ニシテ議員ノ任意ニヨリ定足數ノ出席アリタルトキハ會議ヲ開キ議事ヲ續行スルモ適法ナリヤ

（答）一旦會議ヲ閉チタル後ハ假令定足數ノ議員出席スルモ他ノ議員ニ對シ開會ノ通知ヲ爲シタル上ニ非サレハ會議ヲ開キ議事ヲ續行シ得サルモノトス

三　議員定數二十四人中十二人ハ町村會招集ノ場合出頭セシモ町村長ニ於テ開會ヲ告ケサル中（内三四人外出セルニ付現在議員七、八人）議員ニ於テ甚シク開會時刻ヲ過キタルヲ以テ流會トセラレタキ旨ヲ云ヒ置キ現在議員ハ歸宅シ流會トナレリ右ノ場合ニ於テ

（一）定數ノ半數以上ニ滿タサル理由ヲ以テ法定ノ告知期間ヲ置キ町村會ヲ再招集スヘキモノナリヤ

（二）定數ニ達スルト否トハ事實開會セサルニ於テハ判然セサルヲ以テ町村長ニ於テ開會ヲ宣セスシテ流會トセル措置ハ違法ニ非サルヤ

（三）招集ニ應ストハ招集ノ場所ニ出頭セルヲ以テ足ル義ナリヤ將又町村會ノ開會ヲ宣シタル際ニ於

テ議場ニ現存スル議員ヲ以テ招集ニ應シタルモノト云フヘキヤ尙出頭ノ有無ニ關スル識別ハ何ヲ以テ區別スヘキヤ

（答）

（一）招集ニ應シタルモノナルヲ以テ再回招集スヘキモノニアラス

（二）町村會ヲ開會スルト否トハ一ニ町村長ノ權限ニ屬スルヲ以テ假令議員定數ノ半數以上ノ應招アル場合ト雖町村長ニ於テ開會セスシテ流會ト爲スモ違法ニアラスト存ス

（三）招集ノ場所ニ出頭スルヲ以テ足ルヘク而シテ出頭セシヤ否ハ應招ノ屆出又ハ議員出席簿ノ捺印等出頭ノ事實ノ有無ニ依リ認定スルノ外ナシト存ス

第七　町村會の議決法

【解説】町村會の議事は過半數を以て決する、可否同數なるときは議長の決する所に依る之を議長の裁決權と云ふ。此處に「過半數」とは出席議員にして表決權ある者、即ち町村制

第五十條の除斥者を除きたる者の過半數を意味するのである、過半數とは半數を含まずして半數を超えたる數を謂ふのである、例へば表決權ある議員が十六人ありとせば、其の過半數は九人以上であつて、半數の八人は過半數に入らないのである。又「議事」とは議決、決定等の議事であつて選擧は含まない。選擧は總て町村制第五十一條の定むる所に依るのである。議長にして議員たるときは議長の職務を行ふに當りても、其の議員として議決に加はるの權は之を失はない、即ち可否同數の場合は議長が其の職權として、裁決權を行使するのであるが、其の場合と雖勿論議員として豫め可否の數に入ることは妨げないのである。

第四十九條 町村會ノ議事ハ過半數ヲ以テ決ス可否同數ナルトキハ議長ノ決スル所ニ依ル

2 議長ハ其ノ職務ヲ行フ場合ニ於テモ之カ爲議員トシテ議決ニ加ハルノ權ヲ失ハス

〔行政實例〕

一 町村長ノ推薦ニ依リ町村會ニ於テ助役ヲ定ムルニ當リ十二人ノ議員カ兩派ニ分レ可トスルモノト否トスルモノト同數ナル時ハ町村制第四十九條ニ所謂可否同數ナル場合ニ付議長ニ於テ何レカ一方ニ決スヘキモノトス

二　名譽職町村長ニシテ町村會議員タルモノハ議長席ニ於テ議員トシテ起立ノ數ニ加ハルコトヲ得元來議長ニ於テ議員トシテ議員權ヲ行ハントスルトキハ議長席ヲ代理者ニ讓リ議員席ニ著キ之ヲ行フハ一般ノ例ナルカ如キモ助役ノ闕ケタル町村ニシテ而モ出席議員ノ總テカ可否決ニ加ハラントスルトキノ如キハ會議規則中別ニ抵觸ノ規定ナキニ於テハ議長ハ議長席ニ於テ議員權ヲ行フコトヲ妨ケサルモノトス

三　町村制第四十九條ニハ町村會ノ議事ハ過半數ヲ以テ決ストアリ出席ノ議員ハ可否何レニカ加ハラサルヲ得サルモノトス

四　過半數トハ出席議員ノ過半數ナルカ如シト雖會議ニ出席スルモ表決權ヲ有セサル者例ヘハ市制第五十四條、町村制第五十條ノ但書ニ該當スル者ノ如キハ之ヲ除外スヘキモノトス故ヲ以テ出席議員中表決權ヲ有スル者ノ過半數ト解スヘキナリ

五　町村會議員タラサル議長ハ單ニ裁決權ヲ有スルニ止マリ可否ノ數ニ加ハルコトヲ得サルハ勿論トス

六　町村歳入出決算ノ認定ニ關スル會議ニ於テハ町村長及助役共ニ議長ノ職務ヲ行フコトヲ得サルハ法文ノ明記スル所ナルカ町村長助役カ議員ヲ兼ヌル場合ニ於テハ議事ニ參與スルコトハ差支ナキモノトス

〔行政判例〕

一 町會ニ於テ議案ニ對シ贊成及反對ノ兩說アリタル場合ニ必スシモ反對說ヨリ採決セサルヘカラサル條理ナシ（昭和二、一一、五）

【質疑解答】

一 町村會ニ出席シタル議員ハ必ス可否何レカニ加ハルコトヲ要ス從テ修正說ヲ稱ヘ否決セラレタル場合ニ於テ其ノ修正動議ヲ爲シタル議員モ原案ニ對スル可否ノ採決ニ加ハラサルヲ得サルモノトス

第八 議長及議員の忌避

【解說】 町村會の議長及議員にして町村會の議事が、自己又は父母、祖父母、妻、子孫、兄弟姉妹の一身上に關する事件なるときは、之に參與することが出來得ないのである、尤も町村會の同意を得たときは、議員として會議に出席し發言することは出來得るのである、但し如何なる場合にも表決に加はることは出來ない。
此の親族の關係は民法第七百二十五條、第七百二十七條及第七百二十八條に依り必ずしも、血族關係のみに止まらず、養父母、繼父母、養子、繼子を含むのである。「一身上に關する事件」とは自己及此等の人々に執つて個人的且直接的な利害關係を有する事項である、議長若は議員の費用辨償を定むる如きは何人と雖受くべき給與であり、其の人に關するにあらずして、其の職に關するものなるが故に之に該らない、併し自己又は自己の上記の親族と町村とが賣買の契約を爲す場合の如き、之等の者に關する異議の決定を爲す場合の如き、議員の失職の決定を爲す場合の如きは一身上に關する事項に屬すと謂ふべきものである。

第五十條　議長及議員ハ自己又ハ父母、祖父母、妻、子孫、兄弟姉妹ノ一身上ニ關スル事件ニ付テハ其ノ議事ニ參與スルコトヲ得ス但シ町村會ノ同意ヲ得タルトキハ會議ニ出席シ發言スルコトヲ得

〔行　政　實　例〕

一　市町村會議員ノ選擧ノ效力ニ關スル決定會議ハ其ノ選擧ニ依リ當選シタル市町村會議員ノ一身上ニ

關スル事件ニアラス

二　選擧ノ全部又ハ一部ニ對スル異議ハ議員ノ一身上ニ關スル事件ニアラサルヲ以テ其ノ選擧ニ當選シタル議員ト雖該異議ニ關スル議決ニ加ハルヲ妨ケス

三　町村長助役議員等ノ報酬若ハ實費額ヲ議スル事件ハ其ノ町村長助役議員等ノ一身上ニ關スル事件ニアラス

四　町村制第百二十二條第五項ニ依レハ町村長助役ハ共ニ決算ノ認定ニ關スル會議ニ於テハ議長ノ職務ヲ行フコトヲ得サルモ其ノ町村長及助役カ町村會議員ヲ兼ヌル場合ニ於テハ議員トシテ議事ニ參與スルハ法律上別ニ差支ナキモノナリ此ノ場合ハ議員ノ一身上ニ關スル事件ニ該當セサルモノナリ

五　町村會議員ハ自己ノ一身上ニ關スル事件ニ付テハ町村會ノ議事ニ參與スルコトヲ得サルハ町村制第五十條ノ定ムル所ナリ然ルニ議員ノ一人此ノ規定ニ反シ自己ノ一身上ニ關スル事件ノ議事ニ參與シタルトキハ該事件ハ假令全員一致ヲ以テ議決シタル場合ト雖法律ニ背クノ議決トシ町村長ハ再議ニ付スヘキモノナリ

六　町村會ニ於テ町村長ノ選擧ヲ行ヒタルニ其ノ最多數ノ得票者カ現在ノ町村長ニシテ町村會議員ヲ兼ヌル者ナルトキト雖町村制第五十條ハ議事ニ關シ適用スヘキ規定ニ付本件ノ如キ選擧ノ場合ニ在リテハ之ヲ適用スルヲ得サルナリ

議長及議員の忌避

七 町村制第六十七條（第一〇三頁）ノ行政實例「**四**」「**六**」「**七**」「**八**」「**九**」「**一〇**」參照

〔行　政　判　例〕

一 村長カ四名ニ對スル議員失格ノ議決案ヲ提出スルニ際シ同一性質ナルニ依リ之ヲ一案トナシタルハ舊町村制第六十八條ニ依リ其ノ職權ニ屬スヘキモ該案ハ四名各自ノ身上ニ關スル四箇ノ事件ヲ包含スルヲ以テ其ノ議決ニ付テハ各事件毎ニ其ノ身上ニ關係アル者ヲ除外シ他三名ハ當然議事ニ參與セシムヘキハ舊制第四十五條ニ依リ明カナレハ不可分的ニ四名ヲ排除シ議決シタルハ其ノ方法ニ於テ違法タルヲ免レス（明治四四、七、四）

二 議員カ自己ノ一身上ノ事件ニ付表決ニ加ハリタル場合ニ於テモ其ノ投票ヲ控除シテ尙決議ノ結果ニ影響ヲ及ホサヽルトキハ村會ノ決議ハ有效ナリ（大正一一、二、一六）

三 村會ニ於ケル村長ノ選擧ハ議員ノ一身ニ關スル事件ニ非ス（昭和二、一、五）

四 村會ニ於テ議決シタル縣稅家屋稅賦課額議案カ家屋所有者全部ニ對スル賦課額ヲ一括シテ議決シ特ニ議長又ハ議員自身ノ分ヲ修正議決シタルニ非サル場合ニハ該議案中議長又ハ議員自身ニ對スル分アルモ右ノ議事ハ町村制第五十條ニ所謂自己ノ一身上ニ關スル事件ト謂フヲ得ス（昭和三、五、一七）

五 町村制第六十七條（第一〇三頁）ノ行政判例「**一**」乃至「**四**」參照

〔司法判例〕

一　民法施行ノ前後ヲ問ハス實親子以外ニ於テ親子間ニ於ケルト同一ノ親族關係ヲ生スルハ養親ト養子、繼父母ト繼子、及嫡母ト庶子トノ間ノミナリトス（民事大正四年五七〇頁）

二　民法施行以前ニ於テモ養子ハ養親及其ノ血族トノ間ニ養子縁組ノ日ヨリ血族間ニ於ケルト同一ノ親族關係ヲ生シタルモノトス（同上）

三　養子ノ卑屬親ト養親ノ親族トノ間ニ於ケル親等ノ計算ハ養子ノ離縁ニ因リ又ハ養親ノ親族關係ノ發生カ養子離縁ノ時ヨリ前ナルト後ナルトニ因リ何等影響ヲ受クヘキモノニアラス（同上）

〔質疑解答〕

一　一村ノ爲盡瘁セル一議員ニ慰勞金ヲ贈與セントシ右慰勞金ヲ豫算ニ計上シタルトキハ右議員ハ該豫算ノ議決ニ加ハルコトヲ得サルヤ又慰勞金計上ノ款項ノミニ止ムヘキヤ

（答）豫算ノ形式等ニ依リ特定議員ノ慰勞金ナル事實明瞭ナル場合ハ一身上ニ關スル事件トシテ除斥セラルヘク而シテ其ノ除斥ノ範圍ニ付テハ豫算ヲ一括シテ附議スル場合ハ其ノ全部、款毎ニ區分付議スル場合ハ當該款ノミニ止マルモノト存ス

議長及議員の忌避

二　村醫ニシテ村會議員ヲ兼ネ又消防組頭ニシテ議員ヲ兼ネ居ル場合村醫ノ報酬、組頭ノ手當ヲ計上セル豫算ヲ議決スル場合ハ一身上ニ關スル事件トシテ退席スヘキモノニ非スト思考スルモ如何

（答）見込ノ通ト存ス

三　戸數割賦課ニ關スル資力算定ノ議案ノ議事ニ付テハ一般的ニハ議員ノ一身上ニ關スル議件トシテ除席スルノ必要ナキモ若シモ議員何某ノ分ニ付修正ノ問題生スルトキハ其ノ修正ニ關シテハ一身上ノ議件トシテ除席セシムヘキモノトス

四　當選無效ニ關スル異議ノ決定ヲ爲ス村會ニ於テハ之ニ關係アル議員ハ町村制第五十條ニ所謂「一身上ニ關スル事件」ニ該當シ退席スヘキモノナリ

第九　町村會に於ける選擧の手續

解説　町村會に於て行ふ選擧の方法は、昭和四年の改正に方り根本的に改められた事項である。

改正後の選擧方法は、總て同一種類の選擧なるときは二人以上の當選者を定むる場合と雖、之を一回の選擧を以て行ふことゝして居る、投票は一人一票に限り單記とし、且選擧人自己の氏名を記することは許さない所謂秘密投票主義に依るのである、投票に關しては點字投票を認め、投票用紙は議長の定むる所に依り一定の式を用ふべきものとせられて居る、投票の效力については町村會議員選擧に於て無效とせる投票は總て無效とし、投票の效力に關し異議あるときは町村會之を決定することゝして居る、この點は町村會議員選擧の場合に於て選擧立會人の意見を聽き、選擧長之を決定するのと方法を異にする、當選者は有效投票の最多數を得たる者を以て順次に定むるのであるが、之には町村會議員選擧の法定得票數及得票同數者に關する規定が準用せられる、即ち有效投票の總數を除して得たる數の六分の一以上の得票ある者に非ざれば之を當選者とすることは出來ない又同數の得票者ありたる場合は年長者を以て當選者とし、年齢同じきときは抽籤を以て當選者を定むべきである。

選擧は投票を以て行ふのが原則であるが、事の簡便を期する爲特に指名推選の方法を用ふることが出來る、而して指名推選の方法を用ふるのは、之に關し議員中に異議なきときに限られて居つて、出席議員中一人にても異議あるときは、此の方法を用ふることは出來ないのである。

指名推選の法に依る場合は左の如く三段の手續を經ることを要する。

一　指名推選の法に依るや否を會議に諮り全員の同意を得る
二　議長又は議員が口頭を以て「何某を」指名する
三　斯くして指名せられた何某を當選者と定むるや否を更に會議に諮ひ出席議員全員の同意を得たる者を當選者とする

一の選擧を以て二人以上を選擧する場合に於ては被指名者を區分して同意を表することを許されないのであつて、必ず同時に全部の被指名者につき可否を決せねばならぬ。

以上の方法は法律勅令に依り行ふ選擧に對する規定なるを以て、町村會が會議規則等に於て設けたる委員を選ぶが如き法律勅令に依らざる選擧については、町村會の定むる便宜の方法に依り之を行ふて差支ないものである。

第五十一條 法律勅令ニ依リ町村會ニ於テ行フ選擧ニ付テハ第二十二條、第二十五條及第二十七條ノ規定ヲ準用ス其ノ投票ノ效力ニ關シ異議アルトキハ町村會之ヲ決定ス

2 町村會ハ議員中異議ナキトキハ前項ノ選擧ニ付指名推選ノ法ヲ用フルコトヲ得

3 指名推選ノ法ヲ用フル場合ニ於テハ被指名者ヲ以テ當選者ト定ムベキヤ否ヲ會議ニ付シ議員全員ノ同意ヲ得タル者ヲ以テ當選者トス

4 一ノ選擧ヲ以テ二人以上ヲ選擧スル場合ニ於テハ被指名者ヲ區分シテ前項ノ規定ヲ適用スルコトヲ得ズ

（參照）

第二十二條 選擧ハ無記名投票ヲ以テ之ヲ行フ

2 投票ハ一人一票ニ限ル

3 選擧人ハ選擧ノ當日投票時間内ニ自ラ選擧會場ニ到リ選擧人名簿又ハ其ノ抄本ノ對照ヲ經テ投票ヲ爲スヘシ

4 投票時間内ニ選擧會場ニ入リタル選擧人ハ其ノ時間ヲ過クルモ投票ヲ爲スコトヲ得

5 選擧人ハ選擧會場ニ於テ投票用紙ニ自ラ被選擧人一人ノ氏名ヲ記載シテ投函スヘシ

6 投票ニ關スル記載ニ付テハ勅令ヲ以テ定ムル點字ハ之ヲ文字ト看做ス
7 自ラ被選擧人ノ氏名ヲ書スルコト能ハサル者ハ投票ヲ爲スコトヲ得ス
8 投票用紙ハ町村長ノ定ムル所ニ依リ一定ノ式ヲ用ウヘシ
9 投票分會ニ於テ爲シタル投票ハ投票分會長少クトモ一人ノ投票立會人ト共ニ投票函ノ儘之ヲ選擧長ニ送致スヘシ

第二十五條　左ノ投票ハ之ヲ無效トス
一　成規ノ用紙ヲ用ヰサルモノ
二　現ニ町村會議員ノ職ニ在ル者ノ氏名ヲ記載シタルモノ
三　一投票中二人以上ノ被選擧人ノ氏名ヲ記載シタルモノ
四　被選擧人ノ何人タルカヲ確認シ難キモノ
五　被選擧權ナキ者ノ氏名ヲ記載シタルモノ
六　被選擧人ノ氏名ノ外他事ヲ記入シタルモノ但シ爵位職業身分住所又ハ敬稱ノ類ヲ記入シタルモノハ此ノ限ニ在ラス
七　被選擧人ノ氏名ヲ自書セサルモノ

第二十七條　町村會議員ノ選擧ハ有效投票ノ最多數ヲ得タル者ヲ以テ當選者トス但シ議員ノ定數ヲ以テ有效投票ノ總數ヲ除シテ得タル數ノ六分ノ一以上ノ得票アルコトヲ要ス
2 前項ノ規定ニ依リ當選者ヲ定ムルニ當リ得票ノ數同シキトキハ年長者ヲ取リ年齢同シキトキハ選擧長抽籤シテ之ヲ定ムヘシ

〔行政實例〕

一　市町村會ニ於ケル選擧投票ノ效力ハ市町村會自ラ之ヲ決定スヘキモノトス

二　法律勅令ノ規定ニ基キ市町村會ニ於テ行フ選擧ニハ選擧立會人ヲ設クルヲ要セス但シ便宜上ノ處置トシテ一種ノ立會人ナルモノヲ設クルハ別ニ妨ケナシト雖是レ固ヨリ便宜ノ處置ニ屬シ法律ノ認ムルモノニ非サルニ依リ其ノ立會人ナルモノハ何等ノ權限ヲ有スルモノニ非ス從テ投票效力ノ如キ其ノ立會人ヲシテ決定セシムヘキ限ニ在ラス

三　市町村會ニ於テ會議ノ便宜上ヨリ設クル調査委員ノ選擧ノ如キハ法律勅令ノ規定ニ依リ行フ選擧ニ非サルヲ以テ本條ノ規定ニ依ルコトヲ要セス

四　町村長選擧ニ際シ町村會ニ於テ議員中ヨリ詮衡委員ヲ擧ケ之ヲシテ町村長ヲ選定セシムルハ法律上別ニ差支ナキモ詮衡委員ノ選定シタル者ハ町村會ノ選擧シタル者ト認ムルヲ得サルヲ以テ更ニ町村

町村會に於ける選擧の手續

會ニ於テ選擧スヘキモノナリ

五　出席議員半數ニ滿タスシテ本條ノ選擧ヲ行ヒタルトキハ當然無效ニ歸スルヲ以テ更ニ選擧ヲ行フヘキモノトス

六　町村長ノ選擧投票ヲ爲ス場合ニ於テ其ノ候補者議員ナルモ町村制第五十條ニ依リ忌避スルヲ要セス

七　自己ニ爲シタル投票モ有效ナリトス

八　本條ニ依リ市會ノ爲シタル投票效力決定ニ付テハ訴願訴訟ヲ提起スルコトヲ得サルモノトス

九　本條ニ關スル異議ハ一般異議ト異リ議長ニ於テ投票ノ效力ヲ認定シタル際之カ申立ヲナスコトヲ要スヘキモノトス

一〇　選擧ノ投票ハ議長ニ於テ相當ノ期間適宜之ヲ保管スルコトヲ要ス

一一　法律勅令ノ規定ニ依リ町村會ニ於テ行フ選擧ニ用フヘキ投票用紙ノ式ハ町村會議長ニ於テ定ムヘキモノトス（大正一五年九月内務省議決定）

一二　（問）指名推選ノ方法ヲ用ヰタル場合被指名者ヲ以テ當選者ト定ムルヤ否ヤニ付テハ被指名者カ出席議員ナル場合ニ於テモ猶ホ其ノ本人ノ同意（就職同意ト異ル）ヲ必要トスルヤ（福井縣）
（答）指名推選ノ法ヲ用ヒタル場合出席議員ヲ被指名者トシ之ヲ當選者ト定ムルニ付テハ本人ノ同意ヲモ要スルモノトス（昭和四年九月内務省決定）

一三　（問）市制第五十五條町村制第五十一條ハ選擧スヘキ員數二人以上ナル場合ニ於テモ選擧セラルヘキモノ、種類同一ナルニ於テハ一ノ選擧ニ依リ之ヲ行フヘキ樣改正セラレタルヲ以テ議員全部ノ同意ヲ得テ一部ヲ指名推選ノ法ニ依リ一部ヲ投票ニ依リ爲シタル選擧ハ違法ナル選擧トシテ之ヲ處置スヘキモノナリヤ（高知縣）

（答）御見込ノ通ト存ス（昭和四年九月内務省決定）

一四　（問）改正府縣制市制及町村制ニ依ル指名推選ノ場合被指名者ヲ以テ當選者ト定ムヘキヤ否ヤヲ會議ニ付シ議員全員ノ同意ヲ得サル場合ハ右方法ヲ何回ニテモ繰返シ得ルヤ尙又指名推選ノ方法ニ依ルモ到底當選者ヲ得ル見込ナク其方法ヲ變更シ原則的ニ投票ヲ行ハントスル場合ハ選擧方法ノ變更ニ付議會ニ諮リ多數決ニ依リ可然哉（德島縣）

（答）指名推選ノ法ニ依リ當選者ヲ得サル場合ハ一般選擧ノ方法ニ依ルヘキモノナルモ更ニ指名推選ノ方法ヲ繰返スト否トハ議會ノ意思ニ依ルヘキモノトス（昭和五年二月内務省決定）

一五　府縣制第五十五條ニ依ル一ノ選擧ニ於テ行フ指名推選ノ方法ハ假令都市計畫地方委員會委員又ハ參事會員等ノ如ク同種ノモノヽミニ付行フヲ要スルヤ從テ議長及副議長又ハ參事會員及同補充員ノ如キ全然同一ノモノニアラサルモ多少類似セルモノニ付テモ同時ニ指名推選ノ方法ニ依リ選擧セル場合ハ法令ニ背クモノト解シ取消サヽルヘカラサルヤ

（答）御見込ノ通、尤モ特別ノ事由ナキ限リハ直ニ取消ヲ爲サス再選擧ヲ行ハシムヘキモノトス（昭和四年九月内務省決定）

（參考）府縣制ニ關スル實例ナルモ町村制第五十一條ノ選擧ニ付テモ同一ニ解シ得ルモノト認ム

【行政判例】

一　本條ノ選擧ニハ行政訴訟ヲ許セル法ナシ（明治三二、一二、二五）

二　町村制第五十一條第三項ニ依ル指名推選モ亦選擧ノ一方法ナルヲ以テ議決ニ關スル第四十九條ノ規定ヲ適用スヘキモノニ非ス（大正一一、七、二七）

三　無記名投票ニ依ル町村會議員選擧ノ投票效力ニ關シ規定シタル町村制第二十五條ニ於テ選擧人カ自己ヲ被選擧人トシテ記載シタル投票ヲ無效ト爲サヽルニ鑑ミレハ無記名投票ニ依ル村長選擧ニ於テモ右ノ如キ投票ハ之ヲ無效ト爲サヽルノ法意ナリト解スルヲ相當トス（昭和二、二、五）

【質疑解答】

一　法律勅令ニ基キ町村會ニ於テ選擧スヘキモノハ町村長、臨時出納檢査立會人等ニシテ助役收入役副收入役（以上各町村長職ニ在ラサルトキヲ除ク）區長及委員等ハ何レモ町村長ノ推薦ニ依リ町村會カ定ムヘキモノナルヲ以テ町村制第五十一條ヲ適用シ選擧スル能ハサルモノトス

二　町村會ニ於テ行フヘキ選擧ノ議案ハ町村長ヨリ發案スヘキモノナリヤ將又議長ノ資格ニ於テ爲スヘ

キモノナリヤ

（答）選擧ニ付テハ議案ノ提出ヲ要セサルモ町村長ハ議長ニ對シ選擧ノ執行ヲ要求スルハ妨ケナシト存ス

三　町村長ニ闕員アル町村ニ於テ十八名ノ定數中十名出席シ適法ニ成立セル會議中ニ町村制第五十三條ノ二ニ依リ村長選擧ノ件ヲ發案シタル場合闕席議員ハ當該事件ヲ知悉セサルモ直ニ選擧ヲ行ヒ差支ナキヤ

（答）町村會ニ於ケル選擧ニ付テハ發案ノ事實ヲ生セサルモ右ハ議員ノ動議等ニ基キ町村會ハ直ニ選擧ヲ行フモ何等差支ナシト存ス

四　指名推選ノ方法ヲ用ユル場合ニ於テハ指名アリタル後ニ於テ被指名者ヲ以テ當選者ト定ムヘキヤ否ヲ會議ニ付シ全員ノ同意ヲ得タル者ヲ以テ當選者トスヘキモノニシテ豫メ指名者ノ指名ニ同意スル旨ノ事前決議ハ之ヲ認メサル趣旨ナリ

五　町村會ニ於テ町村長ノ選擧ヲ行フニ方リ投票ヲ終リ投票效力ノ決定ヲ爲サントスルニ際シ偶々出席シタル議員アリ右議員（投票ニ參與セサリシ者）ハ投票ノ效力ニ關シ異議ヲ申立ツル權能アリヤ

（答）異議ノ申立ヲ爲シ得ルモノト存ス

六　町村會ニ於テ調査委員其ノ他ノ委員（町村制第六十九條ニ依ラサルモノ）ヲ選擧スル場合ハ必スシ

町村會に於ける選擧の手續

モ本條ニ依ルヲ要セス、會議規則ニ規定スル所ニ從ヒ適宜選擧スヘキモノトス

第十　町村會の公開及傍聽禁止

解説　町村會の會議は町村の公益に關し町村の住民にとつて密接なる關係あるが故に之を公開することゝしてある、併し公開の原則を終始一貫するときは、却て公の秩序を保持し公益を增進する上に支障ある場合がないとも限らないので、議長の意見を以て又は議員二人以上の發議に依り議決を以て、傍聽禁止を爲し得ることゝして居る、但し町村會議長及其の代理者を議員中より選擧することゝせる町村會に於ては、市制の規定を準用し⑴町村長より傍聽禁止の要求を受けたるとき、⑵議長又は議員三人以上の發議に依り傍聽禁止を可決したるときは、傍聽を禁止することゝなつて居る、而して議長及議員の發議は何れの場合でも討論を須ゐず、直に可否を會議に諮り過半數を以て之を決するのである。

傍聴禁止は一般傍聴人に對する制限であつて、議事に關係ある官吏吏員が職務上議場に出入するのまでも拘束するものでないことは勿論である。

第五十二條 町村會ノ會議ハ公開ス但シ左ノ場合ハ此ノ限ニ在ラス
一 議長ノ意見ヲ以テ傍聴ヲ禁止シタルトキ
二 議員二人以上ノ發議ニ依リ傍聴禁止ヲ可決シタルトキ
2 前項議員ノ發議ハ討論ヲ須キス其ノ可否ヲ決スヘシ
3 第四十五條第三項ノ町村ニ於ケル町村會ノ會議ニ付テハ前二項ノ規定ニ拘ラス市制第五十六條ノ規定ヲ準用ス

（參照）
第四十五條第三項 （「町村會の議長」ノ項（第一五〇頁）參照）
市制第五十六條 市會ノ會議ハ公開ス但シ左ノ場合ハ此ノ限ニ在ラス
一 市長ヨリ傍聴禁止ノ要求ヲ受ケタルトキ
二 議長又ハ議員三人以上ノ發議ニ依リ傍聴禁止ヲ可決シタルトキ

2前項議長又ハ議員ノ發議ハ討論ヲ須キス其ノ可否ヲ決スヘシ

〔行政實例〕

一　市町村會ノ傍聽ヲ禁セシ塲合ト雖監督官吏ハ臨塲スルコトヲ得ルモノトス

第十一　町村會議員の職責及言論の制限

解說　町村會議員は選擧人の指示又は委囑を受けてはならない、選出せらるゝ時こそ選擧人の意思に依つたとしても、既に議員となつた以上町村民全體の代表であつて、決して特定の代理人ではない、公明正大に獨自の判斷を以て其の公務に力を竭さねばならぬ、之は當然の事柄ではあるが法律は明文を以て其の職責を明にして居る。又會議中に於て無禮の語を用ひ、或は他人の一身上に涉つて言論するが如きは之を禁止し、以て議論の公正を期すると共に議員の品位を保持せしむることゝして居る。

第五十四條 議員ハ選擧人ノ指示又ハ委囑ヲ受クヘカラス
2議員ハ會議中無禮ノ語ヲ用ヰ又ハ他人ノ身上ニ渉リ言論スルコトヲ得ス

第十二

會議の秩序保持

解說 町村會の秩序保持は議長の權限であつて、會議中町村制又は會議規則に違ひ、其の他議場の秩序を紊る議員あるときは、議長は之を制止し又は發言を取消さしめ、命に從はざるときは當日の會議を終る迄、發言を禁止し又は議場外に退去せしめ、必要あるときは警察官吏の處分を求むることを得る、又議場の整理困難なるときは、當日の會議を中止し又は之を閉づることが出來る(町村制第五十五條)。
傍聽人公然可否を表し又は喧騷に渉り、其の他會議の妨害を爲すときは、議長は之を制止し命に從はざるときは其の傍聽人を退場せしめ、又傍聽席騷擾なるときは、總ての傍聽人を退場せしめ、且必要ある場合には警察官吏の處分を求めることが出來るのである（町村制第五十六條）。

第五十五條　會議中本法又ハ會議規則ニ違ヒ其ノ他議場ノ秩序ヲ紊ス議員アルトキハ議長ハ之ヲ制止シ又ハ發言ヲ取消サシメ命ニ從ハサルトキハ當日ノ會議ヲ終ル迄發言ヲ禁止シ又ハ議場外ニ退去セシメ必要アル場合ニ於テハ警察官吏ノ處分ヲ求ムルコトヲ得

2　議場騷擾ニシテ整理シ難キトキハ議長ハ當日ノ會議ヲ中止シ又ハ之ヲ閉ツルコトヲ得

〔行政實例〕

一　本條ニ依リ議長ヨリ發言ヲ禁止セラレタル議員ト雖裁決ノ際起立ヲ爲シ又ハ投票ヲ行フハ妨ケナシ

二　冗長ノ發言ヲ制止スルノ權ヲ議長ニ附與スルハ會議規則ニ規定スルコトヲ得ヘク尙其ノ制止ニ從ハス暴行ニ渉ルトキハ議長ハ之ヲ議場外ニ退去セシムルコトヲ得ルモノトス

三　會議中市制町村制若クハ會議規則ニ違ヒ其ノ他議場ノ秩序ヲ紊ル議員アルモ議長ニ於テ直チニ當日ノ會議ヲ終ルマテ其ノ議員ノ發言ヲ禁止シ又ハ議場外ニ退去セシムルコトヲ得ス其ノ發言ヲ禁止シ又ハ議場外ニ退去セシムルコトヲ得ルハ議長ニ於テ制止シ若ハ發言ヲ取消サシメントスルモ尙ホ其

ノ命ニ從ハサル場合ニ限ルモノトス

四　町村制第五十五條ニ依リ議長ノ要求ヲ受ケタル警察官ハ必ス其ノ要求ニ應セサルヘカラサルモノニアラス警察官ニ於テ議長ノ要求不法ナリト認ムルトキハ之ニ應セサルヲ得ルモノトス

第五十六條　傍聽人公然可否ヲ表シ又ハ喧騷ニ渉リ其ノ他會議ノ妨害ヲ爲ストキハ議長ハ之ヲ制止シ命ニ從ハサルトキハ之ヲ退場セシメ必要アル場合ニ於テハ警察官吏ノ處分ヲ求ムルコトヲ得

2 傍聽席騷擾ナルトキハ議長ハ總テノ傍聽人ヲ退場セシメ必要アル場合ニ於テハ警察官吏ノ處分ヲ求ムルコトヲ得

第十三　町村會の書記

解說　町村會に書記を置き議長に隸屬せしめ、庶務を處理せしむる。書記は議長に於て之を任免するものである、書記は町村吏員ではない、從て給料給與に付町村有給吏員に關する規定は、直接に適用せられない、それ等は總て議長に於て適宜定むべきものである、但し給料給與は總て町村費を以て支辨すべきことは當然である。書記は常時的に之を置くと臨時之を任命するとは何れにても宜しい。

第五十七條　町村會ニ書記ヲ置キ議長ニ隷屬シテ庶務ヲ處理セシム

2 書記ハ議長之ヲ任免ス

〔行政實例〕

一　議長ニ於テ市吏員中ニ就キ書記ヲ命セントスルトキハ豫メ市長ニ照會シ其ノ承諾ヲ得ルカ又ハ其ノ書記ニ任命セラルヘキ吏員ヨリ豫メ市長ノ許可ヲ受クルコトヲ要ス

二　市町村會書記ハ議長ノ任命スル處ニ係リ凡專ラ議長ニ隷屬スルモノナルヲ以テ市制第十八條、町村制第十五條ノ市町村ノ有給吏員ニ非ス

三　市町村會ノ書記ハ之ヲ常置ノモノト爲スト又ハ會議ノ都度臨時之ヲ命ストハ一ニ議長ノ見込ニ依ル

四　市町村會ノ書記ハ市町村會組織ノ一部ヲ構成スルモノナルヲ以テ市町村會ノ解散ニ依リ當然解職ス

第十四

町村會の會議錄

解說 町村會には會議錄の調製を要する、會議錄は書記をして調製せしめ、會議の顚末及出席議員の氏名を記載すべきものである。會議錄は會議の狀況を證明する大切なる資料なるを以て、之が記載は事實と相違なきを要することは勿論である。會議錄には議長及議員二人以上之に署名することを要し、此の署名議員は町村會に於て之を定むべきものである。而して會議規則に於て議長に於て指名する旨規定し、議長限り之を定むるは町村會に於て定めたものと謂ひ得ないものであると思ふ。

署名は署名者自身に之を書すべく他人をして代書せしむべきものではない。

町村會の選擧に依る議長及其の代理者を置きたる町村會に於ては、議長は會議錄を添へ會議の結果を町村長に報告せねばならない、之は每會期必ず之を爲さねばならぬものである。

第五十八條　議長ハ書記ヲシテ會議錄ヲ調製シ會議ノ顚末及出席議員ノ氏名ヲ記載セシムヘシ

2　會議錄ハ議長及議員二人以上之ニ署名スルコトヲ要ス其ノ議員ハ町村會ニ於テ之ヲ定ムヘシ

3　第四十五條第三項ノ町村ニ於ケル町村會ノ會議ニ付テハ市制第六十二條第三項ノ規定ヲ準用ス

（參照）

第四十五條第三項　（「町村會の議長」ノ項（第一五〇頁）參照）

市制第六十二條第三項　議長ハ會議錄ヲ添ヘ會議ノ結果ヲ市長ニ報告スヘシ

〔行　政　實　例〕

一　市町村會ニ於テ定ムヘキ會議錄署名議員ハ毎日之ヲ定ムルト又ハ毎會期之ヲ定ムルトハ市町村會ノ適宜ニ定メ得ルモノトス

二　會議錄ハ會議ノ都度之ヲ調製スヘキハ勿論ナルヲ以テ次回ノ會議ニ於テ議員ヲシテ署名ヲ爲サシムルカ如キハ本條ノ規定ニ違フト雖是レ單ニ議事ヲ證明スヘキ書類ニ瑕瑾アルニ止マリ議決ノ效力ニ付テハ何等影響ヲ及ホスモノニ非ス

〔行政判例〕

一　訴願ノ裁決ニ係ル村會議事錄ヲ見ルニ調査委員ノ報告ヲ記載セス又村會議決ノ景況ヲ記シタルモノナキモ其ノ手續ノ如キハ法律上別段ノ規定ナキモノナルヲ以テ選擧ノ結果ニ影響ヲ及ホスヘキモノニアラス（明治二六、一二、一六）

二　村會ノ會議ハ二說ニ岐レ可否同數ナリシニ議長ニ於テ之ヲ再議ニ付セス直ニ原案可決ノ宣告ヲ爲シタルハ違法ナリト云フト雖議員過半數ノ起立ヲ以テ原案ヲ可決シタルコト議事錄ニ徵シ明瞭ナレハ該議決ヲ違法ナリト云フコトヲ得ス（明治三〇、三、六）

三　村稅賦課ニ關スル村會議決ノ方式ハ其ノ議事錄ニ徵シテ正當ナルトキハ之ヲ違法ト謂フヲ得ス（明治三〇、三、一六）

四　町村會議事錄ノ署名者ヨリ取消ノ申出アリタルニ拘ラス之ヲ取消サスシテ其ノ儘監督官廳ニ提出シタルハ不當ノ處置ナリトス（明治三一、一一、二八）

五　村會ノ會議錄ニ於ケル議長ノ署名カ自署ニ非サルモ其ノ會議錄ハ之カ爲ニ證據力ヲ失フモノニ非ス（昭和二、五、二六）

六　町村會ノ會議錄ハ縱令議員ノ署名ヲ缺クモ之カ爲會議錄タルノ效力ナシト謂フコトヲ得ス又町村會會議ノ顚末ニ關スル證明形式ハ會議錄ノミニ限ルモノニ非ス（昭和二、六、一六）

〔訴願裁決例〕

一　村組合會議事錄ノ不備不當ナルノ故ヲ以テ直ニ議決ヲ違法ナリト云フヲ得ス（明治三六、三、一九）

〔司法判例〕

一　村會ノ議決書ハ公文書ナルカ故ニ對手人ニ於テ僞造若ハ變造ナリトシテ其ノ眞否確定ノ申立ヲ爲サス從テ裁判所カ之ヲ僞造若ハ變造ナリト認メサリシトキハ其ノ議決書ニ記載ノ事實ハ眞正ノ事實ナリト爲サヽルヘカラス（民事明治二七、四、二一）

二　村會ノ議事錄ハ村長ノ管掌ニ係ル公文書ナリ（同上明治三三年八頁）

三　町村會ノ議事錄ハ村長助役兩名ノ管掌ニ係ル文書ナリ（同上六五頁）

四　舊町村制第四十九條ハ町村會議事錄ニ署名スル議長及議員ヲ以テ其ノ作成者トナス法意ナリ（同上明治四三年九九五頁）

五　議長及二名以上ノ議員カ會議錄ニ署名スルハ會議錄ノ內容ノ眞正ヲ確保スルノ旨趣ニシテ會議錄ノ作成ハ此ノ署名ヲ俟テ完了スルモノト認ムヘキモノナルカ故ニ議長及署名議員モ亦會議錄作成者トシテノ職務ヲ有スルモノト解スルヲ相當トス（同上大正六、六、六）

六　町村制第五十八條ノ規定ニ依レハ町村會會議錄ハ議長ノ命ニ依リ書記ノ調製スルモノナルモ其ノ作成ハ議長及二人以上ノ議員之ニ署名スルヲ待テ完了スルモノト認ムヘキモノナレハ議長及署名議員

ハ共ハ會議錄作成者タル議務ヲ有スルモノト解スルヲ正當ナリトス（同上大正九、七、八）

【質疑解答】

一 「會議錄署名議員ハ三名トシ毎會議ニ於テ議長之ヲ指名ス」ト會議規則ニ規定シ、議長ニ於テ指名スルハ町村制第五十八條第二項ニ違反ストノ說アリ如何

（答）會議錄署名議員ヲ町村會ノ議決ニ依リ定メタル會議規則ニ基キ議長ニ於テ毎會指名スルモノト雖、議長カ指名シテ定メタルニ過キスシテ之ヲ以テ町村會カ定メタルモノトハ謂フヲ得サルヲ以テ毎會會議ニ於テ之ヲ定ムルノ方法ヲ執ルヲ要スルモノト存ス

二 會議錄署名者中會議錄ニ記載アル事實ヲ否認シ之カ署名ヲ拒ミタルトキハ、其ノ事由ヲ附箋シ其ノ儘差置クノ外ナシ、而シテ其ノ會議錄ハ違式ノモノナルヲ以テ他日證據ト爲スカ如キ場合ニ於テ多少其ノ證據力薄弱ナルヲ免レサルヘキモ、全然會議錄タルノ效力ナキモノト謂フヲ得サルヘシト信ス

第十五　町村會の會議規則及傍聽人取締規則

解說　町村會は會議規則及傍聽人取締規則を設けねばならぬ、會議規則は會議に關する手續、議員の行爲、會議の順序、採決の方法其の他會議の法則を定むるのである。會議規則には町村制及會議規則に違反した議員に對し、五日以內出席を停止し得るの規定を設くることを得る。此の制裁は其の會期中の行爲に對し、其の會期中に於て課し得るに止まり、現會期中の非行に對し、次の會期に於て制裁を課することは法の豫想せざる所である。町村會の會議は之を公開する爲、傍聽人が出入する、之に對し一定の心得を定め、會議の進行を阻害すること無からしむる爲、傍聽人取締規則を制定せしむることゝしてある、傍聽人取締規則には傍聽人を議場外に退出せしめ得ること以上の制裁を付することを得ない。

會議規則及傍聽人取締規則の發案權は町村會自體に存し、町村長に存しない。

第五十九條 町村會ハ會議規則及傍聽人取締規則ヲ設クヘシ

2 會議規則ニハ本法及會議規則ニ違反シタル議員ニ對シ町村會ノ議決ニ依リ五日以内出席ヲ停止スル規定ヲ設クルコトヲ得

〔行政實例〕

一 町村制第五十九條第二項ニ依リ議員ノ出席ヲ停止シタル爲第四十八條ニ所謂議員定數半數以上ノ出席ヲ缺キタルトキハ會議ハ之ヲ開クコトヲ得サルモノトス

二 市町村會ハ議會内部ニ於ケル議事ノ便宜上ヨリシテ會議規則中小會議又ハ委員ヲ置クノ規定ヲ設クルモ法律上別ニ妨ケナシトス

三 町村ノ會議規則ヲ以テ町村會開會ノ期日ヲ限定スルコトヲ得ス

四 町村會議規則中會議ノ議決ハ總テ一讀會二讀會三讀會ヲ經テ確定議ト爲ス旨規定アル場合町村會カ町村ノ公益ニ關スル意見書議決ノ場合ニ於テモ會議規則ノ定ムル所ニ依リ會議ノ議決ヲ經ヘキモノナリ

五 町村會議規則ノ定ムル所ニ依リ町村會ノ議決ヲ經テ五日以内出席ノ停止ヲ爲スヘキ場合ハ其ノ五日

ハ必ラス引續キ停止スルヲ要シ例ヘハ十日間隔日ニ停止スルカ如キハ違法ナリ

六　町村會ノ議決ヲ以テ議員ニ對シ五日間ノ出席停止ヲ爲シタル後二日目ニ町村會ヲ閉チタルトキト雖殘停止期間ハ次會ノ會議ニ引續クモノニアラス

七　町村會議規則中議事ハ三讀會ヲ經テ確定議トスル旨規定シアルニ拘ラス町村ノ收支豫算議決ノ際議長代理者ニ於テ單ニ一讀會ヲ經タルノミノモノヲ誤テ確定議ヲ經タルモノトシ次テ町村長代理者トシテ町村會ヲ閉會シタルトキハ町村長ハ更ニ町村會ヲ招集シ該議案ヲ討議スルノ外ナキモ此ノ如キ場合ニ於テハ議事ハ第二讀會ヨリナスヘキニアラス第一讀會ヨリ更ニナスヘキモノナリ

八　市町村會カ議スヘキ議案ハ市町村長ニ於テ發案スルヲ常例ト爲スモ會議規則及傍聽人取締規則ノ如キハ其ノ變例ニ屬シ市町村會自ラ發案議決スヘキモノナリ

九　町村會議規則ハ町村長ニ於テ發案スヘキモノニアラス但シ町村長ニ於テ町村會議長ノ資格ニ於テ發案スルハ差支ナシ

〔行政判例〕

一　本條ノ如キ事項ニ付テハ市會モ又發案權ヲ有ス（明治二八、九、一四）

〔質疑解答〕

一　町村制第五十九條第二項ノ出席停止ハ其ノ會期限リナリヤ又次ノ會期ニモ及フモノナリヤ

（答）其ノ會期ニ限ルモノトス

二

町村會會議規則中ニ左ノ如キ規定ヲ設クルハ差支ナキヤ

第二十一條　議長自ラ發言セントスルトキハ議長席ヲ他ニ讓リ議員席ニ着クヘシ

前項ノ場合議長ハ其ノ議題ノ採決ニ至ルマテ議長席ニ復スルコトヲ得ス

（答）第二項ノ規定ハ町村制第四十九條第二項ニ抵觸スルヲ以テ設クルコトヲ得サルモノトス

第四章　町村會の議決及選擧の匡正

第一　越權又は違法の議決又は選擧の匡正

解說　町村會が其の權限を超ゆる議決を爲し、又は法令若は會議規則に違背したる議決を爲したるときは、町村長は理由を示して、再議に付しなければならぬ。再議に付した結果仍町村會が、越權違法の議決を爲したならば、町村長は府縣參事會の裁決を請ふべきものである。尤も再議するも到底議決を改むる見込なき等特別の事由あるときは、例外として町村長は、再議に付せずして直に府縣參事會の裁決を請ふことを得るのである。右の議決に對しては一面に於て監督官廳は之を取消す權限を有して居る。町村會が權限を超へ又は法令若は會議規則に違背して選擧を行ひたるときは、町村長は理由を示して再選擧を行はしむべきである、而して再選擧の結果仍町村會が越權違法の選擧を繰返すも、町村長としては最早矯正せしむるの途はない、監督官廳は其の選擧を取消す權限を有して居る。

議決に對する府縣參事會の裁決については町村長、町村會、府縣知事より、又監督官廳の議決又は選擧の取消處分に對しては町村長、町村會より、何れも行政裁判所に出訴するの途が設けられてある。

右に述べた議決の中には町村會の爲す爭議に對する決定は包含せざるものであるから、町村會の決定については、町村長は全く再議に付するの權なく、唯訴願又は行政訴訟を提起し之が是正を求め得るのみである。

第七十四條　町村會ノ議決又ハ選擧其ノ權限ヲ越エ又ハ法令若ハ會議規則ニ背クト認ムルトキハ町村長ハ其ノ意見ニ依リ又ハ監督官廳ノ指揮ニ依リ理由ヲ示シテ之ヲ再議ニ付シ又ハ再

選擧ヲ行ハシムヘシ但シ特別ノ事由アリト認ムルトキハ町村長ハ議決ニ付テハ之ヲ再議ニ付セスシテ直ニ府縣參事會ノ裁決ヲ請フコトヲ得

2 前項ノ規定ニ依リ爲シタル町村會ノ議決仍其ノ權限ヲ越エ又ハ法令若ハ會議規則ニ背クト認ムルトキハ町村長ハ府縣參事會ノ裁決ヲ請フヘシ

3 監督官廳ハ前二項ノ議決又ハ選擧ヲ取消スコトヲ得

4 第一項若ハ第二項ノ裁決又ハ前項ノ處分ニ不服アル町村長又ハ町村會ハ行政裁判所ニ出訴スルコトヲ得

5 第一項又ハ第二項ノ裁決ニ付テハ府縣知事ヨリモ訴訟ヲ提起スルコトヲ得

【行政實例】

一 制第七十四條ノ議決中ニハ決定ヲ包含セサルモノニ付假令村會ノ決定違法ナリトスルモ第七十四條第三項ニ依リ之ヲ取消スヲ得サル儀ニ有之（大正一四、六、一九、分局第二四號通牒）

二 町村會ノ議決ニシテ町村條例ノ規定ニ背クモノハ町村制第七十四條ニ所謂町村會ノ議決法令ニ背クモノトシ相當措置シ得ヘキモノトス

三 町村會ニ付議スヘキ事件ハ開會ノ日前三日目迄之ヲ告知スヘキモノナルコトハ町村制第四十七條第

三項ノ定ムル所ナルニ町村長ニ於テ會議ニ付スヘキモノ、中其ノ重ナルモノ一二件ヲ明記シタルノ外他ハ略シテ幾件ト書シ事件ノ何タルヲ告知セシメサリシ事實アリタル時ハ右ニ依リ開會議決シタル町村會ノ議決ハ告知ナキ事件ノ議決ニシテ違法ナリ而シテ此ノ場合ニ於テハ町村制第七十四條第一項及第二項ニ依リ相當處置スヘキモノトス

四　町村制第七十四條第一項ニ再議ニ付スルノ規定アルカ右ノ再議ニ付スルハ必スシモ其ノ會ニ限ル義ニ無之ニ付次回ニ於テ再議ニ付スルノ要アリト認メタルキトハ其ノ會議ニ再議セシムルモ別ニ支障ナキナリ

五　會議規則中三讀會ヲ經テ確定議ト爲スヘキ規定アルニ拘ラス三讀會ヲ省略スルノ決議ナクシテ其ノ手續ヲ省略シ二讀會限リ直ニ確定議ト爲シタル決議ハ會議規則ニ背クモノトス

六　再議ニ付スルニハ前ニ付議シタル議案ニ限ルモノニシテ前ノ議案ヲ更正シ再議ニ付スルカ如キハ之ヲ爲スコトヲ得ス

七　市町村會ノ議決又ハ選擧カ越權違法等ノ爲市町村長ハ自己ノ意見ニ依リ又ハ監督官廳ノ指揮ニ依リ再議ニ付シ又ハ再選擧ヲ行ハシムルニハ其ノ事件カ越權又ハ違法ナル事由ヲ明示セサルヘカラサルモノトス

八　第三項ノ處分ハ第一項ノ指揮ヲ爲サスシテ之ヲ爲スコトヲ得ヘキモノナリ

九　町村條例中基本財産ヨリ生スル收入ハ基本財産ニ編入スル旨規定シアルニ拘ラス町村會ニ於テ基本財産ヨリ生スル收入ヲ一般歳出ニ充ツルノ目的ヲ以テ歳入出豫算ノ議決ヲ爲シタルトキハ該議決ハ條例ノ規定ニ違フモノニ付法令ニ背クモノトス

一〇　市町村會議長ニ於テ一旦其ノ日ノ會議ヲ閉チタル後更ニ同日内ニ一部ノ議員ニ通知シ再ヒ開キタル會議ノ議決ハ出席員ノ多寡ニ拘ラス法令ニ背クモノニシテ此ノ如キ場合ニ於テハ本條ニ依リ處分スヘキモノトス

一一　本條ニ於テ市町村會ノ議決法令ニ背クト謂フハ單ニ會議ノ議決其レ自身カ法令ニ背キタル場合ニ限ラス一二ノ議員若ハ會員ニ對シ招集ヲ爲サスシテ開キタル會議ノ議決ノ如キモ所謂法令ニ背クモノニ該當ス

一二　市町村會閉會ノ後其ノ議決又ハ選舉權限ヲ超ヘ法令若ハ會議規則ニ背キタルモノアルコトヲ發見シタルトキハ直ニ市町村會ヲ招集シテ之ヲ再議ニ付シ又ハ再選擧ヲ行ハシムルヲ相當トス

一三　町村會ニ於テ選擧ヲ行ハントスルトキハ議員定數ノ半數以上出席ヲ要スルハ勿論ノ義ト存スルカ議員間軋轢ノ結果議長ニ於テ半數以上ノ出席ヲ俟タスシテ行ハシメタル選擧ハ町村會ノ爲シタル選擧ニアラスト認メ當然無效トシテ取扱フモノトス

一四　町村長ニ於テ若シ抑留セラレ居ル町村會議員ニ對シ招集ノ告知ヲ爲サスシテ會議ヲ開會シタルト

越權又は違法の議決又は選擧の匡正

キ該會議ニ於テ爲シタル議決ノ效力ハ法律ニ違フ議決ニ付町村制第七十四條ニ依リ監督官廳ヨリ相當措置セラルヘキモノトス

一五　町村會カ町村ノ歳入出豫算中或ル費目ニ關シ違法ノ議決ヲ爲シタルトキハ町村長ハ其ノ議案全部ニ就キ再議セシムヘキモノニアラスシテ其ノ關係ノ部分ノミニ就キ再議セシムヘキナリ

一六　年度經過後ニ於テハ歳入出豫算ノ追加又ハ更正ヲ爲スコトヲ得サルモノトス故ニ年度經過後ハ假ヒ町村ノ歳入出豫算ニ違法又ハ不適當ノ廉アルコトヲ發見スルモ再議ヲ命スルコトヲ得サルモノナリ尚町村會ニ對シ再議ヲ命スルコトヲ得ルハ歳入出豫算ナルト否トニ拘ラス其ノ議決ノ執行以前ニ限ルハ勿論ノ義ニシテ其ノ執行ヲ終リタル以後ニ至リテハ假ヒ年度内ト雖再議ヲ命スルノ限ニ在ラス

一七　市町村會ニ於テ市町村長又ハ府縣知事ノ不信任決議ヲ爲スカ如キハ其ノ權限ヲ超ユルモノトス

一八　市會ニ於テ市長ニ辭職勸告ノ議決ヲ爲シタルトキハ越權ノ議決トシテ市長ハ再議ヲ命スルコトヲ得

一九　市會ニ於テ不信任ノ決議ヲ爲シタル市長ノ提案ハ之ヲ審議セストノ市會ノ決議ハ市制第九十條第三項ニ依リ取消シ得ヘキモノトス（大正一四、一、二六、省議決定）

二〇　本條ノ縣參事會ノ裁決ニツキ

（一）別ニ規定ナキヲ以テ縣參事會ノ裁決ハ告示スヘキ必要ナシ
（二）若シ該裁決カ市ノ豫算ニ關スルモノナル時ハ制第百三十七條ニヨリ之ヲ告示スヘキモノトス
（三）之ニ對スル訴願提起ノ時期ハ市長カ裁決書ノ交付ヲ受ケタル日ノ翌日ヨリ起算スヘキモノトス

（昭和二、四、二五）

二一　町村長選擧ニ當リ有效ト認定セラルル投票ヲ町村會ニ於テハ異議ナク無效投票ト認定シ當選者ヲ定メタリ該村會ノ選擧ハ違法トシテ町村制第七十四條第三項ニ依リ該町村會ノ選擧ヲ取消シ然ルヘキモ右ハ選擧ノ全部ヲ取消スヘキモノニアラスシテ其ノ選擧ノ違法ノ部分ノミヲ取消スヘキ義トス

（昭和二、四、二八）

二二　（問）市制第九十條及町村制第七十四條ノ規定ニ依リ市町村長ヨリ府縣參事會ニ裁決ヲ請求シタル場合同條第三項ニ依リ監督官廳ニ於テ同一事件ニ付取消權ヲ行使シ得ルヤ（宮城縣）

（答）市制第九十條第二項又ハ町村制第七十四條第二項ノ規定ニ依リ市長又ハ町村長ヨリ府縣參事會ノ裁決ヲ申請シタル場合市制第九十條第三項又ハ町村制第七十四條第三項ニ依リ監督官廳ニ於テ取消處分ヲ爲スモ敢テ違法ト謂フヲ得サルモ已ニ裁決ノ申請アリタル以上ハ其ノ裁決ニ委スルヲ適當トス（昭和四年九月內務省決定）

二三　府縣制第七十七條ニ依ル臨時又ハ常設委員ハ當然府縣自治事務ノミノ調査又ハ處理ヲ爲スヘキモ

ノナレハ府縣會ニ於テ道路又、教育ノ調査ノ如キ國政事務ノ爲委員ヲ設置スル條例ノ議決ヲ爲シタル場合該議決ハ其ノ權限ヲ超エタルモノトシテ取消スヘキモノト解シ可然哉

（答）國政事務ニ關シテハ御見込ノ通

追テ道路費教育費等ノ負擔關係調査ノ事務ハ自治事務ニ屬スル義ニ付爲念（昭和四年九月内務省決定）

（參考）府縣制ニ關スル實例ナルモ町村ノ委員設置ノ議決ニ關シテモ同樣ナリト認ム

二四　府縣制第八十二條ニ依リ府縣會ノ議決ヲ再議ニ付シタルニ其ノ議決ヲ爲サザル場合ハ府縣制第八十五條第三項ニ依ルヘキモノニシテ其ノ議決ヲ改メサル場合ハ同第八十二條第二項ニ依リ取消スヘキモノトス、取消命令ヲ受ケタルモ尚其ノ議決違法越權ナルトキハ府縣制第八十二條第二項ニ依リ取消スヘキモノトス又取消ノ結果會期内ニ議案ノ議決ヲ了セサル場合ハ府縣制第八十五條第三項ニ依ルヘキモノトス（昭和四年九月内務省決定）

（參考）府縣制ニ關スル實例ナルモ町村會ノ議決ニ關シテモ同樣ノ解釋ヲ爲シ得ルモノト認ム

二五　府縣會ニ於テ知事不信任ノ議決ヲ爲シタル場合ノ如キハ府縣制第八十二條第一項但書ノ所謂「特別ノ事由」ニ該當スルモノトス（昭和五年二月内務省決定）

（參考）同前

〔行政判例〕

一　町村會自ラ議決權ヲ有セスト議決シタル場合ニ在リテハ本條ノ規定ヲ準用ス（明治三〇、五、四）

二　町村會ニ於テ郡長ノ不信任ヲ議決シタルハ其ノ權限ヲ超エタルモノトス（明治三一、一一、二八）

三　本條第一項及第三項ニハ議決ト選擧トヲ區別セルカ故ニ本條第二項ハ町村會ノ議決ニ付府縣參事會ノ裁決ヲ請ヒ得ヘキコトヲ認メタルモノニシテ選擧ニ付裁決ヲ請ヒ得ヘキコトヲ認メタルモノニアラス（大正八、一一、七）

四　本條第二項ハ發案ヲ爲シタル町村長又ハ其ノ代理者ナルト其ノ後ニ就職シタル町村長又ハ其ノ代理者タルトヲ問ハス苟モ裁決申請當時ニ於テ町村會議決ニ本條第一項記載ノ如キ違法アリト認ムルニ於テハ裁決ヲ請フコトヲ得シムルノ法意ト解スヘキモノトス（同上）

五　町村制第七十四條第三項ニ依リ監督官廳カ取消シ得ル同條第一項ノ議決ニハ町村會ノ決定ヲ包含セス（大正一一、一二、二）

六　本條第三項ノ規定ハ監督官廳ニ於テ市會ノ議決又ハ選擧ニシテ其ノ權限ヲ超エ又ハ法令若ハ會議規則ニ背クト認ムルトキハ「裁決ノ申請ナキ限リ」市長カ之ヲ再議ニ附シ又ハ再選擧ヲ行ハシメサル場合ニ於テモ其ノ議決又ハ選擧ヲ取消スコトヲ得ルモノト解スルヲ相當トス（大正一五、一二、二一）

七　村會ニ於ケル村長選擧ノ際（決選投票ノ結果）得票同數ナリシ場合ニ於テ年長者ノ認定ヲ誤リ年齡

相同シモノトシ抽籤シテ當籤者ヲ當選者ト定メタル場合ニ於テ監督官廳ハ町村制第七十四條第三項ニ依リ抽籤ノ方法ヲ採リタル以後ニ於ケル違法ノ部分ヲ取消シ適法ノ當選者ヲ宣告スルコトヲ得ルモノトス（昭和二、二、五）

八　議決ノ内容カ善美ナリトスルモ第四十七條第三項ノ法定期間ニ關スル欠缺アリ議決カ違法ナル以上監督官廳カ同條第三項ニ依リ處分シタルハ違法ニ非ス（昭和四、四、一三）

九　町村制第七十四條第一項ニ依リ町村長カ町村會ノ議決又ハ選擧ヲ再議ニ附シ又ハ再選擧ヲ行ハシムルコトヲ得ルハ其ノ執行ヲ要スルモノニ在リテハ執行前ニ限ルノ法意ナリト解スヘキモノトス（昭和四、五、三〇）

一〇　町村長選擧ノ動議カ成規ノ贊成者ナクシテ成立セス又該動議ニ對シテ採決ヲ爲ササルニモ拘ラス執行シタル選擧ハ違法ニシテ町村制第七十四條第三項ニ依リ之ヲ取消シタル監督官廳ノ處分ハ違法ナリト云フヲ得ス（昭和四、七、二三）

一一　議案審査ノ爲ニ設ケタル委員ノ選定方法ニ違法ノ廉アリタリトスルモ該委員會ノ審査カ法律上ノ要件ニ非サル場合ニ於テハ該委員會ノ決議報告ニ基キテ爲シタル町村會ノ議決其ノモノヲ違法トスヘキニ非ス（昭和四、六、一五）

第二　公害又は收支に關する不當議決の匡正

〔解說〕町村會の議決が明に公益を害し、又は收支に關し執行し能はざるとき、若は町村の緊急措き難き費用を否決し又は減額したるときは、町村長は理由を示して再議に付しなければならぬ、再議に付した結果仍不當の議決を繰返したならば、町村長は府縣知事の指揮を請ひ所謂原案執行を爲し得るのである、尤も再議に付するも議決を改むるの望なきか又は時期切迫せる等特別の事由ありと認むるときは、町村長は再議に付せずして、直に府縣知事の指揮を請ふことも出來る、町村長より指揮を請ひたる結果之に對し爲したる府縣知事の處分については、町村長又は町村會より內務大臣に訴願することが許されてある。

此の原案執行に關する從來の規定は、理事機關の自由認定に委し、其の適用の範圍餘りに廣きに失せるが爲、町村會の議決を不當に抑制拘束するに至るとの非難もあつたので、議決機關の議決を重んじ、自治權を保障するの主旨に依り、昭和四年に改正を施されたのであるが之は改正條項中に於て重要意義を有するものゝ一であつたのである。

茲に「明ニ公益ヲ害シ」とは害公益の事實が理事者又は監督官廳の主觀的認定のみに止まらず、客觀的に何人が見ても公益を害すると考へらるる場合に限る主旨である。

「收支ニ關シ執行スルコト能ハサルモノ」とは例へば歳出に比し歳入不足するが如き、町村稅補助金寄附金繰越金等の歳入を過大に見積り之を財源とし歳出を計上せるが如き場合を指すのである、又緊急差措き難き費用について法文（第七十四條の二第三項第一號）に「法令ニ依リ負擔スル費用」とあるは、中學校費、道路法第三十三條の規定に依る費用、代執行又は職務管掌に關し町村の負擔する費用等を指し、「當該官廳ノ職權ニ依リ命スル費用」には、訴訟費用、河川工事費分擔金等が該當するのである。

第七十四條ノ二　町村會ノ議決明ニ公益ヲ害スト認ムルトキハ町村長ハ其ノ意見ニ依リ又ハ監督官廳ノ指揮ニ依リ理由ヲ示シテ之ヲ再議ニ付スベシ但シ特別ノ事由アリト認ムルトキハ町村長ハ之ヲ再議ニ付セズシテ直ニ府縣知事ノ指揮ヲ請フコトヲ得

2前項ノ規定ニ依リ爲シタル町村會ノ議決仍明ニ公益ヲ害スト認ムルトキハ町村長ハ府縣知事ノ指揮ヲ請フベシ

3町村會ノ議決收支ニ關シ執行スルコト能ハザルモノアリト認ムルトキハ前二項ノ例ニ依ル左ニ揭グル費用ヲ削除シ又ハ減額シタル場合ニ於テ其ノ費用及之ニ伴フ收入ニ付亦同シ

一 法令ニ依リ負擔スル費用、當該官廳ノ職權ニ依リ命スル費用其ノ他ノ町村ノ義務ニ屬スル費用

二 非常ノ災害ニ因ル應急又ハ復舊ノ施設ノ爲ニ要スル費用、傳染病豫防ノ爲ニ要スル費用其ノ他ノ緊急避クベカラサル費用

4前三項ノ規定ニ依ル府縣知事ノ處分ニ不服アル町村又ハ町村會ハ内務大臣ニ訴願スルコトヲ得

〔行政實例〕

一 公益トハ町村ノ公益ヲ意味セルモノニシテ國其ノ他府縣ノ公益ヲ包含スルモノニアラス

二 町村長ノ發案ニ對シ町村會カ其ノ儘原案ヲ可決シタル場合ト雖監督官廳ニ於テ其ノ議決公益ヲ害スト認ムルトキハ町村制第七十四條ノ二ニ依リ町村會ノ議決公益ヲ害スルモノトシ再議ニ付スルコト

公害又は收支に關する不當議決の匡正

ヲ得

三　町村長ニ於テ町村ノ公益上必要ナリト認メ歳入出追加豫算ヲ提案セシニ町村會ニ於テ不必要ノ費用ナリトシテ之ヲ否決シタルトキハ町村制第七十四條ノ二ニ依リ處理スルハ格別ナレトモ第七十五條ヲ適用スヘキモノニアラス

四　市會ニ於テ繼續費支出方法ヲ否決シタルトキハ其ノ否決カ明ニ公益ヲ害スト認ムルトキハ理由ヲ示シテ之ヲ再議ニ付シ仍ホ其ノ議決ヲ改メサルトキハ府縣知事ノ指揮ヲ請フヘキモノトス

五　公益ニ屬スル事業ニシテ市町村會ノ議決實施上不完全ニシテ明ニ公益ヲ害スト認ムルトキハ本條ニ依リ再議ニ付シ仍ホ其ノ議決ヲ改メサルトキハ市町村長ハ府縣知事ノ指揮ヲ請フヘキモノトス

六　市町村會ニ於テ吏員ノ給料報酬額等ヲ削減ノ結果公益ヲ害スト認ムル場合ニ於テハ本條ニ依リ適宜之ヲ處理スヘキモノトス

七　町村制第八十四條又ハ第八十五條ノ費用辨償額、報酬額、又ハ給料額、旅費額ヲ減額セル場合ハ明ニ公益ヲ害スルモノト認ムヘキヤ又ハ事情ニ依リ明ニ公益ヲ害セスト認メ得ル場合アリトセハ其ノ範圍如何

（答）明ニ公益ヲ害スルヤ否ヤハ事實ニ就キ判定スル外ナキ義ニ有之（昭和四年九月内務省決定）

八　府縣制第八十三條第三項第二號ニ所謂「傳染病豫防ノ爲ニ要スル費用」トアルハ該費用ニシテ緊急

避クヘカラサルモノナルニ於テハ法令ニ依リ負擔スル費用ナルト否トヲ問ハス總テ本號ニ該當スルモノトス

右第三項第二號ニ該當スル傳染病豫防ノ爲ニ要スル費用ト雖法令ニ依リ負擔スル費用ナルニ於テハ同時ニ同條同項第一號ニ該當スルモノトス（昭和四年十月内務省決定）

（參考）府縣制ニ關スル實例ナルモ町村制第七十四條ノ二第三項第二號ノ場合モ同様ニ解シ得ヘキモノト認ム

九 府縣制第八十三條第一項及第三項前段ニ依リ歳出ノ一部ヲ再議ニ付セントス此ノ場合之ニ伴フ歳入ニ付テハ再議ニ付セサルモ可ナリト認ムルモ如何

（答）歳入ニ付テモ再議ニ付スルヲ要スルモノト存ス（昭和四、一二、五、内務省回答）

（參考）本例ハ府縣會ノ公害又ハ收支執行不能ノ議決ニ關スルモノナルモ町村會ニ付テモ同一ニ解シ得ヘキモノト認ム

一〇 府縣制第八十三條ノ收支ニ關シ執行スルコト能ハサルモノナリヤ否ヤハ事實ニ付判定スルノ外ナキモ例セハ歳出ニ比シ歳入不足スルカ如キ議決ヲ爲シ、或ハ實際ノ歳入ヨリ過大ニ歳入ヲ見積リ之ヲ財源トシテ歳出ヲ計上セルカ如キ場合ナリ（昭和五年二月内務省決定）

（參考）本例ハ府縣制ニ關スル實例ナルモ町村制第七十四條ノ二ノ場合モ同一ニ解シ得ヘキモノ

公害又は收支に關する不當議決の匡正

ト認ム

一　府縣會又ハ市町村會ノ議決ニシテ收支ニ關シ執行スルコト能ハサルモノ（現在ナルト將來ナルトヲ問ハス）アリト認ムルトキハ府縣制第八十三條第三項、市制第九十條ノ二第三項又ハ町村制第七十四條ノ二第三項ニ依ルヘキ義ニシテ取消シ得サル義ニ有之（同上）

【質疑解答】

一（問）第七十四條ノ二第二項ノ「明ニ公益ヲ害スル場合」トハ如何ナル場合ヲ指スヤ
（答）一々之ヲ揭ク得サルモ左ノ如キハ其ノ一例ナルヘシ
（イ）教育上必要ナル學校ヲ廢止セントスル場合
（ロ）必要ナル公共營造物ノ處分ヲ爲サントスル場合
（ハ）多數ノ學校ヲ亂設セントスル場合
（ニ）市街地ノ中央ニ火葬場、傳染病院等ヲ設ケントスル場合
（ホ）必要ナラサル營造物ヲ設置シ又ハ事業ヲ經營セントスル場合

二（問）第七十四條ノ二第三項「收支ニ關シ執行スルコト能ハサルトキ」トハ如何ナル場合ヲ指スヤ又同項第一號ノ費用ハ如何ナル種目ナルヤ例示セラレタシ
（答）概要左ノ例示ニ依リ承知セラレタシ

（イ）収支ニ關シ執行スルコト能ハサルトキ
(1) 歳出ニ比シ歳入不足スル場合
(2) 見込ナキ歳入ノ金額ヲ見積リ之ヲ財源トシテ歳出ヲ計上セル場合
(3) 年度末ニ至リ年度内ニ竣功シ難キ大事業ヲ計畫セル場合
（ロ）法令ニ依リ負擔スル費用
(1) 代執行ニ關スル費用
(2) 職務管掌ニ關スル費用
(3) 費用辨償、報酬給料、退隱料、退職給與金等給與ニ關スル費用
(4) 道路法第三十三條竝河川法第二十四條ノ費用
(5) 癩豫防上施設スル事項等ニ關スル費用
(6) 中學校費、高等女學校費
（ハ）當該官廳ノ職權ニ依リ命スル費用
(1) 行政裁判所ニ於テ命スル訴訟費用
(2) 道路又ハ河川ニ關スル工事費分擔金
（ニ）其ノ他町村ノ義務ニ屬スル費用
公害又は収支に關する不當議決の匡正

(1) 行政訴訟豫納金
(2) 監督官廳ノ選任セル臨時代理者ノ給料及旅費
(3) 町村債利子
(4) 補助又ハ寄附契約ニ基ク補助金又ハ寄附金
(5) 契約其ノ他私法上ノ義務ニ屬スル經費

第五章　町村會の議決決定の補充及權限の委任

第一　議決又は決定の代決

解說　町村會が議員の總辭職解散其の他原因の何れなるを問はず、町村會議員全く存在せざるか、又は議員存在するも其の數定數の半數に滿たざるときは町村會は不成立となるのである。又町村會議員の一身上の關係ありて除斥したる爲、又は再回招集若は出席催告を爲したるに拘らず尙闕席多き爲、議長の外議員二人以上の出席を見ざるに至りたるときは、會議の性質上最早會議を開くことを得ざるものである、此の二つの場合に於ては町村長は府縣知事の指揮を請ひ、町村會の議決すべき事件及決定すべき事件を處置することを得る（町村制第七十五條第一項及第三項)。

又町村會が會議を開くも議決又は決定すべき事件につき、議決又は決定せずとの意思を表示するか、徒に議事を遷延し、會期盡くるも尚議決又は決定を了せざるが如き場合は、同樣の方法に依り處置することを得るのである(町村制第七十五條第二項及第三項)。

右の中決定すべき事件については、其の事件につき規定せる本條に於て、訴願又は訴訟の提起を許せる場合は、此の町村長の處置についても同樣に訴願又は訴訟が許されて居る(町村制第七十五條第三項)。

町村長の行ひたる處置は次回の町村會に於て之を報告すべきものとせられて居る(町村制第七十五條第四項)。

次に町村會の議決又は決定すべき事件が臨時急施を要する場合に於て、町村會成立せざるとき、即ち議員の現在數が定數の半數に滿たざる場合、又は町村長に於て町村會を招集するの暇なしと認むるときは、町村長は其の事件を專決處分することを得るのである、之は萬已むを得ざる場合に處するの途であつて、次の町村會に其の旨を報告すべきものである(町村制第七十六條第一項)。

茲に臨時急施を要すとは例へば非常災害に際して應急措置を要するか、傳染病蔓延し急速豫防施設を行ふ爲に豫算の追加を爲す等の場合を指すのであつて、其の臨時急施を要するものなりや否は、獨り町村長の自由の認定のみに止まらず、客觀的に觀察して、臨時急施事件なることを要することは他の場合と同樣である。

右の規定に依り町村長の爲したる處分に付ては、其の事件につき規定せる本條に於て訴願又は訴訟を許せる場合は、同樣に訴願又は訴訟の提起を爲すことを得るのである(町村制第七十六條第二項)。

第七十五條 町村會成立セサルトキ又ハ第四十八條但書ノ場合ニ於テ仍會議ヲ開クコト能ハサルトキハ町村長ハ府縣知事ニ具狀シテ指揮ヲ請ヒ町村會ノ議決スヘキ事件ヲ處置スルコトヲ得

2 町村會ニ於テ其ノ議決スヘキ事件ヲ議決セサルトキハ前項ノ例ニ依ル

3 町村會ノ決定スヘキ事件ニ關シテハ前二項ノ例ニ依ル此ノ場合ニ於ケル町村長ノ處置ニ關シ

テハ各本條ノ規定ニ準シ訴願又ハ訴訟ヲ提起スルコトヲ得

4 前三項ノ規定ニ依ル處置ニ付テハ次回ノ會議ニ於テ之ヲ町村會ニ報告スヘシ

（參照）

第四十八條（「町村會の定足數」ノ項（第一八六頁）參照）

〔行政實例〕

一 本條ノ議決スヘキ事件トアル中ニハ選擧ヲ包含セス

二 町村會ニ於テ法律上行ハサルヘカラサル選擧ヲ行ハサル場合ニ關シテハ法律中町村會ニ於テ議決スヘキ事件ヲ議決セサル場合ノ如ク之ニ處スルノ規定ナキカ故ニ當選者ヲ得ルニ至ルマテ町村長ハ幾度ニテモ町村會ヲ招集シ選擧ヲ行ハシメサルヘカラス

三 某村會議員ハ被選擧權ナキモノトシ村長ハ町村制第三十五條第二項ニ依リ之ヲ村會ノ決定ニ付シタルニ村會ハ調査ノ必要ヲ名トシ決定ヲ爲サスシテ延期シタルニ依リ更ニ町村制第四十七條第二項ニ依リ會期ヲ定メ村會ヲ招集シタルニ尙ホ其ノ會期內ニ之ヲ決定セサルカ如キ場合ハ町村制第七十五條第三項ニ依リ同條第二項ノ例ニ依リテ村長ハ知事ニ具狀シテ指揮ヲ請ヒ之ヲ處置スルヲ得ヘシ

四 「町村會成立セサルトキ」トハ現ニ在任セル町村會議員ノ數會議ヲ開クニ足ルヘキ數ニ滿タサル場合ヲ謂フモノトス

五　「議決スヘキ事件ヲ議決セサルトキ」トハ町村會ニ於テ議決セサルノ意思ヲ明カニ表示シタル場合ニ止マラス會期ヲ定メテ招集シタル場合ニ於テ最初ヨリ故意ニ議事ニ着手セスシテ其ノ會期ノ盡キタルカ如キ場合又ハ議案ノ議事ニ着手シタルモ故意ニ其ノ議事ヲ遷延シテ結局其ノ會期內ニ議案ヲ議了セサルカ如キ場合ヲ謂フ

六　町村長ニ於テ豫メ會期ヲ定メスシテ招集シタル町村會ニ於テ其ノ付議シタ事件ノ議決ヲ躊躇シ荏苒議了セサルトキハ町村長ハ町村制第七十五條第二項ニ依リ知事ニ具狀シ其ノ指揮ヲ得テ町村會ノ議決スヘキ事項ヲ處置スルヲ得ルモノナリ但シ町村會カ議決スヘキ事件ヲ議決セサルモノナリヤ否ヤハ專ラ事實ニ就キ之ヲ認定スヘキ義トス

七　町村會議員半數以上同時ニ辭任シ殘議員ニテ議決スルコトヲ得サル場合ニ於テ其ノ補闕選擧前至急ヲ要スル議事ハ本條ニ準シ處分スヘキモノトス

八　町村長ニ於テ會期ヲ定メ町村會ヲ開會シタルトキ若シ其ノ會期ニ議決ヲ爲サヽリシトキハ其ノ議決スヘキ事件ヲ議決セサルモノトシ町村長ハ知事ニ具狀シ其ノ指揮ヲ請フハ固ヨリ差支ナキコトニ屬スト雖町村長ノ見込ヲ以テ更ニ町村會ヲ開會シ其ノ議決ニ付スルモ法律上別ニ妨ケナシ

九　町村ノ助役ハ町村長ノ推薦ニ依リ町村會ニ於テ定ムヘキモノナルコトハ町村制第六十三條ノ定ムル所ナリ從テ町村長ニ於テ幾度カ推薦スルモ町村會ニ於テ毎々之ヲ否認シテ定メサルトキト雖町村會

議決又は決定の代決

ノ定ムル迄ハ幾度ニテモ相當ノ人ヲ選擇シ推薦スヘキモノニシテ此ノ場合ニ町村制第七十五條第二項ニ依リ知事ニ具狀シテ指揮ヲ請フモノニアラス

一〇　町村制第七十五條ニ所謂町村會成立セサルトキトハ町村會議員全クナキカ又ハ定數ノ半數以上闕員アル場合ヲ云フモノニシテ議員ノ半數以上カ犯罪嫌疑ノ爲裁判所ニ抑留セラレ爲ニ會議ヲ開ク能ハサル場合ノ如キハ町村會ノ成立セサルモノト云フヲ得ス

一一　町村税ノ賦課ニ關シ異議ノ申立ヲ爲シタル者アル場合ニ於テ町村會ノ成立ヲ俟チ其ノ決定ニ付シ難キ事情アル場合ニ於テハ町村長ハ町村制第七十五條第三項ニ依リ知事ニ具狀シ其ノ指揮ヲ請ヒ町村會ノ決定スヘキ事件ヲ處置スルコトヲ得

〔質疑解答〕

一　町村會ニ於テ付議事件ノ議決ヲ爲スニ方リ出席議員十八名中、修正説三名、原案反對七名、原案贊成八名トナリ何レモ過半數ニ達セス斯ノ如キ場合ハ町村制第七十五條第二項ニ所謂「議決スヘキ事件ヲ議決セサル場合」ニ該當スルヤ

（答）町村制第七十五條第二項ニ所謂「議決スヘキ事件ヲ議決セス」トハ町村會ニ於テ付議事件ヲ議決セサルノ意思ヲ明ニ表示シタルトキ又ハ會期ヲ定メテ招集シタル町村會ニ於テ其ノ會期内ニ議了セサリシ場合等ヲ謂フモノニ付本件ノ如キハ之ニ該當セサルモノトス從テ町村會ヲシテ更ニ可否ヲ

決セシムルノ外ナシトス

第七十六條 町村會ニ於テ議決又ハ決定スヘキ事件ニ關シ臨時急施ヲ要スル塲合ニ於テ町村會成立セサルトキ又ハ町村長ニ於テ之ヲ招集スルノ暇ナシト認ムルトキハ町村長ハ之ヲ專決シ次回ノ會議ニ於テ之ヲ町村會ニ報告スヘシ

2 前項ノ規定ニ依リ町村長ノ爲シタル處分ニ關シテハ各本條ノ規定ニ準シ訴願又ハ訴訟ヲ提起スルコトヲ得

〔行政實例〕

一 本條ノ議決スヘキ事件トアル中ニハ選擧ノ如キハ之ヲ包含セス

二 臨時急施ヲ要スル事件ニ付町村會不成立ノ爲町村長ニ於テ本條ニ依リ專決處分シ次回ノ町村會ニ報告シタルニ町村會ニ於テ之ヲ否決シタルトキト雖町村長ハ唯タ町村會ニ報告スレハ足ルモノナリ

第二　町村會の權限の委任

解說　町村會の權限に屬する事項中、事體輕易にして强いて會議するの要なきものに在りては、議決機關の意思に依り直に町村長をして專決せしむるも、別に支障なきのみならず寧ろ便宜なるを以て、昭和四年の改正に於て、町村會の議決に依り町村長をして專決處分を爲し得るの途が設けられた。

此の規定に依り町村長に委任し得べき事項は、町村會の議決すべき事項に限り、第四十一條の選擧の權限、第三十三條第百十條等の爭議決定の權限等は事項の性質上、町村會に專屬せしめられたる事項と見るべく、從て之等は委任し得ざるものと謂ふべきである。町村制第七十六條の規定に依る、專決處分に對しては訴願訴訟を認めて居るに拘らず、本件專決處分に對しては訴願訴訟の途を存せざりしは之が爲であると思ふ。

一旦委任を爲した以上其の事項については、町村會の權限が町村長に移り、委任を解くまでは町村會は其の權限を有せざるに至るのである。
委任を爲し又は之を解くは、町村會自ら之が議決を爲すことを要する、其の發案は町村會自體に存し、町村長に存せない。

第七十六條ノ二　町村會ノ權限ニ屬スル事項ノ一部ハ其ノ議決ニ依リ町村長ニ於テ專決處分スルコトヲ得

〔行政實例〕

一　（問）町村制第七十六條ノ二町村長ニ對スル町村會ノ權限委任ハ單ナル議決事件ニ限ル哉（宮城縣）
（答）御見込ノ通議決事件ニ在リテモ輕易ナル事項ニ限ルヲ妥當ナリト存ス（昭和四、一〇、一二、内務省議決定）

理由

町村制第七十六條ノ二ニ依リ町村長ヲシテ爲サシムヘキ專決處分事項ノ範圍ニ付テハ法令上何等ノ制限ナキヲ以テ假令決定事項ノ如キモノト雖苟モ町村會ノ權限ニ屬スル事項ナルニ於テハ、其ノ議決ニ依リ町村長ヲシテ專決處分セシムルハ差支ナキカ如キモ異議ノ決定ノ如キハ其ノ性質上委任シ得サルモノト爲スヲ相當トス、何トナレハ若シ假リニ前示決定等ヲモ等シク町村長ニ委任

町村會の權限の委任

シ得ルモノト爲ストキハ町村會カ爲シタル異議ノ決定又ハ町村制第七十六條第一項ノ決定ニ對シテハ夫々訴願訴訟ノ途ヲ開カレ居ルニ拘ラス獨リ町村長カ町村會ノ委任ニ基キ專決處分セル異議ノ決定ニ付テハ全ク訴願訴訟ノ途ナキニ至ル等甚シキ不條理ヲ生スレハナリ、故ニ町村長ニ對シ委任シ得ル事項ハ町村會ノ議決事項ニ限ラレ決定等ノ如キハ包含セサルモノト解スルヲ相當トスヘク猶議決事項ト雖重要ナル事項ヲ委任スルカ如キハ性質上適當ナラサルヲ以テ輕易ノ事項ニ限定スルハ妥當ナリト認ム

二　町村制第七十六條ノ二ニ規定スル議決ニ關シテハ事件ノ性質上町村長ニ發案權ナシト解シ然ルヘシ

（昭和四、一二、一七、新地局第一九四號地方局長回答ノ内）

三　市制第九十二條ノ二、町村制第七十六條ノ二ノ規定ニ依リ市會及市參事會又ハ町村會ノ權限ニ屬スル事項ノ一部トハ例ヘハ市制第四十二條又ハ町村制第四十條ニ列記スル各號ノ事件夫自身ニアラスシテ其ノ事件ノ中ノ一部分ト解シ可然哉（昭和四年八月十三日愛知縣知事照會）

（答）市制第四十二條又ハ町村制第四十條ニ列擧セル各號ノ事件ノ一部ハ勿論其ノ他ノ事件ト雖市町村會ノ議決ニ依リ市町村長ニ專決處分セシムルコトヲ得ルモノト存スルモ可成輕易ナルモノノミニ止メシムルヲ穩當ト存ス（昭和五、三、二二愛地第一八號地方局長回答）

一 町村會ノ權限ニ屬スル事項ノ一部ヲ町村長ニ專決處分ヲ委スルノ議案ハ町村長ヨリモ發スルコトヲ得ルヤ又「事項ノ一部」トアル範圍不明ニ付例ヲ擧ケ示サレタシ

（答）町村長ニハ發案權ナシ、又決定、選擧ノ如キハ委任シ得サルヘキモ議決事項（但シ可成輕易ノ事件ニ限ルヲ適當トス）ニ付テハ委任シ得ルモノト認ム

二 本條專決處分ノ委任議決ニ付テハ町村會自ラ發案スヘキモノニシテ議決ノ發案ハ議長又ハ議員ニ於テ相當案ヲ具シ提案スルト又ハ町村會ノ議決ヲ以テ議員中ヨリ委員ヲ擧ケ之ヲシテ起案セシメ議決スルトハ何レノ方法ニ依ルモ差支ナキモノトス

第六章　町村會の解散

解說　町村會は町村の意思機關として、其の權限の行使を全ふすべきであるが、町村會にして違法越權等の行動を爲し、之を存續せしむることが、町村の公益上有害なりと認むる場合に於ては、町村會の存在を失はしめ、新なる選擧に依り適當なる議決機關を成立せしむる爲、內務大臣は町村會の解散を命ずることを得る。

解散は町村會に對する絕大の懲戒處分であつて、町村會議員全部は直に其の職を失ひ、町村會は不成立の狀態となるのである。

解散の場合に於ては三ケ月以內に新に町村會議員の總選擧を行ふのである。

第百四十二條　內務大臣ハ町村會ノ解散ヲ命スルコトヲ得

2　町村會解散ノ場合ニ於テハ三月以內ニ議員ヲ選擧スヘシ

〔行政實例〕

一　町村會ニ於テ單ニ町村長不信任ノ議決ヲ爲シタリトテ是ノミヲ以テ直チニ町村會ヲ解散スヘキモノニ非ス

二　解散ノ場合ニ於ケル選擧ヲ行フヘキ期間ハ命令書傳達ノ翌日ヨリ起算スヘキモノトス（大正一四、四、二一）

三　解散ヲ命セラレタル市町村會
　神奈川縣横濱市會（明治二十二年）
　山梨縣甲府市會（明治二十三年）
　愛媛縣宇摩郡滿崎村會（明治二十五年）
　宮城縣加美郡中新田町會（明治二十七年）
　大阪府堺市會（明治二十七年）
　東京府東京市會（明治二十八年）
　鳥取縣久米郡各町村會（明治二十九年）
　同縣河村郡各村組合會（明治二十九年）
　石川縣金澤市會（明治三十年）

東京府南多摩郡八王子町會（明治三十三年）
德島縣三好郡山城谷村會（明治三十三年）
兵庫縣姬路市會（明治三十三年）
岩手縣膽澤郡前澤町會（明治三十三年）
佐賀縣佐賀市會（明治三十四年）
德島縣麻植郡中枝村會（明治三十五年）
新潟縣中頸城郡吉川村會（明治三十五年）
佐賀縣佐賀市會（明治三十八年）
福岡縣久留米市會（明治三十八年）
青森縣青森市會（大正九年）
沖繩縣那覇市會（大正十四年）
東京府東京市會（昭和三年）

（追　記）

本書印刷の途中に於て市制町村制施行規則中の改正か行はれ、繼續費の繰越につき毎年度計算書を町村會に報告すへき規定か新設せられた、之を次に掲けて置く。

市制町村制施行規則第四十六條　繼續費ハ毎年度ノ支拂殘額ヲ繼續年度ノ終リ迄遞次繰越使用スルコトヲ得此ノ場合ニ於テハ市町村長ハ翌年度四月三十日迄ニ繼續費繰越計算書ヲ調製シ次回ノ會議ニ於テ之ヲ市ニ在リテハ市參事會ニ、町村ニ在リテハ町村會ニ報告スヘシ（昭和五年五月二十日内務省令第二十一號）

第二類　書式篇

第一　町村會の招集及會議事件告知書

第一例　（普通ノ場合ノ告知書）

町（村）會招集及會議事件告知ノ件

左記事件ニ付何月何日午前（午後）何時ヲ期シ何町（村）會ヲ本町（村）役場「本町（村）會議事堂」「何所」ニ招集致候ニ付御參集相成度此段及告知候也

昭和何年何月何日

何町（村）長「代理助役」何　某㊞

何町（村）會議員　何　某殿

一、昭和何年度何町（村）歳入歳出豫算ノ件

一、學務委員決定ノ件
一、寄附金受納ノ件
一、何々、、、ノ件

（備考）
一、告知書ハ開會ノ日ノ前三日目（一月十日カ開會日ナレハ一月七日）マテニ各議員ニ到達セシムルヲ必要トス尤モ急施ヲ要スル場合ニ限リ此ノ制限ヲ受ケサルモノトス（町村制第四十七條第三項）
二、急施事件ニ付招集スル場合ト雖告知書ニハ必スシモ其ノ旨ヲ記載スルヲ要セス
三、告知年月日、町村長名及宛名ハ本文ノ前ニスルモ差支ナシ、之等ノ事ハ各々町村ノ文書例ニ依ルヘキモノトス、以下ノ各例亦同シ

第二例（會期ヲ定メテ招集スル場合ノ告知書）

町（村）會招集及會議事件告知ノ件

左記事件ニ付何月何日午前（午後）何時ヲ期シ會期ヲ何日以内トシ（會期ヲ何月何日ヨリ何月

何日マテ何日間トシ）何町（村）會ヲ本町（村）役場「本町（村）會議事堂」「何所」ニ招集致候ニ付御參集相成度此段及告知候也

昭和何年何月何日

何町（村）長「代理助役」何　某㊞

何町（村）會議員　何　某殿

一、昭和何年度特別稅戶數割納稅義務者ノ資力及賦課額算定ノ件

一、町（村）會議員選擧效力ニ關スル異議決定ノ件

一、何々、、、ノ件

（備考）

一、會期ハ招集ノ際之ヲ定ムヘク、會期ヲ定メテ招集セサリシ場合ハ其ノ告知後ニ於テ之ヲ定ムルコトヲ得ス（町村制第四十七條第二項）

二、第一例ノ備考參照

第三例（町村會議員三分ノ一以上ノ請求ニ依リ招集スル場合ノ告知書）

町（村）會招集及會議事件告知ノ件

町（村）會議員何某外何名ヨリ請求アリタルニ依リ左記事件ニ付何月何日午前（午後）何時ヲ期シ何町（村）會ヲ本町（村）役場「本町（村）會議事堂」「何所」ニ招集致候ニ付御參集相成度此段及告知候也

昭和何年何月何日

何町（村）長「代理助役」　何　某㊞

何町（村）會議員　何　某殿

一、何學校設置ニ關シ意見書提出ノ件

一、何々、、、ノ件

（備考）

一、町村會議員三分ノ一以上ノ請求アリタルニ依リ町村會ヲ招集スル場合ト雖招集告知書ニハ必スシモ其ノ旨ヲ記載スルヲ要セス

其ノ記載ヲ爲サヽル場合ノ告知書ハ第一例ニ依リ調製スルコト

二、町村會議員ノ三分ノ一以上ヨリ請求アルモ、其ノ事件ノ發案權カ町村長ニ專屬シ町村會議員ヨリ發案スルヲ得サル事件ナルトキハ町村長ハ町村會ヲ招集スルノ必要ナキモノナリ

三、第一例ノ備考參照

第四例（再回招集ノ場合ノ告知書）

町（村）會再回招集及會議事件告知ノ件

何月何日午前（午後）何時ヲ期シ招集セシ町（村）會ハ應招議員定數ノ半數ニ滿タサル爲開會スルヲ得サリシニ依リ更ニ左記同一事件ニ付何月何日午前（午後）何時ヲ期シ何町（村）會ヲ本町（村）役場「本町（村）會議事堂」「何所」ニ招集致候ニ付御參集相成度此段及告知候也

昭和何年何月何日

何町（村）長「代理助役」　何　某㊞

何町（村）會議員　何　某殿

一、昭和何年度何町（村）歲入歲出豫算追加ノ件

一、何々ヽヽノ件

（備考）

一、招集ノ告知ヲ爲スモ開會日ニ至リ議員定數ノ半數以上ノ參集無カリシトキハ所謂「招集ニ應セサル」場合ナルヲ以テ更ニ再回招集ヲ爲シテ會議ヲ開クノ外ナシ

再回招集ノ町村會ハ同一ノ會議事件ナルトキハ出席議員定數ノ半數ニ達セサルモ會議ヲ開クコトヲ得（町村制第四十八條）

二、再回招集ノ告知書モ開會ノ日ノ前三日目マテニ各議員ニ到達スルヲ要スルコトハ當初ノ招集告知ト異ナルコトナシ尤モ急施ヲ要スル場合ハ此ノ制限ヲ受ケサルモノトス（町村制第四十七條第三項）

三、會期ヲ定メテ再回招集スル場合ニハ第二例ヲ參照シ相當ノ文詞ヲ加入スルコト

第二　町村會會議事件追加告知書

第一例（開會期日前ニ於テ爲ス追加告知書）

町（村）會會議事件追加告知ノ件

何月何日午前（午後）何時ヲ期シ招集シタル何町（村）會ノ會議事件ヲ左ノ通追加致候ニ付此段及告知候也

昭和何年何月何日

何町（村）長「代理助役」何　某㊞

何町（村）會議員　何　某殿

一、町（村）基本財産處分ノ件

一、何々規程改正ノ件

一、何々〻〻〻ノ件

（備考）

追加告知シタル事件ハ告知シタル日ノ翌日ヨリ三日目以後ノ町村會ニ付議スヘキモノトス（町村制第四十七條第四項）

町村會會議事件追加告知書

第二例（開會後ニ於テ爲ス追加告知書）

町（村）會會議事件追加告知ノ件

何月何日ヨリ開會中ノ何町（村）會ノ會議事件ヲ左ノ通リ追加致候ニ付此段及告知候也

昭和何年何月何日

何町（村）長「代理助役」　何　某㊞

何町（村）會議員　何　某殿

一、區長決定ノ件

一、何々規程中改正ノ件

一、何々、、、ノ件

（備考）

第一例ノ備考參照

第三　町村會會期延長通達書

町（村）會會期延長ノ件

何月何日開會シタル何町（村）會ノ會期ヲ何日以内（何月何日マテ何日間）延長致候ニ付此段及通達候也

昭和何年何月何日

何町（村）長「代理助役」　何　某㊞

何町（村）會議長

何町（村）長「代理助役」　何　某殿

（備考）

一、町村長ニ於テ會期ノ延長ヲ宣告スルニハ町村會ノ會議中議場ニ於テ之ヲ爲スヲ以テ足ルモノナルモ本例ハ開議中ニ宣告スルコト能ハサリシ爲書面ヲ以テ町村會議長ニ通達スル場合ノ式トシテ掲ケタルモノナリ

町村會會期延長通達書

二、會期ヲ延長スルトキハ町村會ニ對シ宣告又ハ通達スルノ外別ニ各議員ニ對シ次ノ例ニ依リ通知スルノ方法ヲ採ルヲ適當トス

町（村）會會期延長ノ件

何月何日開會シタル何町（村）會ノ會期ヲ何日以内（何月何日マテ何日間）延長致候ニ付此段及通知候也

昭和何年何月何日

何町（村）長「代理助役」　何　某㊞

何町（村）會議員　何　某殿

第四　町村會閉會通達書

町（村）會閉會ノ件

何月何日ヨリ開會シタル何町（村）會ヲ閉會此段及通達候也

昭和何年何月何日

何町（村）長「代理助役」何　　某㊞

何町（村）會議長　何　　某殿

（備考）

町村長助役共ニ故障生シ爲ニ自ヲ出席シテ町村會ノ閉會ヲ宣言スルコト能ハサル場合アルトキハ町村長ハ文書ヲ以テ之ヲ議長又ハ其ノ職務ヲ行フ者ニ通知シ議長ヨリ之ヲ更ニ一般議員ニ通知セシムルノ方法ヲ執ルモ妨ケナシ本例ハ此ノ場合ニ於ケル通達書ノ式ナリ

第五　町村會出席催告書

第一例（會議ノ當初ヨリ出席者法定數ニ達セサル場合ノ催告書）

町（村）會出席催告ノ件

本日ノ町（村）會ハ出席議員定足數ニ達セサル爲會議ヲ開クヲ得サリシニ依リ午後何時ヲ期シ必ス御出席相成度此段及催告候也

昭和何年何月何日

何町（村）會議長
何町（村）長「代理助役」　何　某㊞

何町（村）會議員　何　某殿

（備考）

一、出席催告書ハ招集告知書ト異リ、町村會議長ヨリ發スヘキモノトス

二、出席催告書ハ最初招集ニ應シタル議員全部ニ對シ送達スルヲ要スルモノトス、從テ現ニ出席中ノモノト、退席セルモノト、全ク出席セサリシモノトヲ問ハス招集ニ應シタル議員全部ニ送達セラル、ニアラサレハ催告ノ效力ヲ生セス

三、出席ノ催告ハ招集當日一旦議員定數ノ半數以上參集シタルモ共ノ後現實ノ會議ニ際シ最初又ハ途中

ヨリ出席者定數ノ半數ヲ闕クニ至リタル場合ニ行フヘキモノニシテ招集ノ當日最初ニ定數ノ半數以上參集セサリシ場合ハ再回招集ヲ爲スノ外途ナキモノトス

第二例（會議ノ中途ニ於テ出席者法定數ヲ闕クニ至リタル場合ノ催告書）

町（村）會出席催告ノ件

本日ノ町（村）會ハ會議中午前（午後）何時ニ至リ出席議員定足數ヲ闕キタル爲會議ヲ中止スルニ至リ候ニ付午後何時（明何日午前何時）ヲ期シ必ス御出席相成度此段及催告候也

昭和何年何月何日

何町（村）會議長

何町（村）長「代理助役」　何　某㊞

何町（村）會議員　何　某殿

（備考）

第一例ノ備考參照

町村會出席催告書

第六　町村會開議期日通知書

町（村）會開議期日通知ノ件

目下開會中ノ本町（村）會ノ繼續會議ヲ何月何日午前（午後）何時ヨリ開會致候ニ付御出席相
成度此段及通知候也

昭和何年何月何日

何町（村）會議長
何町（村）長「代理助役」　何　　某㊞

何町（村）會議員　何　　某殿

（備考）

一、前回ノ會議ノ終リニ於テ議長カ次ノ會議日ヲ宣告セサリシトキハ更メテ之ヲ議員ニ通知スルノ必要

アリ、而シテ其ノ通知ハ議長ヨリ最初招集ニ應シタル議員全部ニ對シ發スヘキモノトス

二、本通知ハ招集ノ告知ト異リ期日前三日目マテニ到達セシムルヲ必要トスルノ制限ナシ

第七　町村會招集請求書

（町村會議員ヨリ町村長ニ要求スルモノ）

町（村）會招集請求ノ件

左記事件付議ノ必要有之候ニ付速ニ何町（村）會ヲ招集相成度町村制第四十七條第一項ニ依リ此段及請求候也

昭和何年何月何日

何町（村）會議員

何　某　㊞

何　某　㊞

何　某㊞
何　某㊞
何　某㊞

何町（村）長「代理助役」何　某殿

一、何學校設置ニ關スル意見書提出ノ件
一、何町（村）何々條例設定ノ件

（備考）
本請求ハ町村會議員定數ノ三分ノ一以上連署シテ爲スコトヲ要ス（町村制第四十七條第一項）

第八　町村會の會議開會請求書

（町村會議員ヨリ議長ニ提出スルモノ）

町（村）會開議請求書

本日ノ町村會ハ出席議員定數ノ半數以上ニ達シ且會議規則所定ノ開會時刻ヲ經過シ午後何時ニ到ルモ尚開議セラレザルヲ以テ（何々ニ付必要アルヲ以テ）速ニ會議ヲ開カレ度町村制第五十三條第二項ニ依リ此段及請求候也

昭和何年何月何日

何町（村）會議員

何　某㊞

何　某㊞

何町（村）長「代理助役」　何　某殿

（備考）
本請求ハ議員定數ノ半數以上連署シテ之ヲ爲スニ非サレハ法律上請求ノ效力ナシ（町村制第五十三條第二項）

第九　町村會の議案

一、特ニ理由ノ説明ヲ要スルモノハ議案ノ末尾ニ理由ヲ付スルコトヲ要ス
二、議案ノ番號ハ一ケ年（暦年）ヲ通スルヲ便宜トス
三、急施事件トシテ付議スル場合ト雖議案ニハ必スシモ其ノ旨ヲ記載スルヲ要セス

一　條　例

第一例（條例ヲ新ニ設定スル場合）

議案第何號

何々條例設定ノ件

何町（村）何々條例左ノ通定ム

昭和何年何月何日提出

何町（村）長「代理助役」　何　某

何町（村）何々條例

第一條　本町（村）ハ何々、、、、

第二條　、、、、、、

附　則

本條例ハ公布ノ日ヨリ之ヲ施行ス

（備考）
附則一箇條ノトキハ條ヲ掲ケサルヲ例トス

第二例（單行文ノ條例ヲ新ニ設定スル場合）

議案第何號

何々條例設定ノ件

何町（村）何々條例左ノ通定ム

昭和何年何月何日提出

何町（村）長「代理助役」何　某

何町（村）會議員定數增加條例

町村制第十一條第三項ニ依リ本町（村）會議員ノ定數ヲ何人トス

附　則

本條例ハ次ノ總選擧ヨリ之ヲ施行ス

第二例（條例一部改正ノ場合）

議案第何號

何々條例中改正ノ件

昭和何年何月條例第何號何町（村）何々條例中左ノ通改正ス

昭和何年何月何日提出

何町（村）長「代理助役」何　某

何町（村）何々條例中改正條例

第一條　丶丶丶丶丶丶丶丶丶（全條改正ノトキ）
第何條第何項ヲ左ノ如ク改ム
　丶丶丶丶丶丶丶丶丶
第何條第何項ノ次ニ左ノ一項ヲ加フ
　丶丶丶丶丶丶丶丶丶
第何條中「丶丶丶丶丶丶」ヲ「丶丶丶丶丶」ニ改ム
第何條中「丶丶丶丶丶丶丶丶」ノ前（次）ニ「丶丶丶丶丶丶丶丶」ヲ加フ
第何條ノ二　丶丶丶丶丶丶丶丶丶丶（全條ヲ條間ニ追加スルトキ）
第何條ノ三　丶丶丶丶丶丶丶丶（同上）
第何條中「丶丶丶丶丶丶」ヲ削ル
第何條　削除
第何條第何項中「丶丶丶丶丶」ヲ「丶丶丶丶丶丶」ニ改ム
第何條第何項中「丶丶丶丶丶丶」ノ次ニ「丶丶丶丶丶丶」ヲ加フ
第何條第何項ヲ削ル

第何條（第何項）中但書ヲ削ル
第何條（第何項）ニ左ノ但書ヲ加フ
　但シ、、、、、、、、、、
第何條中「、、、、、」ヲ「、、、、、、、、」ニ「、、、、、」ヲ「、、、、、」ニ改ム
第何條（第何項）中「、、、、、」ノ次「、、、、、」ヲ「、、、、、、、、、」ノ
　次「、、、、、」ヲ「、、、、、、、、」ニ改ム
第何條　、、、、、、、、（末尾ニ全條ヲ追加スルトキ）

　　附　則

本條例ハ公布ノ日ヨリ之ヲ施行ス
　　參照
第何條　、、、、、、、、、、、（改正又ハ削除スヘキ現行條項ヲ記載スルコト）
、、、、、、、、、、

（備考）

改正又ハ追加スルニ付左ノ如キ文詞ハ之ヲ用ヰサルコト
一、第何條ヲ左ノ如ク改ム
二、第何條ノ次ニ左ノ何條ヲ加フ
三、第何條ヲ第何條ノ二トシ其ノ前ニ左ノ一條ヲ加フ
四、第何條ヲ第何條ニ改メ第何條以下順次繰下ク

第四例（単行文ノ條例一部改正ノ場合）

議案第何號

何々條例中改正ノ件

昭和何年何月條例第何號何町（村）何々條例中左ノ通改正ス

昭和何年何月何日提出

何町（村）長「代理助役」　何　某

何町（村）何々條例中改正條例

「、、、、、」ヲ「、、、、、、」ニ改ム

附　則

本條例ハ公布ノ日ヨリ之ヲ施行ス

參照

本町村ハ、、、、、、、、、（現行條例全文ヲ記載スルコト）

第五例（條例ノ全部改正ヲ條例新設ノ形式ニ依リ其ノ附則ヲ以テ舊條例ヲ廢止スル場合）

議案第何號

何々條例設定ノ件

何町（村）何々條例左ノ通定ム

昭和何年何月何日提出

何町（村）長「代理助役」　何　某

何町（村）何々條例

第一條　丶丶丶丶丶丶丶丶
第二條　丶丶丶丶丶丶丶丶丶（號ヲ設クル場合ノ例）
一　丶丶丶丶丶丶
二　丶丶丶丶丶丶
三　丶丶丶丶丶丶

附　則

本條例ハ公布ノ日ヨリ之ヲ施行ス
何年何月條例第何號何町（村）何々條例ハ之ヲ廢止ス

（備考）
廢止文中何々條例ハ「本條例施行ノ日ヨリ」之ヲ廢止スト云フカ如キ文詞ハ之ヲ用ヰサルコト

第六例（條例ノ全部改正ヲ改正條例ノ形式ニ依ル場合）

議案第何號
町村會の議案

何々條例改正ノ件

昭和何年何月條例第何號何町（村）何々條例左ノ通改正ス

昭和何年何月何日提出

何町（村）長「代理助役」　何　某

何町（村）何々條例

第一條　、、、、、

第二條　、、、、、

附　則

本條例ハ昭和何年何月何日ヨリ之ヲ施行ス

第七例（條例廢止ノ場合）

議案第何號

何々條例廢止ノ件

何町（村）何々條例ハ左ノ通之ヲ廢止ス

昭和何年何月何日提出

何町（村）長「代理助役」何　某

何町（村）何々條例廢止條例

昭和何年何月條例第何號何町（村）何々條例ハ之ヲ廢止ス

附　則

本條例ハ公布ノ日ヨリ之ヲ施行ス

二　規　則

議案第何號

何々規則設定ノ件

何町（村）何々規則左ノ通定ム

昭和何年何月何日提出

何町（村）長「代理助役」何　某

何町（村）何々規則

第一條　、、、、、、

第二條　、、、、、、

附　則

本規則ハ公布ノ日ヨリ之ヲ施行ス

（備考）

一、附則一箇條ノトキハ條ヲ掲ケサルヲ例トス

二、其ノ他規則ニ關スル議案ハ條例ニ關スル議案第一例以下ノ式ニ準シ調製スヘキモノトス

三　規　程

第一例（規程ヲ新ニ設クル場合）

議案第何號

何々規程設定ノ件

何町（村）何々規程左ノ通定ム

昭和何年何月何日提出

何町（村）長「代理助役」何　某

何町（村）何々規程

第一條　、、、、、

第二條　、、、、、

附　則

本規程ハ昭和何年何月何日ヨリ之ヲ施行ス

（備考）附則ハ數條項ニ亘ルモノ、外條ヲ掲ケサルヲ例トス

第二例（規程ノ一部改正ノ場合）

議案第何號

何々規程中改正ノ件

大正何年何月何日議決何町（村）何々規程中左ノ通改正ス

昭和何年何月何日提出

何町（村）長「代理助役」何　某

第何條中「、、、、」ヲ「、、、、」ニ改ム

第何條第何項ヲ削ル

第何條　、、、、、、、、（全條改正ノトキ）

附　則

本規程ハ昭和何年何月何日ヨリ之ヲ施行ス
参照
第何條　、、、、、、（改正又ハ削除スヘキ現行條項ヲ記載スルコト）

第三例（規程ノ全部改正ヲ規程新設ノ形式ニ依ル場合）

議案第何號
何々規程設定ノ件
何町（村）何々規程左ノ通定ム
昭和何年何月何日提出
何町（村）長「代理助役」　何　某

何町（村）何々規程
第一條　、、、、、
第二條　、、、、、、

附　則

本規程ハ昭和何年何月何日ヨリ之ヲ施行ス
何々何年何月何日議決何町（村）何々規程ハ之ヲ廢止ス

第四例（規程ノ全部改正ヲ改正規程ノ形式ニ依ル場合）

議案第何號

何々規程改正ノ件

大正何年何月何日議決何町（村）何々規程左ノ通改正ス
昭和何年何月何日提出
何町（村）長「代理助役」何　某

何町（村）何々規程

第一條　、、、、、
第二條　、、、、、

附　則

本規程ハ昭和何年何月何日ヨリ之ヲ施行ス

第五例（規程廢止ノ場合）

議案第何號

何々規程廢止ノ件

何々何年何月何日議決何町（村）何々規程ハ昭和何年何月何日ヨリ之ヲ廢止ス

昭和何年何月何日提出

何町（村）長「代理助役」何　某

四　事業施設

第一例

議案第何號

小學校新築（改築）（增築）ノ件

本町（村）何々尋常高等小學校舍狹隘（腐朽セル）ニ付左ノ通昭和何年度ニ於テ（昭和何年度ヨリ同何年度マテ何箇年度間ノ繼續事業トシテ）新築（改築）（增築）スルモノトス

一、新築（改築）（增築）スヘキ建物

校舍木造瓦葺平屋建何棟何百坪

内　譯

一、普通教室	何箇	何坪
	一箇 何坪	
二、職員室		何坪
三、裁縫教室	一箇	何坪
四、理科教室	一箇	何坪
五、機械標本室	一箇	何坪
六、生徒昇降口		何坪
七、通廊下		何坪

附屬建物木造瓦葺平屋建一棟何十坪

内　譯

一、小使室　何坪

二、湯吞場　何坪

三、傘下駄置場　何坪

便所　木造瓦葺　二棟　何坪

渡廊下　何坪

二、工事費豫算

一金何程　總工費

内　譯

金何程　用地費

金何程　建築費

金何程　設備費

金何程　設計及監督費

金何程　　雜　費

三、費金支出方法

金何程　　寄附金

金何程　　町(村)税戸數割

金何程　　基本財産繰入

四、着手竣工豫定期日

着　手　何年何月

竣　工　何年何月

昭和何年何月何日提出

何町（村）長「代理助役」何　某

第二例

議案第何號

町（村）役場（傳染病隔離病舍）新築ノ件

本町（村）役場（傳染病隔離病舍）腐朽セルニ付左ノ通昭和何年度ニ於テ新築スルモノトス

一、新築スヘキ建物

本館（病舍）木造瓦葺平屋建一棟何百坪

内譯

一、事務室　何坪

二、病室　何箇（一箇何坪）　何坪

三、宿直室　何坪

四、玄關　何坪

五、何々　何坪

消毒舍　木造瓦葺　一棟　何坪

便所　木造瓦葺　一棟　何坪

廊下　何坪

二、工事費豫算

一金何程　　　　　總工費

　　內譯

金何程　　　　　用地費

金何程　　　　　建築費

金何程　　　　　設備費

金何程　　　　　設計及監督費

金何程　　　　　雜費

三、費金支出方法

金何程　　　　　縣費補助金

金何程　　　　　町(村)稅戶數割

金何程　　　　　寄附金

四、着手竣工豫定

着手　　昭和何年何月

竣工　　同　何年何月

昭和何年何月何日提出

何町（村）長「代理助役」何　某

第三例

議案何第號

實業補習學校設置ノ件

左ノ通實業補習學校ヲ設置スルモノトス

一、名　稱　町（村）立實業公民學校

二、位　置　何尋常高等小學校ニ併置ス

三、編　制　何々、、、

四、入學資格　何々、、、

五、開校期日　昭和何年四月一日

昭和何年何月何日提出

何町（村）長「代理助役」何　某

第四例

議案第何號

高等小學校併置ノ件

本町（村）立何々尋常小學校ニ昭和何年度ヨリ高等小學校ノ教科ヲ併置スルモノトス

昭和何年何月何日提出

何町（村）長「代理助役」何　某

五　町村税賦課

第一例

議案第何號

町（村）税賦課ノ件

本町（村）費支辨ノ爲左ノ課率ヲ以テ昭和何年度ニ於テ町（村）税ヲ賦課（追加賦課）スルモノトス

一、地租附加税　宅地地租金壹圓ニ付金何程
　　　　　　　　其ノ他ノ地租金壹圓ニ付金何程
一、特別地税附加税　地價百分ノ三、七ノ百分ノ何程
一、營業收益税附加税　本税壹圓ニ付金何程
一、鑛業税附加税　試掘鑛區税壹圓ニ付金何程
　　　　　　　　採堀鑛區税壹圓ニ付金何程
　　　　　　　　鑛產税壹圓ニ付金何程
一、砂鑛區税附加税　本税壹圓ニ付金何程
一、取引所營業税附加税　本税壹圓ニ付金何程
一、家屋税附加税　本税壹圓ニ付金何程
一、縣税營業税附加税　本税壹圓ニ付金何程

一、縣稅雜種稅附加稅　本稅壹圓ニ付金何程
一、特別稅段別割　田一反步ニ付金何程
　畑一反步ニ付金何程
　其ノ他一反步ニ付金何程

昭和何年何月何日提出

何町（村）長「代理助役」　何　某

（備考）

一、縣稅營業稅附加稅、雜種稅附加稅中種目ニ依リ課率ヲ異ニスル（所謂不均一賦課）場合ハ地租附加稅及鑛業稅附加稅ノ例ニ倣ヒ其ノ種目每ニ課率ヲ分記スルコト
二、特別稅戶數割ハ豫算ニ定メタル總額ヲ賦課スヘキ總額トシテ條例ニ依リ賦課スルモノニ付別ニ課率ノ議決ヲ爲スヘキモノニアラス
三、特別稅中課率ノ議決ヲ爲スヘキモノハ條例ニ課率ノ範圍ヲ定メタルモノニ限リ、課率ヲ條例ニ一定セルモノハ之カ議決ヲ要
四、課率ハ厘位以下忽位ニ止ラサルトキハ四捨五入ノ法ヲ以テ忽位ニ止ムルコト

五、課率ヲ定ムルニ當リ厘位未滿ノ數アルトキハ之ヲ切捨テ又ハ切上クル等便宜厘位ニ止ムルモ差支ナキモ、各稅ニツキ可成同一主義ヲ採ルコト（昭和三、五、一七行政實例）尤モ特別地稅附加稅ノ課率ハ小數點以下一位ニ止メ二位以下ハ之ヲ切捨ツルコト

六、地租附加稅ノ課率ハ法定ノ制限課率ヲ以テ課率ト爲スモノ及其ノ各課率ノ比例ニ從フモノハ均一ノ稅率ナリ

第二例

議案第何號

昭和何年度特別稅戶數割資力及賦課額決定ノ件

一金何程　特別稅戶數割賦課總額

内譯

金何程　所得ニ對スル賦課額（賦課總額ノ十分ノ何）

所得總額何程壹百圓ニ付賦課額何圓何拾錢、、、内寄不足額何圓何拾錢

金何程　資產ノ狀況ニ對スル賦課額（賦課總額ノ十分ノ何）

資産總點數何程壹千點ニ付賦課額何圓何拾錢、、、内寄不足額何圓何拾錢

各納税義務者ノ資力及賦課額ヲ別紙ノ通決定スルモノトス

昭和何年何月何日提出

何町（村）長「代理助役」何　某

（別紙）

特別税戸數割資力及賦課額決定書

納税者氏名	賦課額	資力：所得額	資力：同上賦課額	資力：資産状況點數	資力：同上賦課額
	圓	圓	圓	點	圓

（備考）
本例ハ戸數割賦課ニ關シ條例ニ「各納税義務者ノ資力及賦課額ハ町村會ノ議決ヲ經テ之ヲ定ム」ト規定シアル町村ニ於ケル議案ノ例ヲ掲ケタルモノナリ

六　不均一、一部、數人賦課

第一例

議案第何號

土木費不均一賦課ノ件

町村道何々ヽヽヽ線道路改修費ハ左ノ割合ニ依リ昭和何年度特別税戸數割トシテ不均一賦課ヲ爲スモノトス

一、大字何　賦課總額金何程ノ内金何程（又ハ百分ノ何程）
　賦課ヲ受クヘキ戸數何戸　一戸平均金何程

一、大字何　同上ノ内金何程（又ハ百分ノ何程）
　賦課ヲ受クヘキ戸數何戸　一戸平均金何程

一、ヽヽヽヽヽ
　ヽヽヽヽヽヽ

昭和何年何月何日提出

何町（村）長「代理助役」　何　某

第二例

議案第何號

土木費一部賦課（數人賦課）ノ件

町村道何々、、線道路改修費（某所溜池修築費）ハ其ノ總額ヲ左ノ通大字何ノ區域ニ對シ（關係者何某外何人ニ對シ）昭和何年度特別税戸數割トシテ賦課スルモノトス

一、賦課額金何程

賦課ヲ受クヘキ戸數何戸　一戸平均金何程

（賦課ヲ受クヘキ者左ノ通　一人平均金何程）

（何　某　何　某）

（何　某　何　某）

昭和何年何月何日提出

何町（村）長「代理助役」何　某

七　夫役賦課

議案第何號

夫役賦課ノ件

本町（村）小學校運動場整地工事ノ爲昭和何年度ニ於テ左ノ通夫役ヲ賦課スルモノトス

一、夫役　何百人役　換算金額何百圓　但シ一人役ニ付金何程

此ノ賦課方法

種別	納税者數	納税者一人當夫役賦課數
直接町（村）税壹百圓以上ヲ納ムル者	何人	十人役
直接町（村）税壹百圓未滿何拾圓以上ヲ納ムル者	何人	七人役
直接町（村）税何拾圓未滿五圓以上ヲ納ムル者	何人	五人役

直接町（村）税五圓未滿壹圓以上ヲ納ムル者	何人	三人役
直接町（村）税壹圓未滿ヲ納ムル者	何人	一人役

昭和何年何月何日提出

何町（村）長「代理助役」何　某

八　公債及一時借入金

第一例

議案第何號

町（村）債起債ノ件

一、起債金額　金何萬圓

一、起債ノ目的　小學校建築費（町村道改築費）ニ充ツル爲

一、借入金利率　年何分何厘（年何分以內）

一、借入先　日本勸業銀行（何縣教育資金）

一、借入時期　昭和何年度何月（昭和何年度但シ借入期月ハ借入先ト協定スルモノトス）

（又ハ）

昭和何年度　金何萬圓

昭和何年度　金何萬何千圓

昭和何年度　金何萬何千圓

（事業施行ノ關係ニ依リ翌年度ニ繰延ヘ借入ヲ爲スコトヲ得）

一、据置期間　借入ノ日ヨリ何年三月三十一日マテ

一、償還期限　自昭和何年度至同　何年度何箇年賦但シ每年度ノ償還期日ハ何月何日、何月何日ノ兩期トス

町（村）財政ノ都合ニ依リ繰上ケ償還ヲ為シ償還年限ヲ短縮シ又ハ低利借ニ借替ヲ為スコトヲ得

一、償還財源　　町（村）税、（縣費補助金）

昭和何年何月何日提出

何町（村）長「代理助役」何　某

（別紙）

公債元利償還年次表

年度期月	期初現在未償還元金	償還元金	利子金（年何分）	計
昭和何年度　何月	○○、○○○	○○、○○○	○○、○○○	○○、○○○
何月	○○、○○○	○○、○○○	○○、○○○	○○、○○○
計				

（備考）
一、起債金額ニハ百圓未滿ノ端數ヲ附セサルコト（明治四一、八、六、地發第一〇五號通牒）
二、借入年度ノ歳入ヲ以テ償還スル元金及利子金ヲ起債金額ニ加ヘサルコト

第二例

起債並償還方法變更ノ件

議案第何號

昭和何年何月何日議決町（村）債起債ノ件中左ノ通變更ス

一、起債金額　金貳萬圓ヲ金壹萬五千圓トス
一、利率　年何分ヲ年何分以內トス
一、借入先　何銀行ノ次ニ何銀行ヲ加フ
一、償還期限　自昭和何年度至同何年度何年賦ヲ自昭和何年度至同何年度何年賦トス
一、償還年次表　別紙ノ通

昭和何年何月何日提出

何町（村）長「代理助役」何　　某

（別紙）

償還年次表

第三例

議案第何號

一時借入金ノ件

昭和何年度ニ於テ左ノ通一時借入金ヲ爲スモノトス

一、借入金額　金何千圓（金何千圓以內）

一、利　　率　百圓ニ付日步何錢（何錢以內）

一、借入期間　昭和何年何月何日ヨリ同何年何月何日マテ

一、借入先　何銀行

昭和何年何月何日提出

何町（村）長「代理助役」　何　　某

九　特別會計

議案第何號

特別會計設置ノ件

何圖書館費（上水道費）（何基本財産）（何積立金）ハ町村制第百十八條ニ依リ昭和何年度ヨリ之ヲ特別會計トス

昭和何年何月何日提出

何町（村）長「代理助役」　何　　某

十　教員義務額支出

議案第何號

小學校教員俸給義務支出額增加ノ件

昭和何年度ヨリ本町（村）立小學校教員俸給義務支出額ヲ左ノ通增加スルモノトス

小學校本科正教員　一人平均金何程

小學校專科正教員　一人平均金何程

昭和何年何月何日提出

何町（村）長「代理助役」　何　某

十一　寄付補助

第一例

議案第何號

町（村）費寄付ノ件

府縣道何々、、、線道路改修費（某縣立何々中學校建築費）ニ對シ昭和何年度町（村）費ヲ以テ金何程ヲ寄附スルモノトス

昭和何年何月何日提出

何町（村）長「代理助役」何　　某

第二例

議案第何號

町（村）費補助ノ件

昭和何年度町（村）費ヲ以テ左ノ通補助スルモノトス

金何程　　村社何神社

金何程　何町(村)青年團
金何程　何町(村)農會
、、、　、、、、、、

昭和何年何月何日提出

何町(村)長「代理助役」何　某

十二　豫算金額流用

第一例

議案第何號

昭和何年度歳出豫算金額流用ノ件

歳出經常部第何款何費、第何項何費中何々費豫算不足ニ付第何項何費中何々費ヨリ金何程ヲ流

用スルモノトス

昭和何年何月何日提出

何町（村）長「代理助役」何　某

第二例

昭和何年度歳出豫算金額流用ノ件

議案第何號

一金何程

是ハ歳出經常部第何欵何費第何項何費中何々費豫算不足ニ付第何項何費中何々費ヨリ流用

一金何程

是ハ歳出臨時部第何欵何費第何項何費中何々費豫算不足ニ付第何項何費中何々費ヨリ流用

右ノ通流用スルモノトス

昭和何年何月何日提出

何町（村）長「代理助役」何　　某

（備考）
一科目ノ流用ニ止マル場合ハ第一例ニ依リ、二科目以上ノ流用ヲ要スル場合ハ第二例ニ依ルコト

十三　寄附金品受納

第一例

議案第何號

寄附金受納ノ件

一金何程

何郡何町（村）何某ヨリ何々費指定寄附

一金何程

何市（町）（村）何某ヨリ昭和何年度町（村）費ヘ寄附

右受納スルモノトス

昭和何年何月何日提出

何町（村）長「代理助役」　何　　某

第二例

議案第何號

寄附物件受納ノ件

一、何々　　何　程

此價額金何程

何郡何町（村）何某ヨリ何小學校備品トシテ寄附

右受納スルモノトス

昭和何年何月何日提出

何町（村）長「代理助役」　何　　某

十四　公民權ニ關スル制限特免

議案第何號

公民權ニ關スル制限特免ノ件

何町（村）大字何第何番地

何　　某

何年何月何日生

右者本町（村）住民ナルモ住民ト爲リテ以來未タ二年ニ達セサル爲公民權ヲ有セサルヲ以テ町村制第七條第二項ニ依リ二年ノ制限ヲ特免スルモノトス

昭和何年何月何日提出

何町（村）長「代理助役」　何　某

十五　辭職理由認定、公民權停止及退職ノ承認

第一例

議案第何號

町（村）長（區長）（何委員）辭職理由認定ノ件

何町（村）長　何　某

（何區長（何委員）　何　某）

右ノ者病氣（家事上ノ故障）（何々）ノ爲辭表ヲ提出セリ右ハ正當ノ理由アルモノト認ム

昭和何年何月何日提出

何町（村）長「代理助役」何　某

第二例

議案第何號

町（村）公民權停止ノ件

元何職　何　某

右者何年何月何日何々ノ事由ニ依リ何々ノ退職申立（當選辭退）ヲ爲シタル處何々、、、ノ理由ニ依リ申立ノ事由正當ナリト認メ難キヲ以テ町村制第八條第二項ニ依リ何年何月間本町（村）ノ公民權ヲ停止スルモノトス

昭和何年何月何日提出

何町（村）長「代理助役」何　某

第三例

議案第何號

有給町（村）長（助役）退職承認ノ件

本町（村）長（助役）何某ハ何々ノ事由ニ依リ何月何日辭職ヲ申立タルニ付之ヲ承認スルモノトス（但シ退職期日ヲ何年何月何日トス）（但シ後任者就職ノ前日ヲ以テ退職期日トス）

昭和何年何月何日提出

何町（村）會議長

何町（村）長「代理助役」何　某

（備考）

本承認ハ町村會自ヲ發案スヘキ事項ニ屬スルヲ以テ町村長ニ於テ發案スルハ適當ナラス町村會議長トシテ發案スヘキモノトス

十六　事務分掌

議案第何號

助役（區長）事務分掌ノ件

町村制第七十八條第一項ニ依リ本町（村）助役（區長）ニ左ノ町（村）事務ヲ分掌セシム

一、諸證明ニ關スル事務

一、何、、、、、

昭和何年何月何日提出

何町（村）長「代理助役」何　某

十七　不動産ノ讓受借入及處分

第一例

議案第何號

土地購入ノ件

何郡何町（村）大字何字何第何番
一、田（畑）（山林）段別　何段何畝何步
地價　金　何　程
所有者　何町（村）　何　某
此購入價額金何程　壹步ニ付金何程

何郡何町（村）大字何字何第何番
一、宅地面積　何拾坪
地價　金　何　程
所有者　何町（村）　何　某
此購入價額金何程壹坪ニ付金何程

右何々敷地トシテ購入スルモノトス
昭和何年何月何日提出
何町（村）長「代理助役」何　某

第二例

議案第何號
家屋購入ノ件
何郡何町（村）大字何字何第何番所在
一、木造瓦葺平屋建（二階建）住家（納屋）壹棟
此建坪　何拾坪
所有者　何町（村）何　某
此購入價額金何程　壹坪ニ付金何程
右何々ニ使用スル爲購入スルモノトス

昭和何年何月何日提出

何町（村）長「代理助役」何　某

第三例

議案第何號

不動產讓受ノ件

何郡何町（村）大字何字何第何番

一、宅地面積（何々段別）何坪（何反歩）

地價金何程

此見積價額　金何程

何郡何町（村）大字何字何第何番所在

一、木造瓦葺平屋建（二階建）住家　何棟

建坪　何坪

此見積價額　金何程

右何町（村）何某ヨリ何々敷地（何々）トシテ寄附願出アリタルニ依リ之ヲ讓受クルモノトス

昭和何年何月何日提出

何町（村）長「代理助役」　何　某

第四例

土地借入ノ件

議案第何號

何郡何町（村）大字何字何第何番

一、畑段別　何段何畝步

地價金何程

右所有者

何郡何町（村）

何　　某

右ノ土地ヲ本町（村）役場敷地トシテ別記契約ニ依リ借入ルヽモノトス

昭和何年何月何日提出

何町（村）長「代理助役」　何　　某

（別紙）

土地貸借契約書

第一條　、、、、、、、

第五例

議案第何號

地上權設定ノ件

何郡何町（村）大字何字何第何番

一、宅地面積　何百坪

地價金何程

何郡何町（村）大字何字何第何番

一、山林段別　何段何畝步

地價金何程

右所有者

何郡何町（村）

何　　某

本町（村）魚市場建物建設ノ爲（造林經營ノ爲）右ノ土地ニ對シ別記約欵ヲ以テ地上權ヲ設定スルモノトス

昭和何年何月何日提出

何町（村）長「代理助役」何　　某

（別紙）

地上權設定契約書

第一條　、、、、、、、

第六例

議案第何號

不動産處分ノ件

何郡何町（村）大字何字何第何番

一、山林段別　何畝何歩　但舊町村道敷地

地價金何程

此見積價額金何程

（此賣却代金何程　壹歩ニ付金何程

買受人　何町（村）

何　某）

右賣却スルモノトス

昭和何年何月何日

何町（村）長「代理助役」何　某

十八　基本財産及積立金ノ設置管理、處分

第一例

議案第何號

積立金設置ノ件

本町（村）何々尋常高等小學校建築費ニ充當スル爲小學校建築準備積立金ヲ設ケ左ノ方法ニ依リ之カ蓄積ヲ爲スモノトス

一、積立期間　自昭和何年度至同何年度何年度間

（昭和何年度ヨリ總額金何程ニ達スルマテ）

一、積立金ニ編入スヘキ種目　毎年度町（村）費ヨリ

金何程

本積立金ヨリ生スル收入

指定寄附金

昭和何年何月何日提出

何町（村）長「代理助役」　何　某

（備考）

積立金設置規程ヲ設クルトキハ規程設定ノ例ニ依リ議案ヲ調製スヘキモノトス

第二例

議案第何號

基本財産金及積立金管理ノ件

本町（村）基本財産金及積立金ノ昭和何年度ニ於ケル預入方法ハ左ノ通定ムルモノトス

預入ノ種別	預入期限	利率	預入先
定期預金	滿一年以内	年五分五厘以上	株式會社何銀行 有限責任何信用組合

昭和何年何月何日提出

何町（村）長「代理助役」何　某

第三例

議案第何號

基本財産管理ノ件

本町（村）基本財産現金ヲ以テ左ノ通債券ニ應募スルモノトス

財産ノ種類	金額	應募債券 種類	應募債券 金額	應募債券 利率
基本財産	金何程	何縣債	金何程	年何分
學校基本財産	金何程	日本勸業債券	金何程	年何分

昭和何年何月何日提出

何町（村）長「代理助役」何　某

第四例

議案第何號

基本財産土地（建物）貸付ノ件

何郡何町（村）大字何字何第何番

一、田段別　何段歩

地價金何程

何郡何町（村）大字何字何第何番所在

一、木造瓦葺平屋建（二階建）住家　何棟

此建坪　何十坪

一、貸付ノ目的　何々

一、貸付ノ期間　自昭和何年何月何日
至同何年何月何日　何年間（貸付ノ日ヨリ何年間）

一、賃貸料　壹箇年金何程　壹坪（壹歩）ニ付金何程

一、賃借人　何町（村）
何　某

右貸付スルモノトス

昭和何年何月何日提出

何町（村）長「代理助役」何　某

第五例

議案第何號
基本財産處分ノ件
何郡何町（村）大字何字何第何番
一、田段別　何段何畝歩
地價金何程
此賣却代金何程　壹段歩ニ付金何程
買受人　何郡何町（村）
何　某
右隨意契約ヲ以テ賣却スルモノトス
昭和何年何月何日提出
何町（村）長「代理助役」何　某

第六例

議案第何號

基本財産處分ノ件

本町（村）何基本財産金ヲ左ノ通昭和何年度町（村）歳入ニ繰入ルルモノトス

一、繰入金額　金何程
一、繰入ノ目的　小學校建築費（何々費）ニ充ツル爲
一、繰入時期　昭和何年度何月
一、繰入金利率　年何分
一、積戻期限　自昭和何年度 至同　何年度　何箇年間毎年度何月、何月ノ兩期
一、積戻財源　町（村）税（何々）
一、積戻年次表　別紙ノ通

昭和何年何月何日提出

何町（村）長「代理助役」　何　某

（別紙）

町村會の議案

繰入金積戻年次表

年度期月	期初現在積戻未濟元金額	元金積戻額	利子相當金積戻額(年何分)	計
昭和何年度何月	〇〇,〇〇〇	〇〇,〇〇〇	〇〇,〇〇〇	
何月				
〻〻〻〻〻〻				
計				〇〇,〇〇〇

三四二

議案第何號

第七例

積立金處分ノ件

本町（村）何々積立金ヲ左ノ通昭和何年度町（村）歳入ニ繰入ルルモノトス

一、繰入金額　　金何程

一、繰入ノ目的　何々費ニ充ツル爲

一、繰入時期　昭和何年度何月

昭和何年何月何日提出

何町（村）長「代理助役」何　某

（備考）積立ノ目的以外ノ費途ニ充ツル爲繰入ルルモノニ付テハ積戻方法ヲ定メ積戻年次表ヲ添付スルコトヲ要ス

第八例

議案第何號

基本財産蓄積停止ノ件

昭和何年度ニ於ケル本町（村）基本財産蓄積條例第一條ニ依ル左ノ蓄積金ハ同年度ニ於テ臨時金何程以上（歳出總額ノ何割以上ニ相當スル臨時費）ノ支出ヲ要シ財政上困難ナルヲ以テ同

條例第四條ニ依リ之カ蓄積ヲ停止スルモノトス
一、何々、、、、
昭和何年何月何日提出
何町（村）長「代理助役」　何　某

十九　豫算及繼續費

第一例

議案第何號
昭和何年度何縣何郡何町（村）歳入歳出豫算
歳　入
一金何程　經常部豫算高
一金何程　臨時部豫算高

合計金何程

歳出

一金何程　經常部豫算高

一金何程　臨時部豫算高

合計金何程

歳入歳出差引

残金　ナシ

昭和何年度何縣何郡何町（村）歳入歳出豫算

歳入

經常部

豫算			豫算說明				
科目 款	項	豫算額	種目	本年度豫算額	前年度豫算額	増減	附記

		圓		圓	圓	圓	
經常部計							

臨時部

豫算			豫算說明				
科目 款	項	豫算額	種目	本年度豫算額	前年度豫算額	增減	附記
		圓		圓	圓	圓	
臨時部計							
歳入合計							

歳出

經常部

豫算 科目 款	項	豫算額	豫算説明 種目	本年度豫算額	前年度豫算額	增減	附記
		圓		圓	圓	圓	
經常部計							

臨時部

豫算 科目 款	項	豫算額	豫算説明 種目	本年度豫算額	前年度豫算額	增減	附記
		圓		圓	圓	圓	

臨時部計	
歳出合計	

昭和何年何月何日提出

何町（村）長「代理助役」何　某

（備考）

一、豫算ト豫算說明トハ別紙ニ調製スルモ妨ケナシ
二、特別會計ニ屬スル豫算モ本様式ニ準スルモノトス
三、豫算金額ハ圓位ニ止ムルヲ便宜トス
四、科目及附記ノ記載方ハ市制町村制施行規則第五十條處定ノ様式及大正十五年十一月山口縣訓令第八十二號ニ依ルヘキモノトス

第二例

議案第何號

昭和何年度何縣何郡何町（村）歳入歳出追加豫算

歳　入

一金何程　　經常部既定豫算高

一金何程　　經常部追加豫算高

經常部計金何程

一金何程　　臨時部既定豫算高

一金何程　　臨時部追加豫算高

臨時部計金何程

歳入合計金何程

歳　出

一金何程　　經常部既定豫算高

一金何程　　經常部追加豫算高

經常部計金何程

一 金何程　　臨時部既定豫算高

一 金何程　　臨時部追加豫算高

臨時部計金何程

歳出合計金何程

歳入出差引

殘金　ナシ

昭和何年度何縣何郡何町（村）歳入歳出追加豫算

歳入

經常部

豫算				豫算說明				
科目		追加豫算額	既定豫算額	種目	追加豫算額	既定豫算額	計	附記
款	項							
		圓	圓		圓	圓	圓	

經常部 計	

臨時部

豫算				豫算説明				
科目		追加豫算額	既定豫算額	種目	追加豫算額	既定豫算額	計	附記
款	項							
		圓	圓		圓	圓	圓	
臨時部 計								
歳入 合計								

歳出

經常部

科目 款	科目 項	豫算 追加豫算額	豫算 既定豫算額	豫算説明 種目	豫算説明 追加豫算額	豫算説明 既定豫算額	豫算説明 計	豫算説明 附記
		圓	圓		圓	圓	圓	
經常部計								

臨時部

科目 款	科目 項	豫算 追加豫算額	豫算 既定豫算額	豫算説明 種目	豫算説明 追加豫算額	豫算説明 既定豫算額	豫算説明 計	豫算説明 附記
		圓	圓		圓	圓	圓	
臨時部計								

歳出　合計

昭和何年何月何日提出

何町（村）長「代理助役」何　某

（備考）
本様式ハ山口縣ニ於テ定メタル「追加豫算」記載例ニ依リタルモノナリ

第三例

議案第何號

昭和何年度何縣何郡何町（村）歳入歳出追加更正豫算

歳　入

一金何程　經常部既定豫算高

一金何程　經常部變更豫算高

一金何程　臨時部既定豫算高
一金何程　臨時部變更豫算高
歳入合計金何程

歳　出

一金何程　經常部既定豫算高
一金何程　經常部變更豫算高
一金何程　臨時部既定豫算高
一金何程　臨時部變更豫算高
歳出合計金何程
歳入出差引
殘金　ナシ

昭和何年度何縣何郡何町（村）歳入歳出追加更正豫算

歳　入

經常部

豫算 科目 款	豫算 科目 項	變更豫算額	既定豫算額	豫算說明 種目	豫算說明 變更豫算額	豫算說明 既定豫算額	追加更正額 增額	追加更正額 減額	附記
		圓	圓		圓	圓	圓	圓	
經常部計									

臨時部

豫算 科目 款	豫算 科目 項	變更豫算額	既定豫算額	豫算說明 種目	豫算說明 變更豫算額	豫算說明 既定豫算額	追加更正額 增額	追加更正額 減額	附記
		圓	圓		圓	圓	圓	圓	

臨時部計	
歳入合計	

歳出

經常部

科目 款	科目 項	變更豫算額	既定豫算額	種目	變更豫算額	既定豫算額	追加更正額 增額	追加更正額 減額	豫算説明 附記
		圓	圓		圓	圓	圓	圓	
經常部計									

臨時部

豫算				豫算説明					
科目		變更豫算額	既定豫算額	種目	變更豫算額	既定豫算額	追加更正額		附記
款	項						增額	減額	
		圓	圓		圓	圓	圓	圓	
―	―								
臨時部	計								
歳出	合計								

昭和何年何月何日提出

何町（村）長「代理助役」何　某

（備考）

一、更正豫算ノミナルトキハ「追加」ノ二字ヲ削除スルモノトス

二、本樣式ハ山口縣ニ於テ定メタル「追加更正豫算」記載例ニ依リタルモノナリ

第四例

議案第何號

自昭和何年度
至昭和何年度　何縣何郡何町（村）何費繼續年期及支出方法

一金何程　土木費中道路橋梁費（何學校營繕費中建築費）

内譯

金何程　昭和何年度支出額
金何程　昭和何年度支出額
金何程　昭和何年度支出額

右町村道何線道路改修ノ必要アルニ依リ（又ハ何學校舍腐朽（狹隘）ノ爲新築（改築）（增築）ノ必要アルニ依リ）前記ノ通何箇年度繼續費トシテ支出ス

昭和何年何月何日提出

何町（村）長「代理助役」何　某

何縣何郡何町（村）繼續費何費收支計算表

收入

科目 款	科目 項	昭和何年度	昭和何年度	昭和何年度	計	説明 種目	説明 金額	説明 附記
		圓	圓	圓	圓		圓	
合計								

支出

科目 款	科目 項	昭和何年度	昭和何年度	昭和何年度	計	説明 種目	説明 金額	説明 附記
		圓	圓	圓	圓		圓	

合計	

議案第何號

第五例

自昭和何年度
至同　何年度
何費繼續費變更ノ件

何年何月何日議決何費繼續年期及支出方法左ノ通變更ス

自昭和何年度
至同　何年度
何町（村）何費繼續年期及支出方法

一金何程　何々費中何々費

内譯

金何程　昭和何年度支出額
金何程　昭和何年度支出額

金何程　　昭和何年度支出額

（參照）

何年何月何日議決

一金何程　　總　額

内　譯

金何程　　昭和何年度支出額

金何程　　昭和何年度支出額

金何程　　昭和何年度支出額

昭和何年何月何日提出

何町（村）長「代理助役」　何　某

繼續費何費收支計算表　（朱書（又ハ△）ハ從前ノ額）

收　入　（支出）

科目		昭和何年度	昭和何年度	昭和何年度	計	説明		
款	項					種目	金額	附記

二十　豫算外義務負擔

第一例

議案第何號

豫算外義務負擔ノ件

自昭和何年度
至同　何年度小學校營繕費ノ繼續費中左ノ工事費ハ工事執行ノ關係ニ依リ前年度ニ於テ請負契約ヲ締結スルコトヲ得

金何程

昭和何年度支出額

昭和何年何月何日提出

何町（村）長「代理助役」何　某

第二例

議案第何號

豫算外義務負擔ノ件

自昭和何年度
至同　何年度　何會補助ノ繼續費ハ其ノ初年度ニ於テ翌年度以降ノ支出額ニ付交付ノ指令ヲ發スルコトヲ得

昭和何年何月何日提出

何町（村）長「代理助役」何　某

第三例

議案第何號

豫算外義務負擔ノ件

本町（村）大字何ノ區域ニ於ケル小學校兒童ノ教育ヲ何町（村）ニ委託スル爲委託料トシテ昭和何年度以降毎年度金何程ヲ何町（村）ニ支拂フモノトス

昭和何年何月何日提出

何町（村）長「代理助役」　何　某

二十一　歳計現金預入

議案第何號

何町（村）歳計現金預入ノ件

昭和何年度中收入役ノ保管ニ屬スル本町（村）歳計現金ハ平常ノ支拂ニ支障ナキ範圍ニ於テ左ノ銀行又ハ組合ニ預入セシムルモノトス

一、株式會社何々銀行

一、有限責任何町（村）何信用購買組合

一、何々、、

昭和何年何月何日提出

何町（村）長「代理助役」　何　某

二十二　翌年度歳入繰上

議案第何號

翌年度歳入繰上充用ノ件

昭和何年度歳入ハ財産賣拂代未收入ノ爲（町村税滯納ノ爲）歳出ニ充ツルニ足ラサルヲ以テ翌何年度ノ歳入ヨリ金何程ヲ繰上ケ之ニ充用スルモノトス

昭和何年何月何日提出

何町（村）長「代理助役」何　某

二十三　町村税納税延期及減免

第一例

町（村）税納税延期許可ノ件

議案第何號

左ノ町（村）税納税者ハ何々ノ故ヲ以テ昭和何年何月何日マテ納税延期方出願シタルニ付之ヲ許可スルモノトス

昭和何年何月何日提出

何町（村）長「代理助役」何　某

年度	税目	期別	税金額	納税者 住所氏名
			圓	

第二例

議案第何號

町（村）税減額（免除）ノ件

左ノ町（村）税納税者ハ何々ヽヽノ故ヲ以テ町（村）税減額（免除）方出願シタルニ付出願ノ通之ヲ減額（免除）スルモノトス

昭和何年何月何日提出

何町（村）長「代理助役」　何　某

年度		
税目		
期別		
税金額		
減額（免除）額		
納税者 住所氏名		

二十四　役場位置變更

議案第何號

町（村）役場位置變更ノ件

本町（村）役場位置ヲ本町（村）大字何第何番地及第何番地ニ變更スルモノトス

昭和何年何月何日提出

何町（村）長「代理助役」何　某

二十五　小學校位置指定答申

議案第何號

小學校位置變更（校地增加）答申ノ件

本町（村）立尋常小學校位置變更（校地增加）ニ關スル何縣知事ノ諮問ニ對シ左ノ通答申スルモノトス

昭和何年何月何日提出

何町（村）長「代理助役」何　某

答申書

本町（村）立何々尋常小學校位置變更（校地增加）ノ件何月何日御諮問ノ通異議無之（何月何日御諮問ノ通指定セラルヽヲ適當トス）

右答申候也

昭和何年　月　日

何郡何町（村）長　何　某

何縣知事　何　某殿

（備考）

本件ノ如キハ町村會ノ意見ヲ諮問セルモノニ非スシテ町村ノ意見ヲ諮問セラルルモノナルカ故ニ一般議決事件ト同樣町村長ヨリ議案ヲ發シ町村會ノ決議ヲ經然ル後町村長名ニ依リ答申スヘキモノトス

二十六　小字名改稱

議案第何號

小字名改稱ノ件

左ノ通町（村）内ノ小字名ヲ改稱スルモノトス

現在小字名	改稱小字名
大字何《ナニ》ノ内	
字何《ナニ》	字何《ナニ》
字何《ナニ》	字何《ナニ》

昭和何年何月何日提出

何町（村）長「代理助役」何　某

第十　決算認定付議書

會第何號

昭和何年度何町（村）歳入歳出決算認定ノ件

一、昭和何年度何町（村）歳入歳出決算
一、昭和何年度何町（村）何費歳入歳出決算

右別冊ノ通收入役ヨリ提出シタルニ付審査ヲ遂クル所收支並決算共正當ニシテ不都合ナキモノト認ム

仍テ町村制第百二十二條第二項ニ依リ町（村）會ノ認定ニ付ス

昭和何年何月何日

何町（村）長「代理助役」何　某

（別紙）

昭和何年度山口縣何郡何町（村）歳入歳出決算

歳　入

一金何程　　經常部決算高

一金何程　　臨時部決算高

合計金何程

歳　出

一金何程　　經常部決算高

一金何程　　臨時部決算高

合計金何程

歳入歳出差引

殘金何程

此ノ處分

金何程　　基本財産ニ編入

金何程　　翌年度ヘ繰越

昭和何年度何縣何郡何町（村）歳入歳出決算

歳入

經常部

科目			決算額
款	項	目	
			圓
經常部計			

臨時部

科目			決算額
款	項	目	
			圓

臨時部計	
歳入合計	

歳出

經常部

科目 款	項	決算額
		圓
經常部計		

臨時部

科目		決算額
款	項	
		圓
臨時部計		
歳出合計		

（備考）

一、決算ニハ所定ノ決算説明ヲ添付スルコト

二、「會第何號」ハ議案以外ノ提出文書ニ共通スヘキ記號番號ヲ用ウルモノトシテ記載シタルモノナルヲ以テ「記號」ハ係名ノ頭字ヲ用ウル等適宜變更スルヲ妨ケス

第十一　町村會ノ選擧要求書

第一例

選擧第何號

町（村）長選擧ノ件

本町（村）長何某昭和何年何月何日任期滿了スルニ付（任期滿了シタルニ付）（退職ノ申立ヲ爲シタルニ付）（辭職シタルニ付）（死亡シタルニ付）町（村）會ニ對シ其ノ後任者ノ選擧ヲ求ム「本町（村）長闕員ニ付町（村）會ニ對シ其ノ選擧ヲ求ム」

昭和何年何月何日

何町（村）長「代理助役」　何　某

（備考）

一、選擧ハ議事ニ非サルヲ以テ町村會ヨリ議案ヲ發スヘキモノニ非ス從テ要求書ニ議案第何號ト記載スルカ如キハ適當ナラス

二、本例ハ宛名ヲ用ヰスシテ本文ニ依リ町村會ノ選擧ヲ求ムルコトヲ明ニシタル例式ヲ揭ケタルモノナルヲ以テ町村會ノ宛名ヲ明記セムトスル場合ハ件名ノ次行下部ニ「何町（村）會」ト記載シ本文中

「町村會ニ對シ」ノ文字ヲ削除スヘキモノトス

三、議案以外ノ提出文書ニ共通スル記號番號ヲ用ウル場合ニハ「選擧第何號」ハ之ヲ「會第何號」ノ如ク變更スルヲ妨ケス

四、町村長氏名ノ前行「昭和何年何月何日」ノ下ニ提出ノ文字ヲ付スルコトハ議案ニ非サルヲ以テ適當ナラス

五、町村會ニ於テ行フ選擧ニツキ町村長ヨリ要求スルハ便宜上ノ處置ニシテ必要條件ニ非ス

六、議決ニ付テハ「議案」、推薦ニ付テハ「推薦書」、諮問ニ付テハ「諮問書」等ノ提出ヲ必要トスルモノナルモ、選擧ニ付テハ議長ニ於テ會議ノ事件トシテ上程スルヲ以テ足リ、本式ノ如キ要求書ハ必スシモ町村長ヨリ提出スルニ及ハサルモノトス

第二例

選擧第何號

助役（收入役）選擧ノ件

本町（村）助役（收入役）何某昭和何年何月何日任期滿了（辭職）（死亡）ノ爲闕員中ノトコロ町（村）長職ニ在ラサルニ付町村制第六十三條第二項ニ依リ町（村）會ニ對シ其ノ後任者ノ選

擧ヲ求ム

昭和何年何月何日

何町（村）長「代理助役」「職務管掌」「臨時代理者」何某

（備考）

第一例ノ町村長選擧ノ件備考參照

第三例

出納検査立會議員選擧ノ件

選擧第何號

町村制第百二十一條第二項ニ依リ昭和何年度本町（村）臨時出納検査ニ立會スヘキ町（村）會議員何人（何人以上）ノ選擧ヲ求ム

昭和何年何月何日

何町（村）長「代理助役」何　某

（備考）
第一例ノ町村長選擧ノ件備考參照

第十二　町村吏員ノ推薦書

第一例

推薦第何號

助役（收入役）推薦ノ件

何　　某
何年何月何日生

本町（村）助役（收入役）何某昭和何年何月何日任期滿了スルニ付（任期滿了シタルニ付）（退職ノ申立ヲ爲シタルニ付）（辭職シタルニ付）（死亡シタルニ付）其ノ後任者トシテ前記ノ者ヲ推薦シ町（村）會ノ決定ヲ求ム「本町（村）助役（收入役）闕員ニ付前記ノ者ヲ推薦シ町村會ノ

決定ヲ求ム」

昭和何年何月何日

何町（村）長　何　　某

（備考）

一、推薦ニ依リ決定ヲ爲スニ付テハ町村長ヨリ議案ヲ發スヘキモノニ非サルヲ以テ推薦書ニ議案第何號ト記載スルカ如キハ適當ナラス

二、議案以外ノ提出文書ニ共通スル記號番號ヲ用ウル場合ニハ「推薦第何號」ハ之ヲ「會第何號」ノ如ク變更スルヲ妨ケス

三、推薦書ニ「後任者ニ定ム」トスルカ如ク議案同樣ノ文詞ヲ以テスルハ適當ナラス

四、町村長氏名ノ前行「昭和何年何月何日」ノ下ニ「提出」ノ文字ヲ付スルコトハ議案ニ非サルヲ以テ適當ナラス

第二例

町村吏員の推薦書

推薦第何號

常設（臨時）何々委員推薦ノ件

本町（村）常設何々委員（町（村）會議員ヨリ出ツル者何人、町（村）公民中選擧權ヲ有スル者ヨリ出ツル者何人）任期滿了ニ付其ノ後任者トシテ（闕員ニ付）左記ノ者ヲ推薦シ町（村）會ノ決定ヲ求ム

町（村）會議員

何　某

何　某

町村公民中選擧權ヲ有スル者

何　某

何　某

昭和何年何月何日

何町（村）長「代理助役」　何　某

(備考)
第一例ノ助役推薦ノ件備考參照

第三例

推薦第何號

區長及區長代理者推薦ノ件

本町(村)區長及區長代理者任期滿了ニ付其ノ後任者トシテ(闕員ニ付)左記ノ者ヲ推薦シ町(村)會ノ決定ヲ求ム

區名	區長	區長代理者
何區	何　某	何　某
第二區	何　某	何　某

昭和何年何月何日

何町（村）長「代理助役」何　某

（備考）第一例ノ助役推薦ノ件備考參照

第四例

推薦第何號

收入役代理者推薦ノ件

何町（村）書記　何　某

前記ノ者ヲ本町（村）收入役代理吏員ニ推薦シ町（村）會ノ決定ヲ求ム

昭和何年何月何日

何町（村）長「代理助役」　何　某

（備考）第一例ノ助役推薦ノ件備考參照

第十三　異議ノ送付書

第一例

決定第何號

異議申立書送付ノ件

本町（村）何某ヨリ何々ヽヽヽノ件ニ付別紙ノ通異議申立ヲ爲シタリ依テ町村制第何條第何項

ニ依リ町（村）會ノ決定ニ付ス
昭和何年何月何日
何町（村）長「代理助役」何　某

（備考）

一、本例ハ宛名ヲ用ヰスシテ本文ニ依リ町村會ノ決定ニ付スルコトヲ明ニシタル例式ヲ掲ケタルモノナルヲ以テ町村會ノ宛名ヲ明記セムトスル場合ハ件名ノ次行下部ニ「何町（村）會」ノ文字ヲ記載スヘキモノトス

二、議案以外ノ提出文書ニ共通スル記號番號ヲ用ウル場合ニハ「決定第何號」ハ之ヲ「會第何號」ノ如ク變更スルヲ妨ケス

三、「昭和何年何月何日」ノ下ニ「提出」ノ文書ヲ附記スルコトハ議案ト異ルヲ以テ適當ナラス

四、假令異議申立期限ヲ經過セルコト明カナルトキ又ハ異議ノ申立ヲ爲シ得サル事項ナルトキト雖其ノ中立ハ町村會ノ決定ニ付シ町村會ノ決定ニ依リ却下スヘキモノトス

第二例

決定第何號

町（村）會議員被選擧權決定ノ件

本町（村）會議員何某ハ何々ノ理由ニ依リ本町（村）會議員ノ被選擧權ヲ有セサル者ト認ム（何年何月何日ヨリ何年何月何日マテ本町（村）會議員ノ被選擧權ヲ有セサリシ者ト認ム）依テ町村制第三十五條第二項ニ依リ町（村）會ノ決定ニ付ス

昭和何年何月何日

何町（村）長「代理助役」　何　某

（備考）

第一例備考一乃至三參照

第十四　異議ノ決定書

第一例

決定案

決定書

何郡何町（村）大字何第番地
異議申立人　何　某

右異議申立ノ要旨ハ、、、、、、、、ト云フニ在リ
依テ町村制第何條ニ依リ之ヲ受理シ審査ヲ遂クル處、、、、、、、、、、、、、、、、異議申立ハ理由ナキモノト云ハサルヘカラス（、、、、ノ處分ハ當ヲ得サルモノトス）
以上ノ理由ニ依リ決定スルコト左ノ如シ
異議申立相立タス（、、、、、ノ處分ハ取消スヘキ限ニアラス）（、、、、ノ處分ハ之ヲ取消ス）
（、、、、ノ處分ヲ取消シ、、、、ト定ム）
昭和何年　月　日

何町（村）會議長
何町（村）長　何　　某

（決定案ヲ議事ノ便宜上議長ニ於テ發案スルトキハ末尾ニ左ノ通記載スルコト）

昭和何年何月何日提出

何町（村）會議長
何町（村）長「代理助役」何　　某

第二例

決定書

何郡何町（村）大字何第番地
異議申立人　何　　某

決定案

本異議申立ハ、、、、、、、、ト云フニ在ルモ斯ノ如キ事項ニ付テハ町村制中異議ノ申立ヲ許シタル規定ナキノミナラス其ノ他ノ法令ニ於テモ之ヲ認メサルヲ以テ異議申立ヲ爲シ得ヘカラサ

ルモノトス

右ノ理由ニ基キ本異議申立ハ之ヲ却下ス

昭和何年　月　日

何町（村）會議長

何町（村）長　何　某

（決定案ヲ議事ノ便宜上議長ニ於テ發案スルトキハ末尾ニ左ノ通記載スルコト）

昭和何年何月何日提出

何町（村）會議長

何町（村）長「代理助役」何　某

決定案

第三例

決定書

何郡何町（村）大字何第番地
異議申立人　何　某
本件ハ町村制第何條第何項ニ依リ何々ノ日ヨリ何日以内ニ町村長ニ申立ツヘキモノナルニ右ノ期限ヲ經過シ適法ノ手續ニ違背スルヲ以テ受理スヘカラサルモノトス
右ノ理由ニ基キ本異議申立ハ之ヲ却下ス
昭和何年　月　日
何町（村）會議長
何町（村）長　何　某
（決定案ヲ議事ノ便宜上議長ニ於テ發案スルトキハ末尾ニ左ノ通記載スルコト）
昭和何年何月何日提出
何町（村）會議長
何町（村）長「代理助役」　何　某

第四例

決定案

決定書

何町（村）會議員　何　某

右者昭和何年何月以來何町（村）大字何字何ニ轉居シ一戸ヲ構ヘ何々業ヲ營メリ而シテ前住宅ニハ家族中長男何某夫婦依然居住セルモ本人ハ何々、、、、、ノ事實アリテ其ノ住所ハ何町（村）ニ移轉セルモノト認ムヘキコト明カナルカ故ニ本町（村）公民タルノ要件ヲ闕キ從テ町（村）會議員ノ被選擧權ヲ有セサルニ至リタルモノトス

以上ノ理由ニ依リ決定スルコト左ノ如シ

町（村）會議員何某ハ本町（村）會議員ノ被選擧ヲ有セス（何年何月何日ヨリ何年何月何日マテ本町（村）會議員ノ被選擧權ヲ有セサリシ者トス）

昭和何年　月　日

何町（村）會議長

何町（村）長「代理助役」　何　某

（決定案ヲ議事ノ便宜上議長ニ於テ發案スルトキハ末尾ニ左ノ通記載スルコト）

昭和何年何月何日提出

何町（村）會議長

何町（村）長「代理助役」　何　某

第十五　諮問書

第一例

諮問第何號

町村道路線認定ノ件

道路法第十四條ニ依リ左ノ路線ヲ町村道ニ認定セムトス仍テ町（村）會ノ意見ヲ諮フ

昭和何年何月何日

何町（村）長「代理助役」　何　某

町村道路線認定調書

路線名	基點	經過地	終點	幅員	延長
何々線	何々	何々、、、	何々	、、、	、、、、

圖面別紙ノ通

（備考）

一、「諮問案」ト記載シ又ハ「昭和何年何月何日」ノ下ニ「提出」ノ文字ヲ加記スルコトハ適當ナラス

二、宛名ヲ明記シ諮問セムトスルトキハ件名ノ次行下部ニ「何町（村）會」ト記載スヘキモノトス

三、議案以外ノ提出文書ニ共通スル記號番號ヲ用ウル場合ニハ「諮問第何號」ハ之ヲ「會第何號」ノ如ク變更スルヲ妨ケス

第二例

諮問第何號

町村道路線變更（廢止）ノ件

道路法第十四條ニ依リ左ノ通町村道ノ路線ヲ變更（廢止）セムトス仍テ町（村）會ノ意見ヲ諮フ

昭和何年何月何日

何町（村）長「代理助役」何　某

町村道路線變更調書

一、町村道何々線ヲ左ノ通變更ス

基點	經過地	終點	幅員	延長

圖面別紙ノ通

町村道路線廢止調書

路線名	基點	經過地	終點	幅員	延長

圖面別紙ノ通

（備考）

第一例備考參照

第三例

諮問第何號

公有水面使用ノ件

何町（村）大字何字何　地先

一、公有水面　何坪
使用期間　何箇年
但別紙圖面ノ通
右何町（村）何某ヨリ何々ノ爲使用出願セルニ付支障ノ有無ニ付町（村）會ノ意見ヲ諮フ
昭和何年何月何日
何町（村）長「代理助役」　何　某

（備考）
第一例備考參照

第四例

諮問第何號
用水路變更ノ件
何町（村）大字何字何地内用水路ヲ別紙圖面ノ通變更方何町（村）何某ヨリ出願セシニ付支障

ノ有無ニ付町（村）會ノ意見ヲ諮フ

昭和何年何月何日

何町（村）長「代理助役」何　某

（備考）

第一例備考參照

第五例

溜池新築ノ件

諮問第何號

何町（村）大字何字何第何番

一、山林面積何段歩ノ內何畝歩

土地所有者　何　某

但別紙圖面ノ通

右何町（村）何某ヨリ溜池新築ノ件出願セルニ付支障ノ有無ニ付町（村）會ノ意見ヲ諮フ

昭和何年何月何日

何町（村）長「代理助役」　何　某

（備考）

第一例備考參照

第六例

諮問第何號

町（村）内小字區域變更ノ件

耕地整理施行ノ結果本町（村）内小字區域ヲ左ノ通變更スルノ必要アリト認ム右ニ關シ町（村）會ノ意見ヲ諮フ

昭和何年何月何日

何町（村）長「代理助役」　何　某

何町（村）内小字區域變更調書

大字何ノ内

字	地番	地目	面積

右字何《ナニ》ノ區域ニ編入

（備考）

第一例備考參照

第十六　諮問ノ答申書

第一例

答申案

答申書

何月何日御諮問相成候町村道路線認定ノ件（町村道路線變更ノ件）（町村道路線廢止ノ件）異議無之

右答申候也

昭和何年　月　日

何町（村）會議長

何町（村）長何　某

何町（村）長何　某殿

（答申案ヲ議事ノ便宜上議長ニ於テ發案スルトキハ末尾ニ左ノ通記載シ提出スルコト）

昭和何年何月何日提出

何町（村）會議長

何町（村）長「代理助役」何　某

第二例

答申案

答　申　書

何月何日御諮問相成候何町（村）何某ヨリ出願セル公有水面使用ノ件支障無之

右答申候也

昭和何年　月　日

何町（村）會議長

何町（村）長　何　某

何町（村）長　何　某殿

以下第一例ニ同シ

答申案

第三例

答申書

何月何日御諮問相成候何町（村）何某ヨリ出願セル用水路變更ノ件（溜池新築ノ件）何、、、、ニ付支障アルモノト認ム（、、、、、ニ付左ノ通條件ヲ付シ許可セラル、ノ必要アリト認ム）

右答申候也

昭和何年　月　日

何町（村）會議長

何町（村）長　何　某

何町（村）長　何　某殿

以下第一例ニ同シ

第四例

答申案

答　申　書

本町（村）内小字區域變更ノ件ハ何月何日付御諮問ノ通變更スルノ必要アリト認ム

右答申候也

昭和何年　月　日

何町（村）會議長

何町（村）長　何　某

何町（村）長　何　某殿

以下第一例ニ同シ

第五例

答申案

答　申　書

何月何日御諮問相成候何町（村）及何町（村）境界變更ノ件意見左記ノ通ニ有之（異議無之）

一、左ノ地域ハ、、、、、、ニ依リ變更スヘキモノニアラス

大字	字	地番	地目	面積

二、其ノ他ノ地域ハ御諮問ノ通變更スルヲ適當ト認ム

右答申候也

昭和何年　月　日

何郡何町（村）會議長

何郡何町（村）長　何　　某

何縣知事　何　某殿

答申案ヲ議決ノ便宜上議長ニ於テ發案スルトキハ末尾ニ左ノ通記載シ提出スルコト

昭和何年何月何日提出

何町（村）會議長

何町（村）長「代理助役」　何　　某

（備考）

本例ハ町村制第二條ニ依リ知事ヨリ諮問ヲ發セラレタル場合ノ答申ナリ

第六例

答申案

答　申　書

何郡何町（村）大字何字何地先

一、海面埋立地面積　　何　坪

右所屬未定地ハ何月何日御諮問ノ通何町（村）ノ區域ニ編入スルヲ適當ト認ム

（右所屬未定地ヲ何町（村）ノ區域ニ編入スルノ件何月何日御諮問ノ通異議無之）

右答申候也

昭和何年　月　日

何郡何町（村）會議長

何町（村）長　何　某

以下第五例ニ同シ

第十七　繼續費繰越計算報告書

報告第何號

繼續費繰越計算書報告ノ件

昭和何年度繼續費繰越計算書別紙ノ通市制町村制施行規則第四十六條ニ依リ報告ス

繼續費繰越計算報告書

昭和何年何月何日

何町（村）長「代理助役」何　某

（別紙）

昭和何年度繼續費繰越計算書

科目			何年度繼續費支出豫算現額			支出濟及支出所要額	支出殘額	翌年度繰越額	同上財源豫定額								
款	項	種目	豫算計上額	前年度繰越額	計				繰越金	縣補助金	寄付金	財産賣拂代	公債	過年度收入	、	、	計
一、何々費本年度支出額																	
	一、何々																
		一、何々															

計																

（備考）

一、議案以外ノ提出文書ニ共通スル記號番號ヲ用ウル場合ニハ「報告第何號」ハ之ヲ「會第何號」ノ如ク變更スルヲ妨ケス

二、「昭和何年何月何日」ノ下ニ「提出」ノ文字ヲ加フルハ適當ナラス

第十八　議決及決定事件處置報告書

報告第何號

處置事件報告ノ件

昭和何年何月何日町（村）會議員總辭職後町（村）會成立ヲ告クルニ至ルマテノ間ニ於テ（昭和何年何月何日招集シタル町（村）會招集ニ應セサリシ爲何月何日再回招集ヲ爲シタル所仍會議ヲ開クコト能ハサリシヲ以テ）町村制第七十五條ニ依リ府縣知事ノ指揮ヲ受ケ町（村）會ノ議決「及決定」スヘキ事件ヲ左ノ通處置シタリ

右報告ス

昭和何年何月何日

何町（村）長「代理助役」　何　　某

一、昭和何年度何町（村）歳入歳出豫算追加ノ件

何月何日別紙ノ通定ム

一、何々ニ關スル異議決定ノ件

何町（村）何某ヨリ申立テタル何々、、ノ異議ニ對シ何月何日申立相立タスト決定ス

一、何々、、、ノ件
　、、、、

（備考）

一、議案以外ノ提出文書ニ共通スル記號番號ヲ用ウル場合ニハ「報告第何號」ハ之ヲ「會第何號」ノ如ク變更スルヲ妨ケス

二、「昭和何年何月何日」ノ下ニ「提出」ノ文字ヲ加フルハ適當ナラス

第十九　專決處分報告書

第一例

報告第何號

　專決處分報告書

専決處分報告ノ件

膓窒扶斯患者發生シ俄然蔓延ヲ來シタル爲之カ豫防救治上經費追加ノ必要アリテ臨時急施ヲ要スルモ町（村）會成立セサルヲ以テ町村制第七十六條ニ依リ昭和何年何月何日別紙ノ通專決シタリ

右報告ス

昭和何年何月何日

何町（村）長「代理助役」何　某

（別紙）

昭和何年度何町（村）歳入歳出追加豫算

、、、、、、

（備考）

一、議案以外ノ提出文書ニ共通スル記號番號ヲ用ウル場合ニハ「報告第何號」ハ之ヲ「會第何號」ノ如ク變更スルヲ妨ケス

二、「昭和何年何月何日」ノ下ニ「提出」ノ文字ヲ加フルハ適當ナラス

第二例

報告第何號

專決處分報告ノ件

何々ノ爲何々スルノ必要アリ（事件及其經過大要ヲ記スコト）臨時急施ヲ要シ町（村）會ヲ招集スルノ暇ナシト認メタルヲ以テ町村制第七十六條ニ依リ昭和何年何月何日之ヲ專決シタリ

右報告ス

昭和何年何月何日

何町（村）長「代理助役」　何　某

（備考）

一、第一例備考參照

專決處分報告書

第二十　町村會議員ノ發スル議案

一、町村會議員カ町村制第五十三條ノ二ノ規定ニ依リ町村會ニ發スル議案ノ形式ハ總テ町村長ノ發スル議案ト略同一ニシテ只議案ニ記載スル提案者ノ職氏名ヲ異ニスルニ過キサルヲ以テ以下掲クルモノノ案ハ町村長ノ提出スル議案ノ例式ニ倣ヒ作製スルヲ要ス

二、町村會議員カ發案スルニハ議案ニ署名捺印シテ議長ニ手交スルヲ以テ足ルモノナルモ郵便又ハ代人ニ依リ之ヲ送付スル場合ニ於テハ左式ノ書面ヲ添付スルヲ可トス

町（村）會議決事項發案ノ件

一、町（村）會議長及代理者設置ニ關スル條例設定ノ件

一、町（村）費補助ノ件

右町村制第五十三條ノ二ニ依リ別紙ノ通町（村）會ニ發案致候也

昭和何年何月何日

何町（村）會議員　何　某　㊞
何　某　㊞
何　某　㊞

何町（村）會議長
何町（村）長「代理助役」何　某殿

第一例

町（村）會議長及代理者設置ニ關スル條例設定ノ件

議案

何町（村）町（村）會議長及代理者設置條例左ノ通定ム

昭和何年何月何日提出

何町（村）會議員
何　某
何　某
何　某

何町（村）町（村）會議長及代理者設置條例

本町（村）ハ町村制第四十五條第三項ニ依リ町（村）會議長及其ノ代理者一人ヲ置ク

附　則

本條例ハ公布ノ日ヨリ之ヲ施行ス

（備考）

一、本事項ノ發案權ハ町村會ニ専屬ス故ニ町村長又ハ代理者ハ町村會議長タル資格ニ於テ發案スルノ外發案權ヲ有セス

二、議長ニ於テ發案スル場合ハ末尾發案者職氏名ヲ左ノ通記載スヘキモノトス

何町（村）會議長

何町（村）長「代理助役」　何　某

第二例

議案第何號

町（村）長有給條例設定ノ件

何町（村）長有給條例左ノ通定ム

昭和何年何月何日提出

何町（村）會議員

何　某

何　某

何　某

何町（村）長有給條例

町村制第六十一條第二項ニ依リ本町（村）長ヲ有給トス

附　則

本條例ハ次ノ町村長選擧ヨリ之ヲ施行ス

（備考）本事項ハ普通ノ議決事項ナルヲ以テ町村長及町村會議員ノ何レニ於テモ發案シ得ヘシ町村會議長トシテ發案スルコトヲ得ス

第三例

議案

町（村）會會議規則改正ノ件

何町（村）會會議規則左ノ通定ム

昭和何年何月何日提出

何町（村）會議員　何　某

何　某

何　某

何町（村）會會議規則

第一條　、、、、

附　則

本規則ハ次ノ町（村）會ヨリ之ヲ施行ス

（備考）

一、本事項ノ發案權ハ町村會ニ專屬ス故ニ町村長又ハ代理者ハ町村會議長タル資格ニ於テ發案スルノ外發案權ヲ有セス

二、其ノ形式ニ付テハ第一例「議長及代理者設置條例設定ノ件」ノ備考參照

第四例

議　案

町（村）會議員選擧投票分會設置ノ件

本町（村）會議員ノ選擧ニ付町村制第十四條ニ依リ次ノ總選擧ヨリ左ノ通投票分會ヲ設置ス

分會ノ名稱	分會ノ區劃
何分會	大字何
何分會	大字何ノ內何

昭和何年何月何日提出

何町（村）會議員

何　某
何　某
何　某

（備考）
本事項ハ普通ノ議決事項ナルヲ以テ町村長及町村會議員ノ何レニ於テモ發案シ得ヘシ町村會議長トシテ發案スルコトヲ得ス

第五例

議案

町（村）會議員補闕選擧執行ノ件

本町（村）會議員闕員ニ付速ニ共ノ補闕選擧ヲ行フノ必要アリト認ム

昭和何年何月何日提出

何町（村）會議員　何　某
何　某
何　某

（備考）

一、本事項ノ發案權ハ町村會ニ專屬ス故ニ町村長又ハ代理者ハ町村會議長タル資格ニ於テ發案スルノ外發案權ヲ有セス

町村會議員の發する議案

二、其ノ形式ニ付テハ第一例「議長及代理者設置條例設定ノ件」ノ備考參照

第六例

議案

町（村）會ノ議決權限委任ノ件

昭和何年度歳出豫算中同一欵内ニ於ケル各項ノ金額流用ニ關スル事項ハ町村制第七十六條ノ二ニ依リ之ヲ町（村）長ノ專決處分ニ委スルモノトス

昭和何年何月何日提出

何町（村）會議員

何　某

何　某

何　某

（備考）

一、本事項ノ發案權ハ町村會ニ專屬ス故ニ町村長又ハ代理者ハ町村會議長タル資格ニ於テ發案スルノ外發案權ヲ有セス

二、議長ニ於テ發案スル形式ニ付テハ第一例「議長及代理者設置條例設定ノ件」ノ備考參照

第七例

議案

町（村）會ノ議決權限委任ノ件

町村制第七十六條ノ二ニ依リ左ノ事件ハ之ヲ町（村）長ノ專決處分ニ委スルモノトス

昭和何年何月何日提出

何町（村）會議員

何　某

何　某

何　某

一、寄附採納ノ件

町村會議員の發する議案

但シ費途ヲ指定スルノ外特ニ條件ヲ付スルモノヲ除ク

一、、、、、ノ件

（備考）

第六例ノ備考參照

第八例

議案

意見書提出ノ件

左ノ意見書ヲ町（村）長（縣知事）ニ提出スルモノトス

昭和何年何月何日提出

何町（村）會議員

何某

何某

意見書

何　某

町村道何々丶丶線「中何所ヨリ何所ニ至ル間」ヲ昭和何年度ニ於テ改修セラレタシ

理由

丶丶丶丶丶丶丶丶丶

右町村制第四十三條ニ依リ意見提出候也

昭和何年　月　日

何町（村）會議長

何町（村）長　何　某

何町（村）長　何　某殿

意見書

何々丶丶丶丶丶丶丶丶丶

セラレムコトヲ要望ス

右町村制第四十三條ニ依リ意見提出候也

昭和何年　月　日

何郡何町（村）會議長

何郡何町（村）長　何　　某

何縣知事　何　　某殿

（備考）

一、意見書ハ其ノ事件ノ性質ニ應シ町村長、監督官廳其ノ他ノ行政廳ノ何レニモ提出シ得ルモノトス

二、通俗ニ建議書ト稱セルモノハ町村制第四十三條ニ所謂意見書ニ外ナラサルヲ以テ總テ「意見書」ノ名稱ヲ用ヒ發案スヘキモノトス

三、意見書ノ發案權ハ町村會ニ專屬スル事件ナリ

第二十一　町村會會議錄

昭和何年
第何回何町（村）會會議錄　第一號

何月何日

開會　一、何町（村）會ヲ昭和何年何月何日何町（村）役場（何所）ニ招集セリ

一、午前（後）何時議員參集町（村）長何某町（村）會ヲ開會スル旨ヲ宣告ス

議席抽籤　一、本會ハ議員總選擧後（本年）ノ初回ナルヲ以テ會議規則ニ依リ抽籤ヲ以テ各議員ノ席次ヲ定メタリ即チ左ノ如シ

何番　何　某

何番　何　某

何番　何　某

開議　一、午前（後）何時何分開議

出席議員　一、出席シタル議長及議員左ノ如シ（但シ町（村）長何某故障アリ缺席ニ付代理

助役議長ノ職務ヲ代理ス）

議長　町（村）長「代理助役」何　某

議員　何番　何　某

何番　何　某

議事參與員

一、町村制第四十六條ニ依リ議事ニ參與シタル者左ノ如シ

町（村）長　何　某

助　役　何　某

書　記　何　某

提出議案ノ題目

一、町（村）長ヨリ提出シタル議案其ノ他左ノ如シ

一、議案第一號　昭和何年度何町（村）歳入歳出豫算

一、昭和何年事務報告書及同年末現在財產表

一、議案第二號　何町（村）何々條例設定ノ件
一、議案第三號　何町（村）何々規程改正ノ件
一、議案第四號　基本財産管理ノ件
一、町村長選擧ノ件
一、昭和何年度何町（村）歳入歳出決算認定ノ件
一、同　何年度何資金歳入歳出決算認定ノ件
一、議案第五號　小學校新築ノ件
一、議案第六號　基本財産處分ノ件
一、收入役推薦ノ件

議員提出ノ議案ノ題目

一、議員ヨリ提出シタル議案左ノ如シ
一、何町（村）農會補助ノ件

議事日程ノ報告

一、議長　本日ノ議事日程ヲ左ノ通報告ス
一、日程第一　昭和何年度何町（村）歳入歳出豫算
一、日程第二　何町（村）何々條例設定ノ件

一、日程第三、、、、、

第一　會議錄署名議員ノ決定

會議錄署名議員ノ選定議決ニ依リ決定

一、議長會議錄署名議員ヲ決定スル旨ヲ告ケ左ノ何名ヲ署名議員ニ定ムルニ異議ナキヤヲ諮ル

何番　何　某
何番　何　某

一、議長　異議ナキモノト認メ右ノ何名ヲ會議錄署名議員ニ定メタル旨ヲ告ク

異議ナシ異議ナシノ聲起ル

（又ハ）

選擧」議長ノ指名推選

一、議長　會議錄署名議員何名ノ選擧ニ付テハ便宜上指名推選ノ方法ヲ用ヒ其ノ指名ハ議長ニ於テ爲スコト、シテハ如何ト述フ

一、何番（何）何番（何）之ニ贊成ス

一、議長　重テ異議ナキヤヲ諮ヒ發言者ナキヲ以テ全員ニ於テ異議ナキモノト認メ指名推選ノ法ニ依ルコトニ決定シタル旨ナ宣シ次テ議長ニ於テ左ノ通指名ス

何番　何　某
何番　何　某

一、議長　右ノ指名ニ賛成者ヲ起立ニ諮フ

起立者　全　員

一、議長　全員ノ同意ヲ以テ議長指名ノ通會議録署名議員ニ當選セラレタル旨ヲ告ク

第二　議案第一號　昭和何年度何町（村）歳入歳出豫算

普通ノ審議

第一讀會

一、議長　本案ニ付第一讀會ヲ開ク旨ヲ告ケ書記ヲシテ議案ヲ朗讀セシム

一、町（村）長（助役）豫算編成ニ關スル方針及主ナル増減理由ヲ説明ス

一、何番（何）何々ニ付質問シ、助役何々ト答フ

第一讀會最後ノ採決

一、議長　質疑盡キタリト認メ第二讀會ヲ開クヤ否ヤヲ會議ニ諮ル

異議ナシ異議ナシト呼フ者アリ

一、議長　異議ナキモノト認メ第二讀會ヲ開クコトニ決定スル旨ヲ宣告ス

中途出席議員

一、第何番（何）午前（後）何時何分出席シタリ

第三　議案第二號　何町（村）何々條例設定ノ件

第一讀會

一、議長　歳入歳出豫算ニ對スル第二讀會以下ノ議事ハ後廻トシ本案ニ付第一讀會ヲ開ク旨ヲ告ケ書記ヲシテ議案ヲ朗讀セシム

一、町（村）長（助役）提案ノ理由ヲ説明ス

一、何番（何）何々ニ付質問シ助役何々ト答フ

一、議長　質疑盡キタリト認メ第二讀會ヲ開クヤ否ヲ會議ニ諮ル

異議ナシ異議ナシノ聲起ル

第一讀會最後ノ採決

一、議長　異議ナキモノト認メ第二讀會ヲ開クコトニ決スル旨ヲ宣告ス

第二讀會

一、議長　直ニ第二讀會ヲ開ク旨ヲ告ク

讀會省略ノ動議

一、何番（何）第三讀會ヲ省略シ原案ニ可決確定セラレタシトノ動議ヲ提出ス

一、何番（何）何番（何）何番説ニ賛成ス

讀會省略確定議ノ採決

一、議長　採決スル旨ヲ宣告シ何番ノ讀會省略原案ニ可決確定スルノ動議ニ賛成者ヲ起立ニ諮フ

全員可決

起立者　全　員

一、議長　全會一致ヲ以テ第三讀會ヲ省略シ原案ノ通可決確定シタル旨ヲ告ク

休　憩

一、議長　晝食ノ爲休憩ヲ宣ス

一、午前何時何分休憩

再　開

一、午後何時何分開議

一、出席シタル議長議員及議事參與員等午前會ニ同シ

第四　議案第一號　昭和何年度何町（村）歳入歳出豫算　（第二讀會以下）

第二讀會

一、議長　本案ニ付第二讀會ヲ開ク旨ヲ告ク

一、議長　議事ノ便宜上歳出ヨリ付議シ經常部第何款何費ヨリ第何款何費マテヲ議題ト爲ス旨ヲ告ク

修正ノ動議

一、何番（何）第何款何費第何項何費二、何々費ノ内何々ヲ削除シ二、何々ヲ金何程、第何項何費ヲ金何程、第何款何費ヲ金何程ニ修正スルノ動議ヲ提出シ其ノ理由ヲ說明ス

一、何番（何）何番（何）何番ノ修正說ニ贊成ス

動議成立

一、議長　何番ノ修正說ハ贊成者何人アリテ動議成立セシヲ以テ之ニ付採決スル旨ヲ告ケ修正說贊成者ヲ起立ニ諮フ

起立者　何　名

過半數可決

一、議長　起立者過半數ニ付何番ノ修正說ニ可決シタル旨ヲ告ク

一、議長　經常部第何欵何費ヨリ第何欵何費マテヲ議題ト爲ス旨ヲ告ク

異議ナシ〳〵ト呼フ者多シ

一、議長　異議ナキモノト認メ原案ニ可決シタル旨ヲ告ク

一、議長　歲出臨時部第何欵何費ヨリ第何欵何費マテヲ議題ト爲ス旨ヲ告ク

修正動議

一、何番（何）第何欵何費第何項何費一、何々費ノ內何々ニ金何程ヲ增加シ一、何々ヲ金何程、第何項何費ヲ金何程第何欵何費ヲ金何程ニ修正スルノ動議ヲ提出シ其ノ理由ヲ說明ス

同

一、何番（何）左ノ通修正ノ動議ヲ提出シ其ノ理由ヲ說明ス

欵	項	種目	附記	修正金額

土木費				○○円○○
	道路橋梁費			○○○○
		道路費		○○○○
			某所道路改修費	○○○

一、何番（何）何番（何）何番ノ修正說ニ贊成ス

一、何番（何）原案ニ贊成ノ旨ヲ述フ

修正動議ノ成立ト不成立

一、議長　何番ノ修正說ニハ定規ノ贊成者ナキヲ以テ動議成立セス、何番ノ修正說ハ贊成者何人アリテ動議成立セシヲ以テ之ニ付採決スル旨ヲ告ケ何番ノ修正說ニ贊成者ヲ起立ニ諮フ

起立者　何　名

可否同數議長裁決

一、議長　起立者半數ニシテ即チ可否同數ナルヲ以テ議長ニ於テ原案ニ決定スル旨ヲ告ク

一、議長　歳入各款ヲ議題ト爲ス旨ヲ告ク

修正動議

一、何番（何）第何款町（村）税中第一項何々附加税及一何々附加税ヲ金何程、附記本税壹圓ニ對スル課率ヲ金何程トシ、第何款町（村）税ヲ金何程ニ修正スルノ動議ヲ提出シ共ノ理由ヲ説明ス

一、何番（何）何番（何）何番ノ修正説ニ賛成ス

修正動議ノ成立

一、議長　何番ノ修正説ハ賛成者何人アリテ動議成立セシヲ以テ之ニ付採決スル旨ヲ告ケ修正説賛成者ヲ起立ニ諮フ

起立者　全　員

全員可決

一、議長　全會一致ニテ何番ノ修正説ニ可決シタル旨ヲ告ク

第三讀會

一、議長　直ニ第三讀會ヲ開ク旨ヲ告ク

一、何番（何）第二讀會決定ノ通異議ナシト述ヘ何番（何）何番（何）之ニ賛成ス

一、議長　直ニ採決スル旨ヲ告ケ第二讀會ノ決定ニ賛成者ヲ起立ニ諮フ

起立者　何　名

過半數可決

一、議長　起立者過半數ニ付第二讀會決定ノ通可決確定シタル旨ヲ告ク

第五　議案第三號　何町（村）何々規程改正ノ件

第一讀會

一、議長　第一讀會ヲ開ク旨ヲ告ク

一、町（村）長（助役）提案ノ理由ヲ説明ス

一、何番（何）何々ニ付質問シ助役何々ト答フ

第一讀會最後ノ採決

一、議長　質疑盡キタリト認メ第二讀會ヲ開クヤ否ヲ會議ニ諮ル

異議ナシ〳〵ト呼フ

一、議長　異議ナキモノト認メ第二讀會ヲ開クコトニ決スル旨ヲ宣告ス

第二讀會

一、議長　直ニ第二讀會ヲ開ク旨ヲ告ク

讀會省略確定ノ動議

一、何番（何）第三讀會ヲ省略シ原案ニ可決確定セラレタキ旨ヲ述フ

一、何番（何）何番（何）何番説ニ贊成ス

一、議長　採決スル旨ヲ述ヘ何番ノ第三讀會ヲ省略シ原案ニ可決確定スルノ説ニ贊成者ヲ起立ニ諮フ

起立者　全　員

全員可決

一、議長　全會一致ヲ以テ第三讀會ヲ省略シ原案ノ通可決確定シタル旨ヲ告ク

散　會　一、議長　明何日ノ議事日程ヲ報告シ散會ヲ告ク
一、午後何時何分散會
右會議錄ノ正當ナルコトヲ認メ茲ニ署名ス
昭和何年何月何日
何町（村）會議長　何　某
何町（村）長「代理助役」　何　某
何町（村）會議員　何　某
何　某

昭和何年
第何回何町（村）會會議錄　第二號
何月何日

開　議　一、午前（後）何時何分開議

出席議員　一、出席シタル議長及議員左ノ如シ

議長
町（村）長　何　某

議員
何番　何　某
何番　何　某
何番　何　某

議事參與員　一、町村制第四十六條ニ依リ議事ニ參與シタル者左ノ如シ

町（村）長　何　某
助役　何　某
收入役　何　某
書記　何　某

第六　議案第三號　基本財産管理ノ件

讀會省略　一、議長　本案ハ簡單ナルニ付讀會ノ順序ヲ省略スル旨ヲ宣告ス

一、何番（何）原案ニ賛成ノ旨ヲ述フ
賛成賛成ノ聲起ル
一、議長　異議ナキモノト認メ原案ニ可決確定スル旨ヲ告ク
第七　町（村）長選擧ノ件
一、議長　本町（村）長何某何月何日任期滿了スルニ付後任町（村）長ノ選擧ヲ行フ旨ヲ告ケ書記ヲシテ投票用紙ヲ配付セシム
一、各議員ハ自ラ投票ヲ認メ順次投票函ニ投函シタリ
一、議長　投票結了シタルヲ以テ投票函ヲ開キ投票ヲ點檢ス
其ノ結果左ノ如シ
有效投票　何　票
無效投票　何　票
内
成規ノ用紙ヲ用キサルモノ　何　票
二人以上ノ被選擧人ノ氏名ヲ記載シタルモノ　何　票
何　々　何　票

選擧
投票ノ法ニ依ルモノ

計　　何　　票

得票者ノ氏名及其ノ得票數左ノ如シ

何票　何　某

何票　何　某

一、議長　開票ノ結果ヲ報告シ有效投票ノ最多數ヲ得タル何某ヲ以テ當選者トナス旨ヲ告ク

（又ハ）

選擧

指名推選法ヲ用フルモノ

第七　町（村）長選擧ノ件

一、議長　本町（村）長何某何月何日任期滿了スルニ付後任町（村）長ノ選擧ヲ行フ旨ヲ告ク

指名推選ノ動議

一、何番（何）町（村）長ノ選擧ハ指名推選ノ法ヲ用ヒ全會一致ヲ以テ當選者ヲ決定スルコトトシ其ノ指名ヲ何番何議員ニ依頼シタシトノ動議ヲ提出ス

贊成贊成ノ聲起ル

一、議長　何番ノ動議ニハ異議ナキモノト認ムルモ念ノ爲採決ヲ行フ旨ヲ述ヘ贊成者ヲ起立ニ諮フ

起立者　全　員

一、議長　全員異議ナキヲ以テ町（村）長ノ選擧ハ指名推選ノ法ヲ用ユルコトニ決シタル旨ヲ宣告シ第何番何議員ニ於テ直ニ指名セラレタシト述フ

一、何番（何）本町（村）長ニ何某ヲ指名ス同人ハ人格德望備ハリ自治政ニ經驗深キヲ以テ最適任者ト認ム滿場ノ贊成ヲ望ムト述フ

拍手起ル

指名ニ對シ採決

一、議長　何番ノ指名ニ付採決スヘシト述ヘ何某ヲ本町（村）長ノ當選者ト定ムルコトニ贊成者ヲ起立ニ請フ

起立者　全　員

一、議長　全員ノ同意ヲ以テ何某ハ本町（村）長ニ當選セラレタル旨ヲ宣告ス

決算認定

第八　昭和何年度何町（村）歳入歳出決算認定ノ件

昭和何年度何町（村）何資金歳入歳出決算認定ノ件

議長ノ故障

一、議長　本決算認定ニ關スル議事ニ付テハ町村制第百二十二條ニ依リ町（村）長助役共ニ議長ノ職務ヲ行フコトヲ得サルニ付假議長ノ選擧ヲ要スル旨ヲ述ヘ退

席ス

一、年長議員（何某）議長席ニ就ク

一、議長（年長議員）町村制第四十五條ニ依リ假議長ノ選擧ヲ行フ旨ヲ告ク

假議長ノ選擧

指名推選動議提出

一、何番（何）假議長ノ選擧ハ指名推選ノ法ニ依ルコトトシ之カ指名ハ議長ニ於テ爲スヘシトノ動議ヲ提出ス

贊成々々ノ聲起ル

一、議長（年長議員）何番ノ指名推選ノ動議ニ贊成者ヲ起立ニ諮フ

起立者　全　員

一、議長（年長議員）全員異議ナキヲ以テ假議長ノ選擧ハ指名推選ノ法ニ依リ行フコトニ決シタル旨ヲ宣告シ次テ何某ヲ假議長ニ指名スル旨ヲ述フ

拍手起ル

一、議長（年長議員）議長ノ指名シタル何某ヲ假議長ノ當選者ト定ムルコトニ贊成者ヲ起立ニ諮フ

起立者　全　員

假議長ト交代

一、議長（年長議員）全員ノ同意ニ依リ何某假議長ニ當選セラレタル旨ヲ告ク

一、年長議員（何某）議長席ヲ退キ假議長（何某）議長席ニ着ク

讀會省略

一、假議長　本件ノ議事ハ讀會ノ順序ヲ省略セムコトヲ會議ニ諮フ

異議ナシ異議ナシノ聲起ル

一、假議長　異議ナシト認メ讀會ノ順序ヲ省略スル旨ヲ宣告ス

調査委員ノ設置

一、何番（何）決算ノ調査ニ付テハ委員何名ヲ設ケ之ニ附託スルコトトシ其ノ委員ハ議長ノ指名ニ依リ定ムヘシトノ動議ヲ提出ス

一、何番（何）何番（何）何番ノ動議ニ賛成ス

一、假議長　何番ノ動議成立セシヲ以テ之ニ賛成者ヲ起立ニ諮フ

起立者　全　員

議長ノ指名ニ依リ決定

一、假議長　全會一致ニ付何番ノ動議ノ通決定シタル旨ヲ告ク

次テ左ノ何名ヲ指名シ決算調査委員ニ定ム

何番　何　某

何番　何　某

議事中止　一、假議長　委員ニ於テ調査ヲ了スル迄本件議事ヲ中止スル旨ヲ告ケ議長席ヲ退ク

一、町(村)長　議長席ニ復ス

第九　議案第五號　何小學校新築ノ件

第一讀會　一、議長　本案ニ付第一讀會ヲ開ク旨ヲ告ケ書記ヲシテ議案ヲ朗讀セシム

一、町(村)長　提案ノ理由ヲ說明ス

一、何番(何)何々ニ付質問シ、町(村)長何々ト答フ

一、何番(何)何々ニ付質問シ、助役何々ト答フ

審議延期　一、何番(何)本案ハ尚愼重調査ヲ要スルニ付之カ審議ハ明日マテ延期シタキ旨ヲ述フ

贊成々々ノ聲起ル

一、議長　多數ノ希望ト認メ本案ノ議事ハ明日ニ延期スル旨ヲ告ク

第十　議案第六號　基本財產處分ノ件

第一讀會　一、議長　本案ニ付第一讀會ヲ開ク旨ヲ告ケ書記ヲシテ議案ヲ朗讀セシム

一、町(村)長　提案ノ理由ヲ說明ス

一、何番（何）何々ニ付質問シ助役何々ト答フ
一、何番（何）本案ハ何々ニ付第二讀會ヲ開クヘカラストノ反對動議ヲ提出ス
一、何番（何）本案ハ何々ニ付延期セラレタシト述フ

議案ノ撤回

一、町（村）長　本案ハ尚研究調査ノ必要生シタルヲ以テ撤回スル旨ヲ告ク

休憩

一、議長　休憩ヲ宣ス
一、午前何時何分休憩

再開

一、午後何時何分開議

出席議員ノ増加

一、出席シタル議長議員及參與員ハ午前會ニ同シ但シ左記ノ議員出席セリ
何番　何　某

第十一　何々ノ諮問ニ對スル意見答申ノ件

意見答申

一、議長　何官廳ヨリ何々ノ件ニ付本町（村）會ニ諮問アリ之ニ對シ意見答申ノ必要アルヲ以テ之ニツキ議事ヲ開ク旨ヲ告ク

議長ノ原案提出

次テ本件答申ニ付テハ便宜議長ニ於テ答申案ヲ起草シ居レルヲ以テ之ヲ原案トシ議事ヲ進行セムトス尚本案ノ議事ニ付テハ讀會ヲ省略シタシト述フ

異議ナシ異議ナシノ聲起ル

一、議長　異議ナキモノト認メ讀會ノ順序ヲ省略シ議長提出ノ案ニツキ議事ヲ進ムル旨ヲ宣シ書記ヲシテ左ノ答申案ヲ朗讀セシム

意見答申書

何々ヽヽヽ異議無之

右及答申候也

昭和何年何月何日

何町（村）會議長

何町（村）長　何　某

何々ヽヽヽ殿

異議ナシ異議ナシノ聲起ル

一、議長　異議ナシト認メ原案ノ通可決確定スル旨ヲ告ク

時間延長

一、議長　會議ノ時間ヲ延長スル旨ヲ告ク

決算認定

第十二　昭和何年度何町（村）歳入歳出決算認定ノ件

昭和何年度何町（村）何資金歲入歲出決算認定ノ件

一、町（村）長議長席ヲ退キ假議長議長席ニ就ク

一、假議長　委員ノ調査完了シタルヲ以テ本件ニ付議事ヲ開ク旨ヲ告ク

委員長ノ報告

一、何番（何）委員會ヲ代表シ調査ノ經過ヲ述ヘ調査ノ結果昭和何年度歲入歲出決算ハ正確ナルモノト認メタル旨ヲ報告ス

一、假議長　委員長報告ノ通正確ナルモノト認定スルコトニ贊成者ヲ起立ニ諮フ

起立者　全　員

全員可決

一、假議長　全會一致ニ付昭和何年度歲入歲出決算ハ正確ナルモノト認定スルコトニ決定シタル旨ヲ告ク

一、假議長　議長席ヲ退キ町（村）長之ニ代ル

一、議長　明何日ノ議事日程ヲ報告シ散會ヲ告ク

散會

一、午後何時何分散會

右會議錄ノ正當ナルコトヲ認メ茲ニ署名ス

昭和何年何月何日

何町（村）會議長

何町（村）長　何某

何町（村）會議員　何某

何町（村）會假議長

何町（村）會議員　何某

何町（村）會議員

何某

何某

昭和何年何町（村）會會議錄　第三號

第何回

何月何日

開議　一、午前何時何分開議

出席議員　一、出席シタル議長及議員左ノ如シ

議長　町（村）長　何　某
議員　何　番　何　某
　　　何　番　何　某

議事參與者　一、町村制第四十六條ニ依リ議事ニ參與シタル者左ノ如シ
町（村）長　何　某
助　役　何　某
書　記　何　某

議案ノ追加提出　一、本日町（村）長ヨリ左ノ通議案ヲ追加提出セリ
一、議案第七號　寄附金受納ノ件
　　第十三　收入役決定ノ件

收入役ノ決定　一、議長　本件ニ付テハ讀會ノ順序ヲ省略セムコトヲ會議ニ諮ル
　　異議ナシ異議ナシノ聲起ル

一、議長　異議ナシト認メ讀會ノ順序ヲ省畧スル旨ヲ宣告ス
一、町（村）長　收入役推薦ノ理由ヲ說明ス
一、議長　町（村）長ノ推薦ニ係ル何某ヲ本町（村）收入役ニ定ムルコトニ贊成者ヲ起立ニ諮フ

起立者　全　員

一、議長　全會一致ニ付何某ハ本町（村）收入役ニ決定シタル旨ヲ告ク

第十四　議案第六號　何小學校新築ノ件

繼續第一讀會

一、議長　昨日ニ引續キ本案ニ付第一讀會ヲ開ク旨ヲ告ク
一、何番（何）何々ニ付質問シ町（村）長何々ト答フ

第二讀會開否ノ動議

一、何番（何）本案ニ付テハ第二讀會ヲ開クヘカラストノ反對動議ヲ提出ス
一、何番（何）何番ノ動議ニ贊成ス
一、何番（何）何番ノ動議ニ反對ス本案ニ付第二讀會ヲ開クヘシト決定セラレタシト述フ
一、議長　採決スル旨ヲ告ケ本案ニ付第二讀會ヲ開クコトニ反對者ヲ起立セシム

一、議長　起立者少數ナリト告ケ次テ本案ニ付第二讀會ヲ開クコトニ賛成者ヲ起立セシム
起立者　何名
一、議長　起立者過半數ニ付本案ハ第二讀會ヲ開クコトニ決シタル旨ヲ宣告ス
起立者　何名

第二讀會

一、議長　直ニ第二讀會ヲ開ク旨ヲ告ク
一、何番（何）原案ニ反對ナルヲ以テ之ヲ否決スヘシトノ動議ヲ提出ス
一、何番（何）賛成ト述フ
一、議長　本案ヲ否決スヘシトノ動議ニ賛成者ヲ起立ニ諮フ
起立者　何名

動議否決

一、議長　起立者少數ニ付何番ノ動議ハ否決セラレタリト述ヘ續テ原案賛成者ヲ起立ニ諮フ
起立者　何名
一、議長　起立者過半數ニ付原案ヲ可決シタル旨ヲ告ク

第三讀會

一、議長　直ニ第三讀會ヲ開ク旨ヲ告ク

原案贊成ト呼フ者アリ

一、議長　採決スヘシト述ヘ原案贊成者ヲ起立ニ諮フ

起立者　何　名

一、議長　起立者過半數ニ付原案ノ通可決確定シタル旨ヲ告ク

第十五　何町（村）農會補助ノ件（議員提出）

第一讀會

一、議長　本案ニ付第一讀會ヲ開ク旨ヲ告ケ書記ヲシテ議案ヲ朗讀セシム

一、何番（何）提案ノ理由ヲ述フ共ノ要旨ハ何々、、、

一、何番（何）何々ニ付質問シ何番（何）何々ト答フ

一、何番（何）質疑盡キタリト認ムルヲ以テ第二讀會ニ移サレタシトノ動議ヲ提出ス

第二讀會ヲ開クコトニ反對動議

一、何番（何）何番（何）贊成ト述フ

一、何番（何）本案ニ付テハ第二讀會ヲ開クヘカラストスル反對動議ヲ提出ス

一、何番（何）何番（何）右ノ動議ニ贊成ス

第二讀會開クヘカラスト決定

一、議長　動議成立セシヲ以テ之ニ付採決スル旨ヲ告ケ何番ノ第二讀會ヲ開クヘカラストノ動議ニ贊成者ヲ起立ニ諮フ

起立者　何　名

一、議長　起立者過半數ニ付本案ハ會議規則第何條ニ依リ廢棄スルコトニ決定セル旨ヲ告ク

讀會省略

第十六　議案第七號　寄附金受納ノ件

一、議長　本案ハ簡單ナルニ付讀會ノ順序ヲ省略スル旨ヲ宣告ス

一、何番（何）原案ニ贊成ノ旨ヲ述フ

一、議長　他ニ發言ナキヲ以テ異議ナキモノト認メ原案ニ可決確定スル旨ヲ告ク

町村會決定事件

第十七　何々ニ關スル異議決定ノ件

一、議長　何某ヨリ申立タル何々ニ關スル異議ハ本月何日本會ノ決定ニ付セラレタルニ付之ニツキ議事ヲ開ク旨ヲ告ク

議長原案提出

次テ本決定ニ付テハ便宜議長ニ於テ決定書案ヲ起草シ居レルヲ以テ之ヲ原案トシ讀會ノ順序ヲ省略シ議事ヲ進メンコトヲ諮ル

異議ナシ異議ナシト呼フ者多シ

一、議長　異議ナキヲ以テ讀會ヲ省略シ議長ノ決定書案ヲ原案トスル旨ヲ告ケ書記ヲシテ之ヲ朗讀セシム

一、何番（何）何番（何）原案ニ賛成ス

一、議長　他ニ發言ナキヲ以テ異議ナシト認メ原案ノ通可決スル旨ヲ告ク

（又ハ）

第十七　何々ニ關スル異議決定ノ件

一、議長　何某ヨリ申立タル何々ニ關スル異議ハ本月何日本會ノ決定ニ付セラレタルニ付之ニツキ第一讀會ヲ開ク旨ヲ告ク

決定案起草ノ爲委員設置

一、議長　本決定書案起草ニ付テハ委員ヲ設ケ之ヲ附託スルコトトシテハ如何其ノ委員數ハ何名ヲ適當ト認ムル旨ヲ述フ

一、何番（何）議長ノ意見ノ通決定書案ノ起草ヲ委員何名ニ附託スルコトニ賛成ス

起草委員指名推選

而シテ其ノ委員ノ選擧ハ指名推選ノ法ヲ用ヒ議長ニ於テ指名セラレタシト述ヘ

何番（何）何番（何）之ニ贊成ス

一、議長　決定書案起草委員何名ヲ設ケ其ノ委員ノ選擧ハ指名推選ノ法ヲ用ヒ議長ニ於テ指名ヲ爲スコトニ贊成者ヲ起立ニ諮フ

起立者　全　員

一、議長　起立者全員ニ付委員ヲ設クルコトニ決定シタリト述ヘ次テ議長ニ於テ左ノ通指名シ會議ニ諮ル

何番　何　某

何番　何　某

一、何番（何）何番（何）異議ナシト述フ

一、議長　右指名ニ贊成者ヲ起立ニ諮フ

起立者　全　員

一、議長　全員ノ同意ニ依リ指名ノ通當選者決定シタル旨ヲ告ク

休　憩

一、議長　委員ニ對シ直ニ決定案ヲ起草ヲ求メ右決定案作製ニ至ルマテ一時休憩ス

ル旨ヲ宣告ス
一、午前（後）何時何分休憩

再開

一、午後何時何分開議
一、出席シタル議長議員及參與員ハ休憩前ニ同シ
　第十七　何々ニ關スル異議決定ノ件

繼續第一讀會

一、議長　本件ニ付休憩前ニ繼續シテ第一讀會ノ議事ヲ開ク旨ヲ告ク
一、何番（何）委員會ヲ代表シ委員ニ於テ起草シタル決定書案ヲ朗讀シテ報告ヲ爲ス
一、議長　決定書案ニ付第二讀會ヲ開クヤ否ヤヲ會議ニ諮ル
　異議ナシ異議ナシノ聲起ル
一、議長　異議ナキモノト認メ第二讀會ヲ開クコトニ決スル旨ヲ宣告ス

第二讀會

一、議長　直ニ第二讀會ヲ開ク旨ヲ告ク

讀會省略

一、何番（何）第三讀會ヲ省略シ直ニ可決確定セラレタシトノ動議ヲ提出ス
一、何番（何）何番（何）之ニ賛成ス

會議事件議了

一、議長　異議ナシト認メ第三讀會ヲ省略シ委員長報告ノ通決定ヲ與フルコトニ可決確定スル旨ヲ告ク

一、議長　會議ノ事件全部結了シタルニ付會議ヲ閉ツル旨ヲ告ク

散會

一、午後何時何分散會

閉會

一、午後何時何分町（村）長何某町（村）會ヲ閉會スル旨ヲ宣告ス

右會議錄ノ正當ナルコトヲ認メ茲ニ署名ス

昭和何年何月何日

何町（村）會議長　何　　某

何町（村）長　何　　某

何町（村）會議員　何　　某

何　　某

會議錄調製ニ關スル注意事項

一、會議錄ニハ概ネ左ノ事項ヲ記載スルコト

一　開會閉會ノ月日時
二　日々ノ會議ノ開始散會ノ月日時
三　出席シタル議長及議員ノ氏名
四　議事ニ參與シタル者ノ官職氏名
五　會議ニ提出シタル議案推薦書ノ報告書等ノ題目
六　議題ト爲リタル議員ノ動議
七　議事ノ經過
八　議決又ハ決定ノ要領及表決ノ數
九　選擧ノ顚末
（イ）有效及無效投票ノ數及得票者ノ氏名竝其ノ得票數
（ロ）當選者ヲ定ムルニ當リ年長又ハ抽籤ニ依リタルトキハ其ノ經過
（ハ）指名推選ノ法ヲ用ヒタルトキハ之ニツキ議員中異議ナカリシコト、指名者及指名ニ對スル全員同意ノ事實
（ニ）當選者ノ氏名
一〇　委員ニ附託シタル事件及委員會ノ報告要領

一一　町村制第四十五條、第五十條、第五十五條、第百二十二條第五項ニ係ル事故

一二　會議錄署名議員ノ決定及其ノ氏名

一三　前各號ノ外重要ト認ムル事項

二、會議錄ハ毎日之ヲ調製シ會議終了後朗讀シタル上議長及署名議員之ニ署名捺印スルコト

三、同日ノ會議ニ於テ町村長ノ外助役、年長議員議長ノ職務ヲ行ヒタルトキ又ハ假議長會議ニ當リタルトキハ共ニ會議錄ニ署名スヘキモノトス

四、會議ノ順序方法ハ會議規則ニ基クヘキモノナルヲ以テ會議錄ノ調製ニ付テハ事實ト齟齬スルコトナク且會議規則ノ規定ト背馳セサルヤウ注意スルコト

五、說明又ハ質問應答ニシテ特ニ重要ト認ムルモノハ特ニ之ヲ記載シ置クコト

六、町村會ニ提出セラレタル議案（修正アルモ之カ訂正ヲ爲ササルモノ）推薦書、報告書、意見書等ノ類ハ會議錄ノ末尾ニ添付シ置クコト

七、會議錄ニハ毎葉署名者ニ於テ契印ヲ爲スコト

八、會議錄ニ記載シタル文字ヲ訂正挿入又ハ削除シタルトキハ欄外ニ其ノ字數及事由ヲ記載シ署名者ニ於テ證印ヲ爲シ其ノ削除訂正ニ係ル文字ハ尚ホ讀ミ得ヘキ樣字體ヲ存シ置クコト

九、書式中開議トハ日々ノ會議ヲ開クコト、散會トハ日々ノ會議ヲ閉ツルコトヲ指ス

一〇、會議錄ハ會議月日ノ順序ニ依リ編綴シ其ノ初メニ左式ノ索引目次ヲ付シ會議錄ノ欄外ニハ之ト同一ノ番號ヲ付シ置クコト

番號	會議月日	町村會ノ回數	會議ノ事件
一	何月何日	第何回	何々、、ノ件 何々、、ノ件
二	何月何日		
三	何月何日		

一一、町村會ハ曆年ニ依リ一年每ニ回數ヲ逐ヒ第何回町村會トシ整理スルヲ便宜トス

第二十二　町村會會議結果報告書

町（村）會會議結果報告

何月何日開會ンタル第何回何町（村）會ニ於ケル會議ノ結果別紙ノ通ニ有之候條會議錄相添ヘ此段及報告候也

昭和何年何月何日

何町（村）會議長　何　某　㊞

何町（村）長　何　某殿

（備考）

一、別紙トシテ議決書及選擧決定等ノ結果ヲ記載セル書類ヲ添附スルコト

二、本報告ヲ要スルハ町村制第四十五條第二項ニ依リ町村會議員中ヨリ議長及其ノ代理者ヲ選擧スルコトトセル町村會ニ限ルモノトス（町村制第五十八條第二項）

第二十三　再議再選擧達書

第一例　（再議達書ノ一）

會（何）第何號

何町（村）會

昭和何年何月何日町（村）會ニ於テ議決シタル何々、、、ノ件ハ左ノ理由ニ依リ（何々、、、ニ依リ）其ノ權限ヲ越エタルモノト認ム（町村制第何條第何項ノ規定ニ違背シタルモノト認ム）（公益ヲ害スルモノト認ム）仍テ町村制第七十四條（第七十四條ノ二）ニ依リ「本縣知事ノ指揮ニ依リ」之ヲ再議ニ付ス

昭和何年何月何日

何町（村）長「代理助役」何　　某

記

何々、、、、、、（理由ヲ記載スルコト）

第二例（再議達書ノ二）

會（何）第何號

何町（村）會

昭和何年何月何日町（村）會ニ於テ議決シタル昭和何年度何町（村）歳入歳出豫算中左記ノ事項ハ付記ノ理由ニ依リ其ノ權限ヲ越エタルモノト認ム（町村制第何條第何項ノ規定ニ違背シタルモノト認ム）（收支ニ關シ執行スルコト能ハサルト認ム）仍テ町村制第七十四條（第七十四條ノ二）ニ依リ「本縣知事ノ指揮ニ依リ」之ヲ再議ニ付ス

昭和何年何月何日

何町（村）長「代理助役」何　某

一、歳出經常部第何款何費中何々ノ修正

何々〃〃〃〃〃（理由ヲ記載スルコト）

會（何）第何號

第三例（再選擧達書）

何町（村）會

昭和何年何月何日町（村）會ニ於テ爲シタル何々ノ選擧ハ何々ニ依リ其ノ權限ヲ越エタル（町村制第何條第何項ノ規定ニ違背シタル）モノト認ム仍テ町村制第七十四條第一項ニ依リ「本縣知事ノ指揮ニ依リ」之カ再選擧ヲ行フコトヲ命ス

昭和何年何月何日

何町（村）長「代理助役」何　　某

昭和五年六月三十日印刷
昭和五年七月五日發行

山口縣山口市新白石第二千三百一番地
著作兼發行者　原田知壯

山口縣山口市大字道場門前第百十番地ノ十
印刷者　平佐國介

山口縣山口市大字道場門前第百十番地ノ十
印刷所　大同印刷舍

山口縣山口市新白石第二千三百一番地
發兌元　自治出版協會
振替口座下關八五三三番

山口縣地方課長　原田知壯著

町村會議員と區長

（近刊）

特價（送料共）金四拾錢

町村會議員と區長とは町村に於ける重要なる機關であつて、之が活動如何は町村自治政治の弛張に關すること大なるものがある。本書は兩者の使命及本領を闡明する爲町村會議員に付ては其の地位、任務、會議の淨化、町村會の品格及議員の態度、心得等十項目に亘り區長に付ては其の地位、職分、職務精神、活動の要諦、事務處理の方法、等に關し何れも極めて平易に何人にも良く諒解し得るやう懇切に說述したもので、之等の公職に膺れる者の必ず一讀すべき書册である。（町村に於ける配本用として利用せらるゝことも妙である）

町村會議員に關する事項と區長に關する事項とを別册としたるもの各一部につき特價
金貳拾五錢

山口縣山口市新白石
發行所　自治出版協會
振替口座下關八五三三番

地方自治法研究復刊大系〔第273巻〕

町村会事務必携〔昭和5年初版〕

日本立法資料全集 別巻 1083

2019(令和元)年7月25日　復刻版第1刷発行　7683-1:012-010-005

編　著　原　田　知　壯
発行者　今　井　貴
　　　　稲　葉　文　子
発行所　株式会社信山社

〒113-0033 東京都文京区本郷6-2-9-102東大正門前
Ⓣ03(3818)1019　Ⓕ03(3818)0344
来栖支店〒309-1625 茨城県笠間市来栖2345-1
Ⓣ0296-71-0215　Ⓕ0296-72-5410
笠間才木支店〒309-1611 笠間市笠間515-3
Ⓣ0296-71-9081　Ⓕ0296-71-9082
印刷所　ワイズ書籍
製本所　カナメブックス
用　紙　七洋紙業

printed in Japan　分類 323.934 g 1083

ISBN978-4-7972-7683-1 C3332 ¥54000E

◆穂積重遠
法教育著作集
われらの法

全3集　【解題】大村敦志

■第1集　法　学
◇第1巻『法学通論（全訂版）』／◇第2巻『私たちの憲法』／◇第3巻『百万人の法律学』／◇第4巻『法律入門―NHK教養大学―』／◇正義と識別と仁愛 附録―英国裁判傍聴記／【解題】（大村敦志）

■第2集　民　法
◇第1巻『新民法読本』／◇第2巻『私たちの民法』／◇第3巻『わたしたちの親族・相続法』／◇第4巻『結婚読本』／【解題】（大村敦志）

■第3集　有閑法学
◇第1巻『有閑法学』／◇第2巻『続有閑法学』／◇第3巻『聖書と法律』／【解題】（大村敦志）

◆フランス民法　日本における研究状況

大村敦志 著

信山社

日本立法資料全集 別巻

地方自治法研究復刊大系

改正 市制町村制逐條示解〔改訂54版〕第一分冊〔大正13年5月発行〕／五十嵐鑛三郎 他 著
改正 市制町村制逐條示解〔改訂54版〕第二分冊〔大正13年5月発行〕／五十嵐鑛三郎 他 著
台湾 朝鮮 関東州 全国市町村便覧 各学校所在地 第一分冊〔大正13年5月発行〕／長谷川好太郎 編纂
台湾 朝鮮 関東州 全国市町村便覧 各学校所在地 第二分冊〔大正13年5月発行〕／長谷川好太郎 編纂
市町村特別税之栞〔大正13年6月発行〕／三邊長治 序文 水谷平吉 著
市制町村制実務要覧〔大正13年7月発行〕／梶康郎 著
正文 市制町村制 並 附属法規〔大正13年10月発行〕／法曹閣 編輯
地方事務叢書 第三編 市町村公債 第3版〔大正13年10発行〕／水谷平吉 著
市町村大字読方名彙 大正14年度版〔大正14年1月発行〕／小川琢治 著
通俗財政経済体系 第五編 地方予算と地方税の見方〔大正14年1月発行〕／森田久 編輯
市制町村制実例総覧 完 大正14年第5版〔大正14年1月発行〕／近藤行太郎 主纂
町村会議員選挙要覧〔大正14年3月発行〕／津田東璋 著
実例判例文例 市制町村制総覧〔第10版〕第一分冊〔大正14年5月発行〕／法令研究会 編纂
実例判例文例 市制町村制総覧〔第10版〕第二分冊〔大正14年5月発行〕／法令研究会 編纂
町村制要義〔大正14年7月発行〕／若槻禮次郎 題字 尾崎行雄 序文 河野正義 述
地方自治之研究〔大正14年9月発行〕／及川安二 編輯
市町村 第1年合本 第1号-第6号〔大正14年12月発行〕／帝國自治研究会 編輯
市制町村制 及 府県制〔大正15年1月発行〕／法律研究会 著
農村自治〔大正15年2月発行〕／小橋一太 著
改正 市制町村制示解 全 附録〔大正15年5月発行〕／法曹研究会 著
市町村民自治読本〔大正15年6月発行〕／武藤榮治郎 著
改正 地方制度輯覧 改訂増補第33版〔大正15年7月発行〕／良書普及会 編著
市制町村制 及 関係法令〔大正15年8月発行〕市町村雑誌社 編輯
改正 市町村制義解〔大正15年9月発行〕／内務省地方局 安井行政課長 校閲 内務省地方局 川村芳次 著
改正 地方制度解説 第6版〔大正15年9月発行〕／挟間茂 著
地方制度之栞 第83版〔大正15年9月発行〕／湯澤睦雄 著
改訂増補 市制町村制逐條示解〔改訂57版〕第一分冊〔大正15年10月発行〕／五十嵐鑛三郎 他 著
実例判例 市制町村制釈義 大正15年再版〔大正15年9月発行〕／梶康郎 著
改訂増補 市制町村制逐條示解〔改訂57版〕第二分冊〔大正15年10月発行〕／五十嵐鑛三郎 他 著
註釈の市制と町村制 附 普通選挙法 大正15年初版〔大正5年11月発行〕／法律研究会 著
実例町村制 及 関係法規〔大正15年12月発行〕自治研究会 編纂
改正 地方制度通義〔昭和2年6月発行〕／荒川五郎 著
都市行政と地方自治 初版〔昭和2年7月発行〕／菊池慎三 著
普通選挙と府県会議員 初版〔昭和2年8月発行〕／石橋孫治郎 編輯
逐条示解 地方税法 初版〔昭和2年9月発行〕／自治館編輯局 編著
市制町村制 実務詳解 初版〔昭和2年10月発行〕／坂千秋 監修 自治研究会 編纂
註釈の市制と町村制 附 普通選挙法〔昭和3年1月発行〕／法律研究会 著
市町村会 議員の常識 初版〔昭和3年4月発行〕／東京仁義堂編集部 編纂
地方自治と東京市政 初版〔昭和3年8月発行〕／菊池慎三 著
註釈の市制と町村制 施行令他関連法収録〔昭和4年4月発行〕／法律研究会 著
市町村会議員 選挙戦術 第4版〔昭和4年4月発行〕／相良一休 著
現行 市制町村制 並 議員選挙法規 再版〔昭和5年1月発行〕／法曹閣 編輯
地方制度改正大意 第3版〔昭和4年6月発行〕／狭間茂 著
改正 市町村会議提要 昭和4年初版〔昭和4年7月発行〕／山田民蔵 三浦教之 共著
市町村税戸数割正義 昭和4年再版〔昭和4年8月発行〕／田中廣太郎 著
倫敦の市制と市政 昭和4年初版〔昭和4年8月発行〕／小川市太郎 著
改正 市制町村制 並ニ 府県制 初版〔昭和4年10月発行〕／法律研究会 編
実例判例 市制町村制釈義 第4版〔昭和4年5月発行〕／梶康郎 著
新旧対照 市制町村制 並 附属法規〔昭和4年7月発行〕／良書普及会 著
市町村制ニ依ル 書式ノ草稿 及 実例〔昭和4年9月発行〕／加藤治彦 編
改訂増補 都市計画と法制 昭和4年改訂3版〔昭和4年10月発行〕／岡崎早太郎 著
いろは引市町村名索引〔昭和4年10月発行〕／杉田久信 著
市町村税務 昭和5年再版〔昭和5年1月発行〕／松岡由三郎 序 堀内正作 著
市会町村会 議事必携 訂正再版〔昭和5年2月発行〕／大塚辰治 著
市町村予算の見方 初版〔昭和5年3月発行〕／西野喜興作 著
市町村会議員 及 公民提要 初版〔昭和5年1月発行〕／自治行政事務研究会 編輯
地方事務叢書 第九編 市町村事務提要 第1分冊 初版〔昭和5年3月発行〕／村田福次郎 編
地方事務叢書 第九編 市町村事務提要 第2分冊 初版〔昭和5年3月発行〕／村田福次郎 編
町村会事務必携 昭和5年初版〔昭和5年7月発行〕／原田知壯 編著
改正 市制町村制解説〔昭和5年11月発行〕／挟間茂 校 土谷覺太郎 著
加除自在 参照條文附 市制町村制 附 関係法規〔昭和6年5月発行〕／矢島和三郎 編纂
地租法 耕地整理法 釈義〔昭和6年11月発行〕／唯野喜八 伊東久太郎 河沼高輝 共著
改正版 市制町村制 並ニ 府県制 及ビ重要関係法令〔昭和8年1月発行〕／法制堂出版 著
改正版 註釈の市制と町村制 最近の改正を含む〔昭和8年1月発行〕／法制堂出版 著
市制町村制 及 関係法令 第3版〔昭和9年5月発行〕／野田千太郎 編輯
実例判例 市制町村制釈義 昭和10年改正版〔昭和10年9月発行〕／梶康郎 著
改訂増補 市制町村制実例総覧 第一分冊〔昭和10年10月発行〕／良書普及会 編纂
改訂増補 市制町村制実例総覧 第二分冊〔昭和10年10月発行〕／良書普及会 編

日本立法資料全集 別巻

地方自治法研究復刊大系

旧制対照 改正市町村制 附 改正理由〔明治44年5月発行〕／博文館編輯局 編
改正 市制町村制〔明治44年5月発行〕／石田忠兵衛 編輯
改正 市制町村制詳解〔明治44年5月発行〕／坪谷善四郎 著
改正 市制町村制註釈〔明治44年5月発行〕／中村文城 註釈
改正 市制町村制正解〔明治44年6月発行〕／武知彌三郎 著
改正 市町村制講義〔明治44年6月発行〕／法典研究会 著
新旧対照 改正 市制町村制新釈 明治44年初版〔明治44年6月発行〕／佐藤貞雄 編纂
改正 町村制詳解〔明治44年8月発行〕／長峰安三郎 三浦通太 野田千太郎 著
新旧対照 市制町村制正文〔明治44年8月発行〕自治館編輯局 編纂
地方革新講話〔明治44年9月発行〕西内天行 著
改正 市制町村制釈義〔明治44年9月発行〕／中川健藏 宮内國太郎 他 著
改正 市制町村制正解 附 施行諸規則〔明治44年10月発行〕／福井淳 著
改正 市制町村制講義 附 施行諸規則 及 市町村事務摘要〔明治44年10月発行〕／樋山廣業 著
新旧比照 改正市制町村制註釈 附 改正北海道二級町村制〔明治44年11月発行〕／植田鹽恵 著
改正 市町村制 並 附属法規〔明治44年11月発行〕／楠綾雄 編輯
改正 市制町村制精義 全〔明治44年12月発行〕／平田東助 題字 梶康郎 著述
改正 市制町村制義解〔明治45年1月発行〕／行政法研究会 講述 藤田謙堂 監修
増訂 地方制度之栞 第13版〔明治45年2月発行〕／警眼社編集部 編纂
地方自治 及 振興策〔明治45年3月発行〕／床次竹二郎 著
改正 市制町村制正解 附 施行諸規則 第7版〔明治45年3月発行〕福井淳 著
改正 市制町村制講義 全 第4版〔明治45年3月発行〕秋野沆 著
増訂 農村自治之研究 大正2年第5版〔大正2年6月発行〕／山崎延吉 著
自治之開発訓練〔大正元年6月発行〕／井上友一 著
市制町村制逐條示解〔初版〕第一分冊〔大正元年9月発行〕／五十嵐鑛三郎 他 著
市制町村制逐條示解〔初版〕第二分冊〔大正元年9月発行〕／五十嵐鑛三郎 他 著
改正 市町村制問答説明 附 施行細則 訂正増補3版〔大正元年12月発行〕／平井千太郎 編纂
改正 市制町村制註釈 附 施行諸規則〔大正2年3月発行〕／中村文城 註釈
改正 市町村制正文 附 施行法〔大正2年5月発行〕／林甲子太郎 編輯
増訂 地方制度之栞 第18版〔大正2年6月発行〕／警眼社 編集 編纂
改正 市制町村制詳解 附 関係法規 第13版〔大正2年7月発行〕／坪谷善四郎 著
改正 市制町村制 第5版〔大正2年7月発行〕／修学堂 編
細密調査 市町村便覧 附 分類官公衙公私学校銀行所在地一覧表〔大正2年10月発行〕／白山榮一郎 監修 森田公美 編著
改正 市制 及 町村制 訂正10版〔大正3年7月発行〕／山野金蔵 編輯
市制町村制正義〔第3版〕第一分冊〔大正3年10月発行〕／清水澄 末松偕一郎 他 著
市制町村制正義〔第3版〕第二分冊〔大正3年10月発行〕／清水澄 末松偕一郎 他 著
改正 市制町村制 及 附属法令〔大正3年11月発行〕／市町村雑誌社 編著
以呂波引 町村便覧〔大正4年2月発行〕／田山宗堯 編輯
改正 市制町村制講義 第10版〔大正5年6月発行〕／秋野沆 著
市制町村制実例大全〔第3版〕第一分冊〔大正5年9月発行〕／五十嵐鑛三郎 著
市制町村制実例大全〔第3版〕第二分冊〔大正5年9月発行〕／五十嵐鑛三郎 著
市町村名辞典〔大正5年10月発行〕／杉野耕三郎 編
市町村史員提要 第3版〔大正6年12月発行〕／田邊好一 著
改正 市制町村制と衆議院議員選挙法〔大正6年2月発行〕／服部喜太郎 編輯
新旧対照 改正 市制町村制新釈 附 施行細則 及 執務條規〔大正6年5月発行〕／佐藤貞雄 編纂
増訂 地方制度之栞 大正6年第44版〔大正6年5月発行〕／警眼社編輯部 編纂
実地応用 町村制問答 第2版〔大正6年7月発行〕／市町村雑誌社 編纂
帝国市町村便覧〔大正6年9月発行〕／大西林五郎 編
地方自治講話〔大正7年12月発行〕／田中四郎左右衛門 編輯
最近検定 市町村名鑑 附 官国幣社及諸学校所在地一覧〔大正7年12月発行〕／藤澤衛彦 著
農村自治之研究 明治41年再版〔明治41年10月発行〕／山崎延吉 著
市制町村制講義〔大正8年1月発行〕／樋山廣業 著
改正 町村制詳解 第13版〔大正8年6月発行〕／長峰安三郎 三浦通太 野田千太郎 著
改正 市町村制註釈〔大正10年6月発行〕／田村浩 編集
大改正 市制 及 町村制〔大正10年6月発行〕／一書堂書店 編
市制町村制 並 附属法 訂正再版〔大正10年8月発行〕／自治館編集局 編纂
改正 市町村制詳解〔大正10年11月発行〕／相馬昌三 菊池武夫 著
増補訂正 町村制詳解 第15版〔大正10年11月発行〕／長峰安三郎 三浦通太 野田千太郎 著
地方施設改良 訓諭演説集 第6版〔大正10年11月発行〕／鹽川玉江 編輯
戸数割規則正義 大正11年増補四版〔大正11年4月発行〕／田中廣太郎 著 近藤行太郎 著
東京市会先例彙輯〔大正11年6月発行〕／八田五三 編纂
市町村国税事務取扱手続〔大正11年8月発行〕／広島財務研究会 編纂
自治行政資料 斗米遺粒〔大正12年6月発行〕／樫田三郎 著
市町村大字読方名彙 大正12年度版〔大正12年6月発行〕／小川琢治 著
地方自治制要義 全〔大正12年7月発行〕／末松偕一郎 著
北海道市町村財政便覧 大正12年初版〔大正12年8月発行〕／川西輝昌 編纂
東京市政論 大正12年初版〔大正12年12月発行〕／東京市政調査会 編輯
帝国地方自治団体発達史 第3版〔大正13年3月発行〕／佐藤亀齢 編輯
自治制の活用と人 第3版〔大正13年4月発行〕／水野錬太郎 述

信山社

日本立法資料全集 別巻

地方自治法研究復刊大系

日本之法律 府県制郡制正解〔明治23年5月発行〕／宮川大壽 編輯
府県制郡制註釈〔明治23年6月発行〕／田島彦四郎 註釈
日本法典全書 第一編 府県制郡制註釈〔明治23年6月発行〕／坪谷善四郎 著
府県制郡制義解 全〔明治23年6月発行〕／北野竹次郎 編著
市町村役場実用 完〔明治23年7月発行〕／福井淳 編纂
市町村制実務要書 上巻 再版〔明治24年1月発行〕／田中知邦 編纂
市町村制実務要書 下巻 再版〔明治24年3月発行〕／田中知邦 編纂
米国地方制度 全〔明治32年9月発行〕／板垣退助 序 根本正 纂訳
公民必携 市町村制実用 全 増補第3版〔明治25年3月発行〕／進藤彬 著
訂正増補 議制全書 第3版〔明治25年4月発行〕／岩藤良太 編纂
市町村制実務要書続編 全〔明治25年5月発行〕／田中知邦 著
地方學事法規〔明治25年5月発行〕／鶴鳴社 編
増補 町村制執務備考 全〔明治25年10月発行〕／増澤鐵 國吉拓郎 同輯
町村制執務要録 全〔明治25年12月発行〕／鷹巣清二郎 編輯
府県制郡制便覧 明治27年初版〔明治27年3月発行〕／須田健吉 編輯
郡市町村史員 収税実務要書〔明治27年11月発行〕／荻野千之助 編纂
改訂増補鼇頭参照 市町村制講義 第9版〔明治28年5月発行〕／蟻川堅治 講述
改正増補 市町村制実務要書 上巻〔明治29年4月発行〕／田中知邦 編纂
市町村制詳解 附 理由書 改正再版〔明治29年5月発行〕／島村文耕 校閲 福井淳 著述
改正増補 市町村制実務要書 下巻〔明治29年7月発行〕／田中知邦 編纂
府県制 郡制 町村制 新税法 公民之友 完〔明治29年8月発行〕／内田安蔵 五十野譲 著述
市制町村制註釈 附 市制町村制理由 第14版〔明治29年11月発行〕／坪谷善四郎 著
府県制郡制註釈〔明治30年9月発行〕／岸本辰雄 校閲 林信重 註釈
市町村新旧対照一覧〔明治30年9月発行〕／中村芳松 編輯
町村至宝〔明治30年9月発行〕／品川彌二郎 題字 元田肇 序文 桂虎次郎 編纂
市制町村制應用大全 完〔明治31年4月発行〕／島田三郎 序 大西多典 編纂
傍訓註釈 市制町村制 並ニ 理由書〔明治31年12月発行〕／筒井時治 著
改正 府県郡制問答講義〔明治32年4月発行〕／木内英雄 編纂
改正 府県制郡制正文〔明治32年4月発行〕／大塚宇三郎 編纂
府県制郡制〔明治32年4月発行〕／徳田文雄 編輯
郡制府県制 完〔明治32年5月発行〕／魚住嘉三郎 編輯
参照比較 市町村制註釈 附 問答理由 第10版〔明治32年6月発行〕／山中兵吉 著述
改正 府県制郡制註釈 第2版〔明治32年6月発行〕／福井淳 著
府県制郡制釈義 全 第3版〔明治32年7月発行〕／栗本勇之助 森惣之祐 同著
改正 府県制郡制註釈 第3版〔明治32年8月発行〕／福井淳 著
地方制度通 全〔明治32年9月発行〕／上山満之進 著
市町村新旧対照一覧 訂正第五版〔明治32年9月発行〕／中村芳松 編輯
改正 府県制郡制 並 関係法規〔明治32年9月発行〕／鷲見金三郎 編纂
改正 府県制郡制釈義 再版〔明治32年11月発行〕／坪谷善四郎 著
改正 府県制郡制釈義 第3版〔明治34年2月発行〕／坪谷善四郎 著
再版 市町村制例規〔明治34年11月発行〕／野元友三郎 編纂
地方制度実例総覧〔明治34年12月発行〕／南浦西郷侯爵 題字 自治館編集局 編纂
傍訓 市制町村制註釈〔明治35年3月発行〕／福井淳 著
地方自治提要 全〔明治35年5月発行〕／木村時義 校閲 吉武則久 編纂
市制町村制釈義〔明治35年6月発行〕／坪谷善四郎 著
帝国議会 府県会 郡会 市町村会 議員必携 附 関係法規 第一分冊〔明治36年5月発行〕／小原新三 口述
帝国議会 府県会 郡会 市町村会 議員必携 附 関係法規 第二分冊〔明治36年5月発行〕／小原新三 口述
地方制度実例総覧〔明治36年8月発行〕／芳川顯正 題字 山脇玄 序文 金田謙 著
市町村是〔明治36年11月発行〕／野田千太郎 編纂
市制町村制釈義 明治37年第4版〔明治37年6月発行〕／坪谷善四郎 著
府県郡市町村 模範治績 附 耕地整理法 産業組合法 附属法例〔明治39年2月発行〕／荻野千之助 編輯
自治之模範〔明治39年6月発行〕／江木翼 編
改正 市制町村制〔明治40年6月発行〕／辻本末吉 編輯
実用 北海道郡区町村案内 全 附 里程表 第7版〔明治40年9月発行〕／廣瀬清澄 著述
自治行政例規 全〔明治40年10月発行〕／市町村雑誌社 編著
改正 府県制郡制要義 第4版〔明治40年12月発行〕／美濃部達吉 著
判例挿入 自治法規全集 全〔明治41年6月発行〕／池田繁太郎 著
市町村執務要覧 全 第一分冊〔明治42年6月発行〕／大成会編輯局 編輯
市町村執務要覧 全 第二分冊〔明治42年6月発行〕／大成会編輯局 編輯比較研究
自治要義 明治43年再版〔明治43年3月発行〕／井上友一 著
自治之精髄〔明治43年4月発行〕／水野錬太郎 著
市制町村制講義 全〔明治43年6月発行〕／秋野沆 著
改正 市制町村制講義 第4版〔明治43年6月発行〕／土清水幸一 著
地方自治の手引〔明治44年3月発行〕／前田宇治郎 著
新旧対照 市制町村制 及 理由 第9版〔明治44年4月発行〕／荒川五郎 著
改正 市制町村制 附 改正要義〔明治44年4月発行〕／田山宗堯 編輯
改正 市町村制問答説明 明治44年初版〔明治44年4月発行〕／一木千太郎 編纂
改正 市制町村制〔明治44年4月発行〕／田山宗堯 編輯

日本立法資料全集 別巻

地方自治法研究復刊大系

仏蘭西邑法 和蘭邑法 皇国郡区町村編制法 合巻〔明治11年8月発行〕／箕作麟祥 閲 大井憲太郎 譯／神田孝平 譯
郡区町村編制法 府県会規則 地方税規則 三法綱論〔明治11年9月発行〕／小笠原美治 編輯
郡吏議員必携三新法便覧〔明治12年2月発行〕／太田啓太郎 編輯
郡区町村編制 府県会規則 地方税規則 新法例纂〔明治12年3月発行〕／柳澤武運三 編輯
全国郡区役所位置 郡政必携 全〔明治12年9月発行〕／木村陸一郎 編輯
府県会規則大全 附 裁定録〔明治16年6月発行〕／朝倉達三 閲 若林友之 編輯
区町村会議要覧 全〔明治20年4月発行〕／阪田辨之助 編纂
英国地方制度 及 税法〔明治20年7月発行〕／良保両氏 合著 水野遵 翻訳
鼇頭傍訓 市制町村制註釈 及 理由書〔明治21年1月発行〕／山内正利 註釈
英国地方政治論〔明治21年2月発行〕／久米金彌 翻譯
市制町村制 附 理由書〔明治21年4月発行〕／博聞本社 編
傍訓 市町村制及説明〔明治21年5月発行〕／高木周次 編纂
鼇頭註釈 市町村制俗解 附 理由書 第2版〔明治21年5月発行〕／清水亮三 註解
市制町村制註釈 完 附 市制町村制理由 明治21年初版〔明治21年5月発行〕／山田正賢 著述
市町村制詳解 全 附 市町村制理由〔明治21年5月発行〕／日鼻豊作 著
市制町村制釈義〔明治21年5月発行〕／壁谷可六 上野太一郎 合著
市制町村制詳解 全 附 理由書〔明治21年5月発行〕／杉谷庸 訓點
町村制詳解 附 市制及町村制理由〔明治21年5月発行〕／磯部四郎 校閲 相澤富蔵 編述
傍訓 市制町村制 附 理由〔明治21年5月発行〕／鶴聲社 編
市制町村制 並 理由書〔明治21年7月発行〕／萬字堂 編
市制町村制正解 附 理由〔明治21年6月発行〕／芳川顯正 序文 片貝正晉 註解
市制町村制釈義 附 理由書〔明治21年6月発行〕／清岡公張 題字 樋山廣業 著述
市制町村制釈義 附 理由 第5版〔明治21年6月発行〕／建野郷三 題字 櫻井一久 著
市町村制註解 完〔明治21年6月発行〕／若林市太郎 編輯
市町村制釈義 全 附 市町村制理由〔明治21年7月発行〕／水越成章 著述
市制町村制義解 附 理由〔明治21年7月発行〕／三谷軌秀 馬袋鶴之助 著
傍訓 市制町村制註解 附 理由書〔明治21年8月発行〕／鯰江貞雄 註解
市制町村制註釈 附 市制町村制理由 3版増訂〔明治21年8月発行〕／坪谷善四郎 著
傍訓 市制町村制 附 理由書〔明治21年8月発行〕／同盟館 編
市町村制正解 明治21年第3版〔明治21年8月発行〕／片貝正晉 註釈
市制町村制註釈 完 附 市制町村制理由 第2版〔明治21年9月発行〕／山田正賢 著述
傍訓註釈 日本市制町村制 及 理由書 第4版〔明治21年9月発行〕／柳澤武運三 註解
鼇頭参照 市町村制註解 完 附 理由書及参考諸令〔明治21年9月発行〕／別所富貴 著述
市町村制問答詳解 附 理由書〔明治21年9月発行〕／福井淳 著
市制町村制註釈 附 市制町村制理由 4版増訂〔明治21年9月発行〕／坪谷善四郎 著
市制町村制 並 理由書 附 直接間接税類別 及 実施手続〔明治21年10月発行〕／高崎修助 著述
市町村制釈義 附 理由書 訂正再版〔明治21年10月発行〕／松木堅葉 訂正 福井淳 釈義
増訂 市制町村制註解 全 附 市制町村制理由挿入 第3版〔明治21年10月発行〕／吉井太 註解
鼇頭註釈 市町村制俗解 附 理由書 増補第5版〔明治21年10月発行〕／清水亮三 註解
市町村制施行取扱心得 上巻・下巻 合冊〔明治21年10月・22年2月発行〕／市岡正一 編纂
市制町村制傍訓 完 附 市制町村制理由 第4版〔明治21年10月発行〕／内山正如 著
鼇頭対照 市町村制解釈 附理由書及参考諸布達〔明治21年10月発行〕／伊藤寿 註釈
市制町村制俗解 明治21年第3版〔明治21年10月発行〕／春陽堂 編
市町村制正解 明治21年第4版〔明治21年10月発行〕／片貝正晉 註釈
市制町村制詳解 附 理由 第3版〔明治21年11月発行〕／今村長善 著
町村制実用 完〔明治21年11月発行〕／新田貞橘 鶴田嘉内 合著
町村制精解 完 附 理由書 及 問答録〔明治21年11月発行〕／中目孝太郎 磯谷群爾 註釈
市町村制問答詳解 附 理由 全〔明治22年1月発行〕／福井淳 著述
訂正増補 市町村制問答詳解 附 理由 及 追輯〔明治22年1月発行〕／福井淳 著
市町村制質問録〔明治22年1月発行〕／片貝正晉 編述
傍訓 市町村制 及 説明 第7版〔明治21年11月発行〕／高木周次 編纂
町村制要覧 全〔明治22年1月発行〕／浅井元 校閲 古谷省三郎 編纂
鼇頭 市制町村制 附 理由書〔明治22年1月発行〕／生稲道蔵 略解
鼇頭註釈 町村制 附 理由 全〔明治22年2月発行〕／八乙女盛次 校閲 片野続 編釈
市町村制実解〔明治22年2月発行〕／山田顕義 題字 石黒磐 著
町村制実用 全〔明治22年3月発行〕／小島鋼次郎 岸野武司 河毛三郎 合述
実用詳解 町村制 全〔明治22年3月発行〕／夏目洗蔵 編集
理由挿入 市町村制俗解 第3版増補訂正〔明治22年4月発行〕／上村秀昇 著
町村制市制全書 完〔明治22年4月発行〕／中嶋廣蔵 著
英国市制実見録 全〔明治22年5月発行〕／高橋達 著
実地応用 町村制質疑録〔明治22年5月発行〕／野田籐吉郎 校閲 國吉拓郎 著
実用 町村制市制事務提要〔明治22年5月発行〕／島村文耕 輯解
市町村条例指鍼 完〔明治22年5月発行〕／坪谷善四郎 著
参照比較 市町村制註釈 完 附 問答理由〔明治22年6月発行〕／山中兵吉 著述
市町村議員必携〔明治22年6月発行〕／川瀬周次 田中迪三 合著
参照比較 市町村制註釈 完 附 問答理由 第2版〔明治22年6月発行〕／山中兵吉 著述
自治新制 市町村会法要談 全〔明治22年11月発行〕／高嶋正載 著述 田中重策 著述
国税 地方税 市町村税 滞納処分法問答〔明治23年5月発行〕／竹尾高堅 著

信山社